沉浸式博物课程实施指导手册

朱晓琼　主编

苏州大学出版社

图书在版编目(CIP)数据

沉浸式博物课程实施指导手册 / 朱晓琼主编. -- 苏州：苏州大学出版社, 2024.11. -- ISBN 978-7-5672-5056-7

Ⅰ. G612

中国国家版本馆 CIP 数据核字第 2024BW5230 号

书　　名：	沉浸式博物课程实施指导手册
主　　编：	朱晓琼
责任编辑：	金莉莉
装帧设计：	刘　俊
出版发行：	苏州大学出版社(Soochow University Press)
社　　址：	苏州市十梓街1号　邮编：215006
印　　刷：	镇江文苑制版印刷有限责任公司
邮购热线：	0512-67480030
销售热线：	0512-67481020
开　　本：	700 mm×1 000 mm　1/16　印张：15.75　字数：290千
版　　次：	2024年11月第1版
印　　次：	2024年11月第1次印刷
书　　号：	ISBN 978-7-5672-5056-7
定　　价：	58.00元

图书若有印装错误,本社负责调换
苏州大学出版社营销部　电话：0512-67481020
苏州大学出版社网址　http://www.sudapress.com
苏州大学出版社邮箱　sdcbs@suda.edu.cn

编委会名单

主　编：朱晓琼

副主编：邹　璇　邓新竹

编　委：倪文文　金昱婷

　　　　朱婧怡　潘　宇

　　　　郁　芸　钱　超

　　　　汪周虹

PREFACE 序

在当今幼儿教育领域，我们持续追求创新的教学方式和学习模式，旨在为幼儿打造更加全面、深入且引人入胜的学习旅程。其中，沉浸式场馆学习凭借其独特的魅力，受到了广泛的瞩目和认可。而"博物课程"作为一种整合自然、文化、历史等多维知识的教学模式，恰与"沉浸式"理念相得益彰，为幼儿教育注入了全新的生机与活力。本书便深入探讨了沉浸式学习与博物课程的有机融合，旨在为教育工作者提供系统化、实用性的教学参考；同时，帮助教育工作者更好地理解如何通过沉浸式场馆学习，激发孩子们对世界的探索欲望，培养他们的综合能力与核心素养。

在沉浸式博物课程中，我们不再局限于传统的知识传授方式，而是更加注重孩子们在真实环境中的亲身体验与互动参与。通过模拟真实的场馆环境，幼儿能够直观地感受到知识的魅力，从而激发自身浓厚的学习兴趣和无限的好奇心。这种学习方式不仅有助于幼儿更有效地理解和掌握知识，还有助于培养他们的观察力、思考力等多方面的能力。

本书详细梳理了沉浸式场馆学习的核心学习方式，构建了一个完整的幼儿园沉浸式场馆学习体系。通过具体案例的展示与分析，读者能够深入清晰地了解如何将"沉浸式"理念融入博物课程的设计与实施中，从而为幼儿园的教学实践提供切实可行的指导。

此外，本书还深入探讨了教师在沉浸式博物课程中所扮演的角色与所需要的支持策略。作为教育活动的引导者和组织者，教师在这一过程中起着举足轻重的作用。他们需要具备敏锐的观察力、丰富的专业知识和实践经验，以及良好的沟通能力和组织能力。通过教师的有效支持与引导，幼儿能够在沉浸式场馆学习中获得更加全面的发展。

本书还特别设置了博物馆活动的实践路径指引，涵盖了基于场馆的博物课程实施指引、班级小微博物项目活动实施示例等内容。这些实践案例提供了有益的经验，为沉浸式博物课程的落地实施提供了清晰的路径与方法。

总而言之，本书是一本兼具理论深度与实践指导意义的书籍，不仅为教育工作者提供了丰富的理论支持与实践经验，还通过具体的操作方法与策略，帮助读者更好地理解和运用沉浸式学习理念。通过阅读本书，广大教育工作者将能够更深入地掌握沉浸式博物课程的精髓，为孩子们创造一个更加优质、有趣且充满挑战的学习环境。

CONTENTS 目录

第一部分 博物课程指导策略概要 / 001

第一章 沉浸式博物馆活动的理论基础 / 002
第二章 沉浸式博物馆建设 / 006
第三章 幼儿沉浸式博物馆活动的特征、形式及教师支持策略 / 011

第二部分 博物课程实践路径指引 / 017

第一章 基于场馆的博物课程实施指引 / 018

科探馆活动指导纲要 / 018
绘本馆活动指导纲要 / 021
生活馆活动指导纲要 / 025
美术馆活动指导纲要 / 029
昆山文化体验馆活动指导纲要 / 033
建构馆活动指导纲要 / 038
海洋馆活动指导纲要 / 041
种子馆活动指导纲要 / 045
昆虫馆活动指导纲要 / 048
布艺馆活动指导纲要 / 051
角色馆活动指导纲要 / 055
纸术馆活动指导纲要 / 060
民族服饰体验馆活动指导纲要 / 064

第二章 班级小微博物项目活动实施示例 / 068

我与叶子的奇妙之旅 / 068
"泥"来我往——泥博物馆营业啦 / 075

走，一起喝茶去——茶博物馆体验日记 / 082

谁的小袜子？ / 090

"嗨，萝卜"——当萝卜入主博物馆 / 096

"盒"你一起——盒子博物馆开馆啦 / 103

把时光装进瓶罐里——瓶罐博物馆探索记 / 109

遇"稻"一粒米 / 114

水墨博物馆 / 121

出发吧，玩具总动员 / 126

颜色博物馆营业记 / 133

"布童反响"——让我们"布"期而遇 / 138

你好，小蝴蝶 / 146

趣探杯盖 / 153

风筝满天飞 / 159

"波点畅想曲"——波点博物馆营业啦 / 165

传承苏韵，走进丝绸 / 171

一花一世界 / 177

"帽趣乐园"——帽子博物馆营业啦 / 182

看，是灯呐 / 189

乘一艘小船去远航——船博物馆 / 195

"棋"乐无穷的世界——棋博物馆 / 202

"袋子乐多多"——袋子博物馆营业啦 / 207

线上交流会 / 212

"纸"趣横生 / 218

中国画博物馆开馆啦 / 225

雨博物馆 / 230

竹之韵 / 237

第一部分
博物课程指导策略概要

第一章

沉浸式博物馆活动的理论基础

一、沉浸式博物馆的来源

近年来，场馆学习作为一种新兴的教育方式，已经受到了广泛关注。在国内，这种学习方式的发展速度更是迅猛，其中，儿童博物馆作为场馆学习的重要载体，更是备受瞩目。我园课题组对国内的场馆学习研究情况进行了深入的调查，发现我国博物馆建设与博物馆教育正处于蓬勃发展的阶段。

自国家"十三五"规划实施以来，国内博物馆的数量呈现出稳步增长的态势，不仅数量上有所增加，类型也愈发丰富，主体更加多元。现代博物馆体系已经基本形成，为公众提供了更多元化、更高质量的文化教育服务。与此同时，针对幼儿园的博物馆教育研究也逐渐增多，显示出我国对幼儿园阶段博物馆教育的重视。

然而，尽管博物馆教育研究成果丰富，但针对场馆学习的研究相对匮乏。场馆学习作为一种非正式的学习方式，具有独特的教育价值。它突破了传统学校教育的框架，为幼儿提供了一个更加开放、自由的学习环境。然而，由于国内对场馆学习的研究起步较晚，相关文献和理论资料十分匮乏，导致我们对其教育价值和实施策略缺乏深入的了解。

为了推动场馆教育的发展，教育部和国家文物局联合出台了《关于利用博物馆资源开展中小学教育教学的意见》。该意见的出台，充分体现了国家对博物馆教育的重视，并为博物馆教育的发展提供了政策保障。该意见涉及多个方面，包括推动博物馆教育资源的开发和利用、拓展博物馆教育方式和途径、建立馆校合作长效机制和加强博物馆教育组织保障等。这些措施的实施，将有力推动博物馆教育与学校教育的融合，为幼儿提供更优质的教育资源。

与此同时，国外对于场馆中儿童学习特点的实证研究也为我们提供了宝贵的借鉴经验。这些研究深入探讨了场馆学习对儿童认知、情感和社会性发展的影响，为我们理解场馆学习的教育价值提供了有力的支持。然而，相比之下，国内学前教育领域关于博物馆场馆学习的研究几乎仍是空白，这在一定程度上制约了我园博物课程的发展。

为了弥补这一不足，我园在苏州市"十三五"课题研究期间，积极探究园本博物课程的建构。我们提出了"博物养育，润泽无痕"的博物教育主张，强调博物教育应该与幼儿的生活紧密相连，通过润物细无声的方式，培养幼儿的博物意识和博物能力。

在课题研究中，我们结合幼儿园现有环境与资源，引导幼儿、教师与家长共同参与，共同建构了幼儿园中的博物馆。这些博物馆不仅为幼儿提供了一个展示自己作品和发现新知识的平台，还为他们提供了一个与同伴互动、交流的机会。同时，我们也创设了一批园本博物馆与班级微型博物馆，为博物课程的有效、深入开展提供环境保障。

为了进一步探究场馆学习的教育价值和实施策略，我园还整合了已有资源和经验，深入思考如何让幼儿在园内各博物馆中拥有沉浸式的学习体验。我们希望通过深入开展场馆学习，探索适合幼儿的沉浸式场馆学习相关策略，为幼儿学习开辟新路径。

总之，场馆学习作为一种新兴的教育方式，具有独特的教育价值和广阔的发展前景。随着国家对博物教育的重视和学前教育领域对场馆学习的不断探索，相信未来我国场馆学习的发展将会更加成熟和完善。为了进一步推进场馆学习的实践与研究，我园在已有的基础上，将进一步丰富博物馆的教育资源，提升教育品质。我们将加大园本博物课程的研究力度，让博物馆的活动更加丰富多彩，更能吸引幼儿。同时，为教师提供更为专业的博物教育理念宣传培训，提高他们对博物教育的认知能力。

二、沉浸式博物馆的概念界定

据资料显示，从发展过程考查儿童学习，幼儿学习可被划分为非正式学习、结构化学习和自然学习三种形式。非正式学习是指通过非教学形式的社会交往来传递和渗透知识，由学习者自我发起、自我调控、自我负责的，学习和获得技能的学习方式。非正式学习既可以是有明确目的的，也可以是偶然性的。基于当前幼儿园教学实践，我们发现在种类丰富、材料充足的博物馆中，探索一种适合幼儿的非正式学习方式，有助于幼儿多方面的发展，能有效推动学前博物教育的发展。

经过实地调查、研究讨论，我园将沉浸式博物馆的相关概念界定如下。

1. 博物馆资源

博物馆是一个为社会服务的非营利性常设机构，主要研究、收藏、保护、阐释和展示物质与非物质遗产，并向社会公众开放，促进文化传承与公众教育。随着近年来国内博物馆的社会职能的有效发挥，儿童到博物馆去学习的机会和效能大大增加，博物馆成为儿童学习的重要资源。本书中的博物馆指幼儿园引入博物馆的元素，在园内场馆中创设的适宜于教师及幼儿实际状况的主题性、模拟型博物馆学习环境，促进幼儿通过自主探究、实物操作、体验学习等活动方式，获得全面发展。资源指在特定场所已经积累的、拥有的物力、财力、人力等各种物质的总称。本书中的资源指在幼儿园中已有的，还在不断积累的物态博物资源，以及经过课题研究所产生、积累的经验和指导策略等非物态的理论资源。

2. 基于博物馆资源

基于幼儿园课题研究，幼儿园已有的博物馆环境、展品、操作材料等物态资源，以及教师具有的博物理论素养和师幼创生博物课程中所获得的经验等非物态资源，作为本书研究开展的基础。

3. 场馆学习

场馆学习是一种学习形态，即利用场馆资源引起参观者学习行为的活动。场馆学习在本书中指基于我园博物场馆资源，幼儿在场馆中在成人的引导下，开展的一系列自由的、自主的、非正式的区域性学习。课题中的学习不仅仅指场馆内展品为个人提供教育资源和教育服务，更重要的是个人在发展过程中可利用场馆资源实现自身的成长。

4. 沉浸式场馆学习

沉浸式场馆学习是指教师利用幼儿园博物资源，在场馆内让幼儿身临其境，培养和激发幼儿学习兴趣，充分发挥幼儿的主观能动性，让幼儿用自己喜欢的方式去发现、去思考、去探究。幼儿表现出全身心投入的，具有探索欲、求知欲的，沉浸其中的学习状态。

我园在课题研究的开展过程中，积累了丰富的博物资源，在博物课程的开发上也积累了一定的经验。在此基础上，我们将以幼儿为主体，研究幼儿在场馆中的学习特征，探究在博物馆中调动幼儿自主学习的方式和方法，让幼儿在博物馆中能有沉浸其中的学习状态，在此状态下，鼓励幼儿探索、发现、思考、创造，帮助幼儿养成良好的学习习惯，促进幼儿教育的高质量发展。

三、沉浸式博物馆的价值和观点论述

根据沉浸式博物馆的概念界定，关于沉浸式博物馆的价值和观点论

述如下。

1. 幼儿园微型博物馆可以建立幼儿和"物"之间的深度联结，培养幼儿的博物意识

把沉浸式博物馆教学的有效策略作为实施我园博物教育的突破口，结合最新的教育理念，在不同的形式中带领幼儿深入体验，自主探索，在体验的同时发展幼儿的认知、技能与情感世界，促进幼儿创造能力和社会交往能力的发展。在课程游戏化理念不断深入推进的今天，在不断倡导以幼儿为主体、站在儿童立场思考的今天，激发幼儿在博物馆中，自主地、自由地、沉浸式地学习，培养幼儿"广泛关注、深入观察、静心欣赏、积极探究"的博物意识，是博物教育的根本目的。

2. 幼儿园微型博物馆为幼儿营造了自主发展、主动探究、深度沉浸的、充满趣味的学习环境

美国莱斯利大学的乔治·E. 海因教授对博物馆教学做过这样的描述：在博物馆中学习者是主动学习的，并且每个学习者在博物馆中学到的内容不尽相同。博物馆体验学习可以在增长知识、技能和传递情感、态度、价值观两个维度为幼儿带来多层次的益处，其教育价值不可忽视。教育心理学家、认知心理学家杰罗姆·布鲁纳曾说，教育的目的不是把知识硬塞进学生的头脑中，而是让他们学会参与获取知识的过程。幼儿在博物馆中的自主探究过程就是基于环境的幼儿和环境的相互作用的过程。幼儿在博物馆中的体验，强调幼儿的自主性，充分给予幼儿自主学习和探索的空间，从而激发幼儿的主动性、积极性和创造性。同时，教师是学习过程的引导者、促进者，教师引导作用的发挥可以使幼儿在馆内自主学习的过程更加优化，使策略的有效性更为凸显。

3. 博物馆作为校外课程资源，具有丰富的教育功能和积极的意义

近年来，随着社会经济的发展和课程游戏化理念的不断发展，建设园本博物课程的研究已经进入一个新时期。我们将以幼儿为中心开展学习和研究，强化幼儿的体验感和参与度，调动幼儿学习的主观能动性。我们期望通过这个课题研究，让幼儿在博物馆中得到感染，真正让幼儿沉浸在快乐的学习中，并从中获得美好的体验；形成我园博物馆教育特色，为博物教育的高质量发展添砖加瓦。

第二章

沉浸式博物馆建设

基于3—6岁幼儿的年龄特点，我们探索、发现幼儿在博物馆中的常见表现，根据幼儿在馆内的切实需求，通过实践研究法探索沉浸式的博物场馆。我们通过对园部"12+1"个固定博物场馆和班级场馆进行构建与实践的反复探索，根据场馆的主题文化，采取了不同的方式（如丰富博物元素、材料、展品，调整空间布局）；根据不同主题的场馆，采取不同的构建措施；通过课题实践分析博物馆展区的划分、展品的设计陈列、互动材料的设计投放等是否有效，从而不断优化，创设服务于幼儿的博物场馆。另外，我们开创"快闪式"博物馆，在园所、班级博物场馆的基础上拓展沉浸式场馆的范围，让它不断具有吸引力，多种方式构建沉浸式博物馆，将其打造成符合我园教育理念，能满足幼儿的学习需求，让幼儿的博物馆学习更加有效、深入，可获得沉浸式体验的博物馆。

一、幼儿沉浸式场馆学习的环境要素和环境特征

1. 基于核心概念的"物理、资源、心理、品质"场馆环境四要素

我园的博物馆环境是沉浸式场馆教学的触发和维持条件，博物馆环境启动场馆活动，在场馆活动中博物馆环境又被赋予意义。沉浸式场馆环境要素主要包含以实况、实物为主的物理环境要素，以认知工具、技术资源为主的资源支持环境要素，以活动氛围、情感、人际关系为主的心理环境要素和以学习习惯、思维模式为主的学习品质要素（图1-1）。

物理环境要素是我园博物馆环境的基石。整个场馆的空间布局合理，展览设计独具匠心，展品陈列精心挑选，确保每一个细节都能准确传达出教学内容和教学意图。宽敞明亮的展厅、清晰明了的标识、富有启发性的互动装置，无一不彰显着我们对物理环境要素的高度重视和精心打造。

资源支持环境要素作为博物馆环境的重要组成部分，为幼儿提供了丰富多样的学习资源和工具。从先进的多媒体设备到互动式的展示手段，

从海量的网络资源到专业的参考书籍，我们力求为幼儿营造一个全方位、多角度的学习环境。这些资源不仅丰富了幼儿的学习内容，也激发了他们的学习兴趣和求知欲。

心理环境要素在博物馆环境中扮演着至关重要的角色。我们注重营造一个轻松、愉悦的学习氛围，鼓励幼儿积极参与、互动交流。同时，我们关注师生之间的良好关系，努力创造一个相互尊重、相互信任的学习环境。这种和谐的人际关系有助于幼儿更好地融入学习活动中，激发他们的创造力和想象力。

学习品质要素中的学习习惯和思维模式的培养是我园博物馆环境的独特之处。我们注重引导幼儿形成科学的学习方法和思维模式，通过一系列的教学活动和实践体验，帮助幼儿掌握有效的学习技巧和方法。同时，我们关注幼儿的综合素质培养，注重培养他们的创新思维和批判性思维能力，为他们未来的学习和发展奠定坚实的基础。

我园博物馆环境以严谨、稳重的态度，按照理性的规划，全面考虑幼儿的需求和发展，致力于打造一个高品质、高效能的沉浸式学习空间。在这个空间中，幼儿不仅能够获得知识的滋养，还能够在实践中不断成长、追求卓越。

2. 基于场馆环境要素的场馆环境特征

基于"物理、资源、心理、学习品质"场馆环境四要素，我们所呈现的沉浸式场馆环境应具有实物性、直观性、广博性、浸润性特征（图 1-1）。

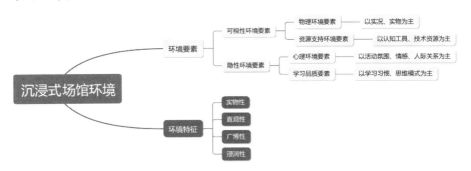

图 1-1　幼儿沉浸式场馆学习的环境要素和环境特征

（1）沉浸式场馆学习环境在实物性方面表现得尤为突出。幼儿在进行沉浸式场馆学习时，其学习场所主要是我们精心构建的多种博物馆环境。当幼儿踏入博物馆的大门时，他们会展现出各种学习行为，其中最能反映博物馆学习本质的就是对展品的细致观察和深入体验。在这个环境中，实物成了场馆与幼儿交流的重要媒介，同时也成了传播博物馆主题内容的主要途径。对于幼儿来说，我们所构建的环境是具体而真实的，其中包含了陈列的各种实物展品，真实可操作的设施设备、工具和材料，这些都为幼儿提供了丰富的学习资源。

（2）在沉浸式场馆学习环境中，直观性也是一个重要的特点。我们所创设的环境能够支持幼儿观察事物或者了解事物的形象描述，引导他们通过直接的方式形成对该事物的清晰认知，丰富他们的感性认识，从而帮助他们发展认知能力。例如，在美术馆，幼儿可以通过观察画卷展品和观看展品的多媒体视频介绍来了解画作的精髓。在种子馆，幼儿可以观察种子发芽的各种阶段。这些直接的感知体验可以帮助幼儿拓展认知。

（3）沉浸式场馆学习环境的广博性体现在环境资源的丰富多样及环境内容的广博上。从国家历史到各个民族的风俗，从自然界到人类社会，从宏观到微观，各种实物、图示资料都是我园博物馆收藏、展示与研究的对象。这些丰富多样的博物资源使得场馆学习环境具有了广博性，从而扩大了其教育、探索、研究的功能。

（4）在沉浸式场馆学习环境中，浸润性也是一个显著的特点。浸润性意味着我们的场馆环境能够渗透式地促进幼儿的发展，起到博物养育的作用。当幼儿在场馆中活动时，他们会受到潜移默化的影响。我们在场馆中融入了一些中国传统元素，以及其他充满童趣、鲜活而富有艺术性的环境，这些都能够浸润幼儿的审美，提升他们的文化素养。

二、沉浸式博物馆环境的现状及构建策略

在构建幼儿园沉浸式博物馆环境的实践中，我们坚持严谨、稳重、理性的态度，全心全意为幼儿打造一个既充满教育意义又生动活泼的沉浸式学习环境。我们相信这样的环境能够极大地激发幼儿的求知欲和探索欲，为他们的成长打下坚实的基础。

（一）幼儿园博物馆建设的现状

我园目前拥有"12+1"个微型博物馆，它们分别是海洋馆、昆虫馆、种子馆、布艺馆、纸术馆、角色馆、建构馆、昆山文化体验馆、美术馆、生活馆、绘本馆、科探馆和民族服饰体验馆。这些博物馆是从幼儿的需求出发，经过一个长期的过程逐步建立和发展起来的。在每个博物馆中，我们都设置了多个不同的区域，提供了丰富的材料和多种形式的游戏，以支持幼儿的博物活动。

目前，我园在完成场馆规划与展品布局的基础上，进一步丰富了园

内博物馆的功能区域，确保每一个区域都能有效促进幼儿的学习与成长。首先，我们设立了互动体验区，让幼儿能够通过亲手触摸、操作展品，更直观地感受和理解展品的内涵。例如，在"动物王国"活动区域，我们打造了森林动物王国的场域，让幼儿仿佛置身于森林中，与各种动物模型进行近距离的接触，利用多媒体技术、绘本等，让幼儿在其中开展游戏，从而增强他们对各类动物的认知。

为了丰富幼儿的游戏活动和提升幼儿的综合素养，我们定期策划并组织"快闪式"博物节活动。以首届"非遗"主题博物节为例，我们组织博物节"非遗走廊"活动。在活动期间，幼儿不仅有机会近距离欣赏精美的剪纸、绒花和花草纸等非遗作品，还能够在教师的指导下亲自动手实践，深刻感受传统手工艺的独特魅力。

同时，我们为"非遗走廊"活动精心设置了互动体验区，为幼儿提供一个轻松、愉快的游戏环境，让他们能够在实践中学习和传承非遗文化。在教师的指导下，幼儿学习了剪纸的基本技巧，尝试了用麦秆拼贴出画面等，这些活动不仅锻炼了他们的动手能力，也加深了他们对传统文化的理解和认识。

我园的首届"非遗"主题博物节活动取得了显著的成效，得到了师生和家长的高度评价。通过参与此次活动，幼儿学到了丰富的传统文化知识。"快闪式"博物节活动作为我园定期开展的活动，将不断丰富活动内容和形式，为幼儿提供更为丰富、多元的学习体验。

(二) 幼儿园沉浸式博物馆持续性构建策略

幼儿园沉浸式博物馆环境的建设是一个持续优化和完善的过程。幼儿园需要持续以严谨、稳重、理性的态度，不断提升博物馆的教育功能和互动体验，为幼儿提供一个充满乐趣和挑战的学习环境。

1. 展品的优化、调整和更新

在展品的更新与补充上，幼儿园需要持续引入新的、具有教育意义的展品。这些展品将涵盖更广泛的领域，包括自然科学、社会科学、文化艺术等，以满足幼儿多样化的学习需求。同时，幼儿园需要根据幼儿的兴趣和反馈，对展品进行定期的调整和更新，以确保博物馆始终充满新鲜感和吸引力。

2. 优化技术和设备

幼儿园需要不断优化技术和设备，跟随时代的脚步，不断升级。在互动体验区的升级上，幼儿园需要引入更多先进的技术和设备，为幼儿提供更加丰富、多样的互动体验。例如，可以利用增强现实（Augmented Reality，AR）技术，让幼儿在虚拟环境中与展品进行互动，感受科技带来的神奇与乐趣。同时，我们也将增加更多实际操作和实验的机会，让幼儿在亲身体验中学习和成长。

3. 设立"小小讲解员"制度

博物馆中的活动是不断改变、更新的，我园设立"小小讲解员"制度，对教师和幼儿共同开展指导，进一步加强对讲解员的培训和管理。幼儿园制订详细和规范的培训方案，确保每一位讲解员都能够准确、生动地传达展品和馆内的信息。同时，幼儿园还要建立完善的奖励机制，激发幼儿参与讲解的积极性，让他们在服务他人的过程中锻炼自己、提升自己。

最后，在馆内主题活动的拓展上，幼儿园需要注重活动的多样性和深度。根据季节、节日等时机，设计不同的活动，让幼儿在参与活动的过程中，不仅能够提升认知，还能够感受到文化的魅力和时代精神的传承。

第三章

幼儿沉浸式博物馆活动的特征、形式及教师支持策略

一、幼儿沉浸式博物馆活动的特征

幼儿沉浸式博物馆活动作为现代教育领域的一项创新实践,其独特的教育模式和教育价值已逐渐得到了广泛认可。该活动模式通过营造沉浸式的学习环境,激发幼儿的学习兴趣和探索欲望,进而实现知识的有效传递和幼儿的全面发展。

幼儿沉浸式博物馆活动的核心特征在于其沉浸式体验。该特征通过模拟真实场景、运用高科技手段、投入趣味性材料等,为幼儿创造一个身临其境的学习场域。在这样的场域中,幼儿能够全身心地投入实践学习当中,自主地进行探索和发现,从而更深刻地理解和掌握知识和技能。另外,通过听、触、看等多种感官刺激,幼儿能在体验中感受到知识的魅力和学习的乐趣。

幼儿沉浸式博物馆活动注重幼儿的主动参与和实践操作。与传统的博物馆教育方式相比,该活动更加强调幼儿的主体地位,通过设计各种互动环节和任务,引导幼儿主动思考、积极参与。这种教育方式不仅能够提升幼儿的学习兴趣和主动性,还能够锻炼他们实践和解决问题的能力。

此外,幼儿沉浸式博物馆活动还强调跨学科整合和多元智能的培养。在活动中,幼儿需要运用多学科的知识和技能来解决问题,这不仅有助于他们形成跨学科的知识体系,还有助于培养他们的综合素质和创新能力。同时,该活动还注重培养幼儿的观察力、想象力、创造力等多元智能,促进他们的全面发展。

沉浸式场馆学习的特征还包括以下几点。

(1)场景再现性:沉浸式场馆通过环境的构建和各类技术手段,将历史场景、文化场景或科学场景再现,让幼儿仿佛穿越时空,真正置身于历史的长河中、文化的海洋中或科学的殿堂里。他们可以亲眼看到展品的精华,亲身体验文化的精髓,亲手操作科学的仪器。这种场景再现让幼儿的学习变得更加直观,有助于他们更好地理解知识,增强学习的代入感,从而增强学习的效果。

(2)互动性体验:在沉浸式场馆学习中,幼儿不再是被动接受者,而是主动参与者。他们可以通过触摸屏、语音交互等方式与展品进行互动,不仅可以了解展品的历史、文化和科学知识,还可以通过实践活动亲身体验和探索,激发好奇心,提高参与学习的积极性,培养动手能力和创新思维。

(3)定制化学习路径:沉浸式场馆根据幼儿的兴趣、年龄和认知水平,为他们量身定制学习路径,提供个性化的学习方案。这样的学习方式既能满足幼儿的学习需求,又能让他们在活动中获得最大的收益。通过这种方式,每个幼儿都可以以适合自己的节奏和方式学习,增强学习效果,提升自信心。

(4)情感共鸣:沉浸式场馆学习注重营造情感共鸣的氛围,通过情感化的设计和互动环节,幼儿在体验中感受到文化的魅力、历史的厚重和科学的奥秘。他们可以在这里体验到家乡的文化情怀,感受到民族的自强不息和科学的力量。这种情感共鸣有助于培养幼儿的爱国情怀、民族自信心和科学精神,对他们的人生观、价值观产生深远的影响。

幼儿沉浸式博物馆活动对幼儿成长的教育意义深远。沉浸式博物馆活动不仅能够拓宽幼儿的视野,增长他们的见识,还能够培养他们的创新精神和实践能力。同时,通过参与活动,幼儿还能够增强对文化的认同感和自豪感,激发爱国情怀和民族自信心,这对他们的成长和未来发展会产生积极的影响。

二、幼儿沉浸式博物馆活动的形式

1. 浸润情境式

浸润情境式的场馆学习是一种在具体情境中的学习方式。场馆内丰富的展品、材料给幼儿带来丰富的视觉、听觉、触觉等感官刺激,具有真实的学习情境,每一种情境提供给幼儿不同的学习形态、资源,以及相互之间所形成的、具有情境的交互关系。这一特征能促进幼儿沉浸式场馆学习预期目标的达成。例如,在布艺馆中,幼儿可以在"制衣间"的情境设定中,为游客量身定制服装;幼儿将自己代入情境中,从布料的选择,到衣服的剪裁、缝制、装饰点缀等一系列的活动,都在情境中完成,同时还有同伴的合作和配合。我们通过浸润情境式的场馆活动形式，使幼儿处于沉浸式的活动状态中，提高幼儿活动的积极性，同时也能促进幼儿的发展。这种学习方式让幼儿在情境中自然地吸收知识，增强学习效果。

2. 交互体验式

交互体验式的沉浸式场馆活动中，幼儿可以直观地看到很多主题资源，如各种实物、图示资料等。幼儿园通过丰富的资源给予幼儿沉浸式的体验，幼儿可以较快速地沉浸到博物馆的活动氛围中，获得实物体验、认知体验、内省体验、社会体验等多维度体验。幼儿沉浸式场馆活动是一种基于交互体验的学习活动。在活动中，幼儿在馆中与"物"进行交互体验，例如，通过图片和文字获得信息，在讲解中获得认知，抑或是通过操作实验获得经验……幼儿通过这些体验和主观感受，提升自主学习能力。这种学习方式可以让幼儿在互动中感受学习乐趣，提高学习兴趣。

3. 自主探索式

自主探索式的场馆学习是我园推崇的学习方式之一。在自由、开放的沉浸式场馆环境中，幼儿通过观察、触碰、操作展品等，获取具体的、直接的经验，同时也借助展品的文本、视频、图片等获取解释型经验。多样化的活动方式能够支持幼儿在场馆中自由、自主地探索。整个活动过程以幼儿为中心，且幼儿能自我调控。这种学习方式让幼儿在学习时发挥主动性，培养其独立思考的能力。

4. 创造性表达式

在我园的场馆学习中，我们鼓励幼儿不仅仅作为知识的接受者，还是知识的创造者和表达者。在沉浸式场馆环境中，幼儿通过观察、探索、体验，积累了大量的知识和经验。我们提供各种材料和工具，让幼儿以自己的方式将这些知识和经验展现出来。

创造性表达不仅可以加深幼儿对知识的理解，还可以培养他们的创新思维和审美能力。当幼儿用画笔描绘出他们眼中的展品，用舞蹈表达出他们的感受，用音乐表达出他们的体验时，他们的内心世界和创造力便得到了充分的展现。

5. 合作共享式

在沉浸式场馆学习中，我们重视幼儿之间的合作和共享。我们鼓励幼儿们一起探索、一起讨论、一起完成任务。在合作中，他们学会了倾听他人的观点，尊重他人的选择，分享自己的见解。同时，我们也鼓励幼儿与场馆中的教师进行交流。通过与他们的互动，幼儿可以了解到更多不同的观点和获得不同的经验，拓宽自己的视野。这种合作共享式的学习方式，不仅增强了幼儿的社交能力，也培养了他们的团队精神和集体荣誉感。

6. 反思探究式

在沉浸式场馆学习中，我们注重培养幼儿的反思和探究能力。每次活动结束后，我们都会组织幼儿进行反思和总结，让他们回顾自己在活动中的表现，思考自己在活动中的收获和不足。同时，我们也鼓励幼儿对场馆中的展品进行深入的探究。他们可以通过查阅资料、做实验、做调查等方式，了解展品的背景、原理、制作过程等。这种反思探究式的学习方式，不仅可以加深幼儿对知识的理解，还可以培养他们的探究精神。

通过以上6种学习方式的结合和运用，我们旨在培养幼儿的全面发展能力，让他们在沉浸式的场馆学习中获得知识、技能、情感等多方面的提升。

三、沉浸式场馆学习活动的教师支持策略

基于我园沉浸式场馆学习的活动形式，我们将沉浸式场馆学习活动的教师支持策略分为两个部分：指导策略和发展性评量策略（图1-2）。

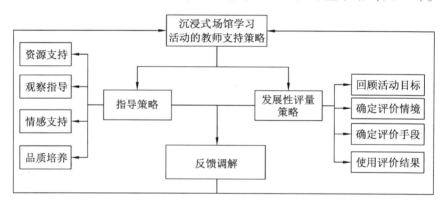

图1-2 沉浸式场馆学习活动的教师支持策略

1. 沉浸式场馆学习活动的指导策略

（1）基于幼儿活动的资源支持。在场馆活动中，幼儿会与博物资源（材料、环境等）发生多重交互，在活动过程中，教师利用资源开展行动支持，激发幼儿探索的欲望，同时支持幼儿进一步的学习和探索。教师要敏感地发现有价值的研究问题，结合幼儿需要提供支持活动操作、体验、探究的材料与场景，让幼儿有探索的时间和空间。

（2）基于幼儿活动的观察指导。幼儿在场馆学习的过程中，教师需

要具备敏锐的观察能力和判断能力。教师需要通过观察和判断找到引导幼儿的契机，并介入幼儿活动，在活动中时刻观察幼儿的学习状态，通过观察和思考耐心地等待幼儿自主地探索，同时也要识别并指导个别需要帮助的幼儿。

（3）基于幼儿活动的情感支持。在沉浸式场馆活动中，幼儿易萌发对该主题的兴趣和喜爱，教师要抓住关键点，通过语言和行为适时地调动幼儿的情感。

（4）基于幼儿活动的品质培养。教师通过语言引导、行动引导等教学方法，将幼儿良好行为习惯和学习品质的培养渗透在过程中，让场馆活动的效果不局限于幼儿知识和技能的提升，还能引导幼儿形成良好的个人品质和素养。

在活动中教师通过不同的指导策略开展活动指导，保证幼儿沉浸式场馆学习的有效性和发展深度。

2. 沉浸式场馆学习活动的发展性评量策略

在博物馆活动的发展过程中，沉浸式场馆学习活动的发展性评量策略，作为一种与传统的评价方式截然不同的评价方式，它基于价值判断，致力于价值的持续发展与提升。这种策略不仅关注幼儿在场馆学习活动中的即时表现，还着眼于其长远影响及场馆教育目标的未来实现。在实施发展性评量时，我们除了明确设定了评价计划和目标，还注重在评估过程中进行动态的调整和优化，以确保评价过程的严谨性和有效性。

对于沉浸式场馆学习的发展性评量，其核心目的是验证活动内容的制定与实施是否契合场馆的教育宗旨和幼儿的成长特点；同时，评估幼儿在活动后的成效及场馆环境和内容的优化空间。在实施这一评量策略时，我们遵循四个关键步骤：首先，回顾并明确活动目标；其次，确立评价的具体情境；再次，选定适宜的评价手段；最后，充分利用评价结果进行优化。通过这一系统性的评量流程，我们深入剖析场馆活动的实施情况，不断优化和完善活动目标、内容和实施方法。

为了更好地实施这一评量策略，幼儿园利用沉浸式场馆活动评量表，系统地记录每次评价的结果。在每次场馆活动中，教师将详细记录幼儿的学习情况，并基于客观事实对幼儿的表现进行公正的评价。这一评价方式不仅有助于我们全面了解幼儿的学习进展，还有助于优化和完善场馆学习活动。通过这种评价策略，我们可以更好地促进幼儿在场馆学习中的发展，同时也为场馆教育的发展提供有力的支持。

第二部分
博物课程实践路径指引

第一章

基于场馆的博物课程实施指引

科探馆活动指导纲要

一、科探馆的创生

2012年10月9日由教育部正式颁布的《3—6岁儿童学习与发展指南》(简称《学习与发展指南》)指出,幼儿科学学习的核心是激发探究兴趣,体验探究过程,发展初步的探究能力。幼儿由于知识和经验的贫乏,对新鲜事物非常感兴趣,往往表现在探索行为和问题的提出上。他们总是试探着去认识世界,想弄清楚究竟。比如:为什么石头会沉到水下,而乒乓球会浮起来?红色和蓝色混在一起会变成什么颜色呢?古时候的指南针是什么样的?这些都是幼儿在探索中所产生的疑问。以幼儿渴求的知识为切入点的,我们创设了科探馆。

在科探馆中,为了培养幼儿的创造力和想象力,我们在馆内提供了丰富的开放性材料,如各种废旧物品、艺术材料等,让幼儿可以自由组合和创造。还有专门的创意角落,鼓励幼儿发挥想象,设计自己的科学实验。我们经过查阅资料和小组讨论,最终根据相应的历史发展时间线将科探馆划分为三个区,分别是古时代区、科创时代区和智能时代区。

二、科探馆的资源开发网络图

科探馆的资源开发网络图见图2-1。

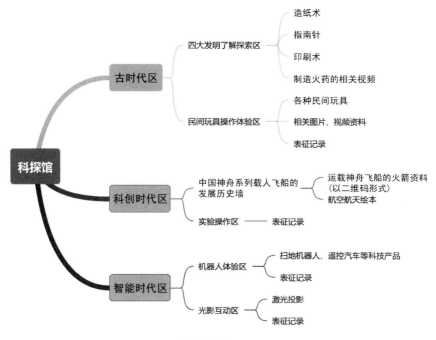

图 2-1 科探馆的资源开发网络图

三、科探馆的活动板块构建与实施

科探馆的活动板块构建与实施见表 2-1。

表 2-1 科探馆的活动板块构建与实施

板块	资源	活动	经验
古时代区活动：四大发明了解探索区	家长资源：收集指南针、制造火药的相关视频等	自主动手操作和体验造纸术、指南针、印刷术。观看视频了解火药的制作过程	通过动手操作和观看视频了解中国古代四大发明。感知中国古代四大发明的作用和对我们生活产生的影响
古时代区活动：民间玩具操作体验区	家长资源：收集各种民间玩具等	自主选择收集来的民间玩具，探索并进行记录	感受玩民间玩具的乐趣。通过探索发现民间玩具中蕴含的科学原理

续表

板块	资源	活动	经验
科创时代区活动：中国神舟系列载人飞船的发展历史墙	网络资源：以二维码形式提供不同时期的运载神舟飞船的火箭资料 家长资源：收集各类航空航天绘本	自由阅读绘本。还可以通过用平板电脑扫二维码的方式了解不同时期的运载神舟飞船的火箭	幼儿进一步丰富对航空航天及宇宙的认知
科创时代区活动：实验操作区	家长资源：收集各类材料	尝试用收集来的材料进行一些简单的科学小制作，如动力小车、神奇的降落伞等	幼儿通过亲自动手操作和动脑思考，在过程中亲身感受科学的奇妙之处
智能时代区活动：机器人体验区	家长资源：家中常见的科技产品 园内资源：投影仪等园内常见的科技产品	尝试操作小机器人跳舞、规划扫地机器人的清理路线，并进行记录	在操作与互动中，幼儿可以体验科技带来的便利，让创造与发明的种子在心里萌芽
智能时代区活动：光影互动区	家长资源：激光投影	观看激光投影	幼儿感受到智能产品的魅力

四、科探馆的儿童沉浸式学习方式与指导策略

沉浸式学习是一种让幼儿全身心投入科学探索的学习方式。在这种学习环境中，幼儿能够完全沉浸于充满科学元素和探索机会的空间。他们可以亲手操作各种实验器材，亲身体验科学现象，而不是仅仅通过书本或图片来了解科学知识。

（一）学习方式

1. 场景模拟

整个博物馆墙面以航空航天为背景，设立多元化的区域，如古时代区、科创时代区和智能时代区，让幼儿在特定的氛围中感受科学的魅力。

2. 互动体验区

（1）四大发明了解探索区。自主动手操作，体验造纸术、指南针、印刷术。观看视频，了解火药的制作过程。

（2）民间玩具操作体验区。自主选择收集来的民间玩具，根据步骤图与同伴进行游戏，在游戏中探索并进行记录。

（3）中国神舟系列载人飞船的发展历史墙。自由阅读绘本，还可以通过平板电脑以扫二维码的方式了解不同时期的运载神舟飞船的火箭。

(4) 实验操作区。尝试用收集来的材料进行简单的科学小制作，如动力小车、神奇的降落伞等。

(5) 机器人体验区。尝试操作小机器人跳舞、规划扫地机器人的清理路线，并进行记录。

(6) 光影互动区。创建沉浸式的观影环境，观看互动激光投影，感受科技带来的视觉冲击。

(二) 指导策略

1. 整体性发展

涵盖多个科学领域，如物理、化学、生物、天文等，让幼儿能在不同领域的探索中获得全面的科学体验。

2. 尊重个体差异

教师在指导过程中，根据每个幼儿的特点和反应，给予个性化的支持和引导。

3. 重视学习品质培养

鼓励幼儿提出问题、大胆尝试、不怕失败，培养他们的好奇心和求知欲。

4. 强调亲身体验和操作

配备充足的可操作材料和设备，让幼儿能够亲手实验、观察和记录。

5. 促进交流与合作

提供一个展示和分享的平台，鼓励幼儿讲述自己的发现和取得的成果。

在科探馆里，幼儿通过探索实验亲身感受航空航天的发展。这种沉浸式学习，能够极大地激发幼儿的好奇心和探索欲，培养他们的观察力、思考力和实践操作能力。同时，这种学习方式也有助于幼儿形成积极主动的学习态度，提高他们解决问题的能力。在与同伴合作实验的过程中，还能提升他们的合作和交流能力，弥补日常教育的不足，营造科学探究的氛围。

绘本馆活动指导纲要

一、绘本馆的创生

绘本，不仅是五彩生活的万花筒，也是大千世界的小缩影；阅读不仅是开启孩子智慧的窗，也是打开孩子心灵的门，还是一个人获得成长的重要源泉。《学习与发展指南》强调了幼儿在语言、社会、艺术等多个领域的全面发展。

幼儿正处于对世界充满好奇的阶段，他们对绘本阅读很感兴趣，在一日活动中，午睡前的故事会是他们最喜爱的活动之一，他们渴望接触各种各样的故事，每次教师讲完一个故事，孩子们总会提出一堆问题：故事里的主人公最后怎么样了？为什么龟兔赛跑最后兔子输了？为了满足不同幼儿的需求，幼儿除了可以阅读绘本，还可以进行情景演绎，将自己看到的有意思的剧情和同伴一起分享，在分享的过程中培养表达能力和感受能力。

因此，我们商议后决定成立一个绘本馆，在绘本馆里为幼儿提供丰富的阅读资源，使幼儿能够接触到各种风格和主题的绘本，从而培养他们对语言的感知和运用能力。同时我们在绘本馆设置一些互动区域，如剧场表演区，让幼儿可以模仿故事中的角色，演绎自己理解的故事；如绘本创作区，我们提供各种绘画工具和材料，鼓励幼儿根据自己的想象创作属于自己的绘本故事。这样的互动体验不仅能够加深幼儿对绘本内容的理解，还能够培养他们的表达能力和创造能力。

二、绘本馆的资源开发网络图

绘本馆的资源开发网络图见图 2-2。

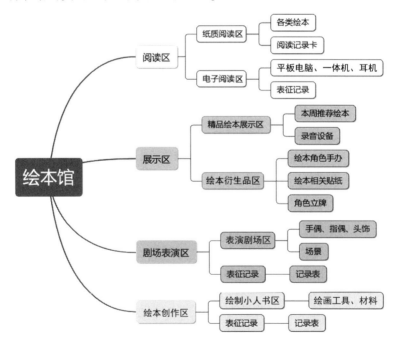

图 2-2　绘本馆的资源开发网络图

三、绘本馆的活动板块构建与实施

绘本馆的活动板块构建与实施见表2-2。

表2-2 绘本馆的活动板块构建与实施

板块	资源	活动	经验
阅读区活动：纸质阅读区	家长资源：收集各类绘本 园内资源：绘本馆、阅览室内的绘本	幼儿翻阅纸质绘本进行阅读。	学习翻阅图书的精细动作，懂得爱护书籍
阅读区活动：电子阅读区	家长资源：家中常见的科技产品，如平板电脑、耳机等 园内资源：投影仪等园内常见的科技产品	幼儿可以自主选择电子设备进行互动体验	在操作与互动中，幼儿能够通过多感官体验，丰富阅读感受，提升综合感知能力
展示区活动：精品绘本展示区	家长资源：收集各类获得知名奖项的绘本、具有独特艺术风格的绘本 园内资源：与幼儿园教学主题或与当前热门话题相关的绘本	幼儿自主选择绘本，享受阅读的乐趣，或者与小伙伴们围坐在一起，共同探讨绘本中的奇妙世界	接触精美的绘本画面，感受色彩、形状和构图的美感，培养幼儿的审美意识和对艺术的初步感知能力
展示区活动：绘本衍生品区	家长资源：收集各类绘本及其相关的资源 园内资源：多媒体设备	幼儿观赏绘本的衍生品，可以通过平板电脑扫描二维码观看视频	进一步丰富幼儿对绘本内容的理解及对衍生品的认知
剧场表演区活动：表演剧场区	家长资源：角色服装、道具等	幼儿穿上自己喜爱的角色服装，拿着道具，声情并茂地演绎着绘本中的故事	幼儿进一步感受绘本的乐趣，不仅锻炼了表现力和想象力，还增强了对故事的深入理解能力，以及与同伴合作交流的能力。
绘本创作区活动：绘制小人书区	家长资源：收集各类制作绘本的材料	幼儿读完绘本后，拿起画笔和材料，将心中的想法和感受通过绘画等形式表现出来	幼儿通过动手操作和动脑思考，在创作过程中不断挑战自我，提高了绘画技巧和叙事能力

四、绘本馆的儿童沉浸式学习方式与指导策略

幼儿园绘本馆作为幼儿阅读和学习的重要场所,为幼儿提供了丰富的绘本资源和良好的阅读环境。为了充分发挥绘本馆的作用,促进幼儿的全面发展,需要制定有效的学习形式与指导策略。

(一)学习方式

1. 场景模拟

整个绘本馆设置与绘本故事相关的场景,例如,模仿森林场景来配合森林主题的绘本,让幼儿仿佛置身于故事情境中。

2. 互动体验区

(1)纸质阅读区。自主翻阅各类感兴趣的纸质绘本进行阅读,并将看到的有趣的地方记录下来。

(2)电子阅读区。自主选择平板电脑等电子设备进行互动体验,并进行记录。

(3)精品绘本展示区。通过自主选择绘本,独自享受阅读的乐趣,或者与小伙伴们围坐在一起,共同探讨绘本中的奇妙世界。接触精美的绘本画面,感受色彩、形状和构图的美感,培养审美意识和对艺术的初步感知能力。

(4)绘本衍生品区。观赏区域内展示的绘本衍生品,可以通过平板电脑扫描二维码观看视频。

(5)表演剧场区。穿上自己喜爱的角色服装,拿着道具,声情并茂地演绎绘本中的故事。

(6)绘制小人书区。读完绘本后,拿起画笔和材料,将心中的想法和感受通过绘画、手工等形式展现出来。

(二)指导策略

1. 激发兴趣

精心布置绘本馆环境,打造温馨、富有童趣的空间,吸引幼儿主动进入绘本馆。定期更新绘本,展示新颖、有趣的绘本封面,引发幼儿的好奇心。

2. 阅读引导

开展绘本阅读活动时,先引导幼儿观察绘本的封面,猜测故事内容。

3. 互动参与

鼓励幼儿在阅读中提问、表达自己的想法,积极与同伴交流。组织角色扮演、故事续编等活动,让幼儿深入体验故事。

4. 个性化指导

关注每个幼儿的阅读兴趣和水平，推荐适合的绘本。针对阅读困难的幼儿，给予耐心的指导和帮助。

5. 拓展延伸

结合绘本内容，开展手工制作、绘画等相关活动。引导幼儿将绘本中的知识运用到日常生活中。

在绘本馆里，幼儿的阅读习惯得到了培养，综合能力得到了发展，这对幼儿的成长具有极其重要的意义。不仅丰富了幼儿的知识储备，提升了幼儿的语言能力、想象力和创造力，还促进了幼儿情感与社会交往能力的发展，为幼儿的未来发展奠定了坚实的基础。

生活馆活动指导纲要

一、生活馆的创生

生活馆能为幼儿提供一个真实的生活体验场景，幼儿可以在游戏中感受生活的方方面面。在这个小世界里，幼儿可以做些烘焙、蒸烤、简单的清洁与整理等。这让幼儿有机会尝试平时大人们做的那些事情，满足幼儿的好奇心和模仿欲。

在生活馆里，幼儿不仅能学习到各种实用的生活技能，还能在动手实践的过程中培养自己的创造力和想象力。比如，在烘焙区，幼儿可以尝试用不同的食材和工具制作出各种形状和口味的点心，这不仅锻炼了幼儿的动手能力，还让幼儿学会了观察和调整，以达到最好的效果。

此外，生活馆也是幼儿社交和互动的重要场所。在这里，幼儿可以和朋友一起合作完成一个项目，或是分享自己的作品和心得。这种互动不仅让幼儿学会了与他人沟通和合作，还让幼儿感受到了友谊和团队的力量。

更重要的是，生活馆为幼儿营造了一个温馨、舒适、充满爱的环境。在这里，幼儿可以自由地探索、学习和成长，感受到来自教师和同伴的关爱和支持。这种氛围让幼儿更加自信和勇敢地面对未来的挑战。

二、生活馆的资源开发网络图

生活馆的资源开发网络图见图 2-3。

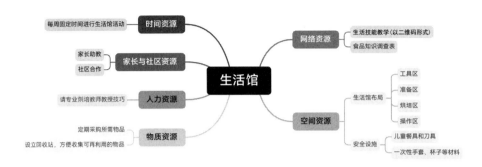

图 2-3　生活馆的资源开发网络图

三、生活馆的活动板块构建与实施

生活馆的活动板块构建与实施见表 2-3。

表 2-3　生活馆的活动板块构建与实施

板块	资源	活动	经验
工具区活动：认识不同的烹饪工具	园内资源：提供生活中常见的烹饪工具（如烤箱、微波炉等） 网络资源：从网络上收集烹饪工具的使用方法	扫二维码学习烹饪工具的使用方法	了解生活中常用的烹饪工具的用法，会基本使用生活馆里的烹饪工具
工具区活动：分类整理物品	园内资源：提供幼儿餐具、刀具、厨具	分类整理生活馆中的幼儿餐具、刀具、厨具	学会收纳，能够有序整理物品，不乱放物品
准备区活动：服饰穿着	家长资源：为幼儿准备袖套、围裙等	根据墙上展示的图片，正确穿戴围裙、袖套和厨师帽	知道准备活动中的服装要求，能自己正确穿戴围裙等衣物
准备区活动：清洗食材	家长资源：提供幼儿在生活馆中活动所需要的食材	复习七步洗手法，在流动的清水中清洗食材	会七步洗手法，讲卫生。知道如何正确清洗食材
烘焙区活动：各类常见的烘焙活动	园内资源：提供幼儿餐具、一次性手套	尝试不同的烘焙活动，如烤蛋挞、制作三明治、自制酸奶等	学会生活中常见的烘焙和烹饪技巧，乐于为他人服务

续表

板块	资源	活动	经验
操作区活动：切水果和蔬菜	园内资源：提供幼儿刀具、一次性手套 家长资源：提供每次活动所需要的食材	使用幼儿刀具，用切、拍、刨丝等方式对食材进行处理	知道如何正确使用幼儿刀具，学会简单的切菜技巧，在活动中不误伤自己或他人
操作区活动：打包分装	园内资源：一次性打包盒、勺子若干	打包食物	会与同伴合理分工，共同合作打包食物
操作区活动：回收和整理	园内资源：设立回收站	将废旧物品变废为宝，循环使用	学会整理各种材料，有一定的环保意识

四、生活馆的儿童沉浸式学习方式与指导策略

幼儿园生活馆的开展，为幼儿提供了一个模拟真实生活场景的平台，让他们在游戏中学习、体验生活，从而培养了他们的生活自理能力、实践能力和创新能力。同时，生活馆也成了幼儿社交互动、情感发展的场所，促进了他们与同伴之间的合作与分享。此外，通过家长的参与，生活馆还加强了家园共育，让教育更加贴近幼儿的生活。

（一）学习方式

1. 场景模拟

在生活馆中，可以布置与日常生活紧密相关的场景，如家庭厨房、超市购物区、餐厅等，让幼儿在这些场景中模拟生活，如"学做饭""剥鸡蛋""套垃圾袋"等。这种方式能够让幼儿在真实的场景中体验和学习，从而增强生活技能。

2. 以项目为核心的学习活动

教师可以设计一系列与生活相关的项目，如"我的被子自己拿""我的餐食我做主"等，让幼儿在参与项目的过程中学习生活技能和自我管理能力。通过项目计划的制订、分工合作、实地调研等方式，幼儿能够在实践中学习，提高动手能力和团队合作能力。

3. 户外活动和传统文化活动相结合

可以将户外活动和生活馆活动结合，鼓励幼儿亲近大自然，如引导幼儿去园博园采豆子、春日郊游、放风筝等，让幼儿在自然界中感

受生活的美好。此外,不同的传统节日来临之际,生活馆可以开展相关的活动,如元宵节做团子、端午节包粽子等,让幼儿了解中国的传统文化。

4. 合作学习

鼓励幼儿多参与集体活动,与同龄伙伴交流互动,学会分享与合作。

5. 亲身体验

带领幼儿走出教室,去幼儿园厨房参观厨师的工作,亲身体验生活中的各种事物,拓宽视野。

6. 实践操作

提供实际的操作材料和工具,让幼儿亲自动手实践,如烹饪、烘焙、手工制作等,培养幼儿的动手能力和创造能力。

(二) 指导策略

1. 提供丰富的材料和工具

提供各种丰富的材料和工具,如食材、厨具、医疗用品等,让幼儿通过实际操作来学习。

2. 自主探索

鼓励幼儿自主探索和发现,教师可以提出问题或引导幼儿进行观察和思考,让他们在探索中学习。

3. 小组活动

组织幼儿进行小组活动,让他们在合作中学习和交流,培养团队合作能力和社交能力。

4. 示范和指导

教师可以进行示范和指导,让幼儿学习正确的操作方法和技能。

5. 鼓励表达和分享

鼓励幼儿表达自己的想法和感受,分享自己在活动中的经验和发现,提升幼儿的语言表达能力,促进幼儿的思维发展。

6. 与其他领域的教育融合

将生活教育与其他领域的教育融合,如科学、艺术、数学等,让幼儿在跨领域的学习中获得更全面的发展。

7. 持续观察和评估

教师要持续观察幼儿的学习过程和发展情况,及时给予反馈和指导,评估学习效果,并适时调整教学策略。

幼儿园生活馆的活动对幼儿的成长有着极为重要的作用。在这里,幼儿可以亲身体验各种生活场景,通过角色扮演、动手操作等方式,激发好奇心和探索欲,培养观察力和思考能力。幼儿能在模拟的生活情境中提升解决问题的能力，学会与人合作与交流，发展良好的社交技能。同时，生活馆的活动也能让幼儿了解生活常识，增强他们的生活自理能力和独立性，为他们未来更好地适应社会生活奠定坚实的基础，让他们在快乐体验中茁壮成长，收获宝贵的成长经验和美好的回忆。

美术馆活动指导纲要

一、美术馆的创生

在幼儿园的小小世界里，美术馆就像是一个充满魔法的地方。当幼儿拿起画笔，在纸上随意涂画的时候，那一抹抹色彩就像是开启美术馆大门的钥匙。也许是看到了绘本里美丽的图画，他们也想要创造出属于自己的画面，于是，对美术馆的渴望便在心中悄悄生发。教师的引导也是美术馆生发的重要力量。教师会带着他们观察周围的事物，一朵花、一片叶子、一只小动物，这些都能成为他们创作的灵感。然后，在一个小小的角落，摆放上几张桌子、一些画笔和颜料，这便成了美术馆最初的模样。

在美术馆内，幼儿会兴奋地选择不同的材料，用自己的小手描绘出心中想象的画面。他们可能会画一个大大的太阳，或者一只可爱的小动物，每一笔都充满了童真和快乐。随着时间的推移，这个小小的美术馆里的作品会变得越来越丰富，墙上贴满了幼儿的作品，美术馆就像是一个充满奇幻色彩的天地。

在这里，幼儿感受到了创作的乐趣，学会了用艺术的方式去表达自己。幼儿园的美术馆就这样从幼儿的好奇、想象和创作中奇妙地生发出来，成为他们童年记忆中一道绚丽的风景。

二、美术馆的资源开发网络图

美术馆的资源开发网络图见图2-4。

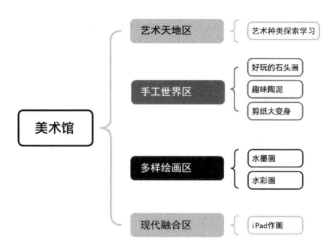

图 2-4　美术馆的资源开发网络图

三、美术馆的活动板块构建与实施

美术馆的活动板块构建与实施见表 2-4。

表 2-4　美术馆的活动板块构建与实施

板块	资源	活动	经验
艺术天地区活动：艺术种类探索学习	园内资源：提供不同时期的艺术作品 网络资源：从网络上收集不同时期的艺术作品	欣赏不同时期的艺术作品，还可以自主扫码了解不同艺术作品特点	通过欣赏与感知，幼儿对不同类型的艺术作品形式有了进一步的认知，同时对不同时期的艺术风格有了初步的了解
手工世界区活动：好玩的石头画	园内资源：收集各类瓦片 家长资源：收集各类石头	利用不同的石头，尝试在瓦片上刻出不同的花纹，自主设计和想象进行作画	学习利用自然材料作画的技巧，体验古人是如何作画的
手工世界区活动：趣味陶泥	园内资源：提供不同颜色的陶泥及工具包 网络资源：从网络上收集幼儿感兴趣的陶泥手工步骤图	充分发挥自己的想象，使用陶泥制作不同的手工，如杯子、碗、笔筒、小兔子等	通过学习捏、搓、团、绕、压、拉等技能去完成作品，锻炼幼儿的手部灵活性和协调性，提升动手能力。同时有助于幼儿对陶泥文化的传承和发扬

续表

板块	资源	活动	经验
手工世界区活动：剪纸大变身	园内资源：提供不同颜色的彩纸、剪刀和勾线笔。网络资源：从网络上收集常见的剪纸步骤图	利用剪刀和勾线笔，在彩纸上进行设计并裁剪	在剪纸过程中，幼儿需要观察图案、形状和线条，培养观察力和注意力
多样绘画区活动：水墨画	园内资源：提供宣纸、毛笔、墨水	用毛笔在宣纸上进行绘画	学习水墨画的绘画技巧，体验中华文化的魅力
多样绘画区活动：水彩画	园内资源：提供水彩颜料、笔和纸	用画笔在素描纸上进行绘画	练习绘画物体，对色彩搭配有一定的认知
现代融合区活动：iPad作画	园内资源：提供iPad和电容笔	利用电容笔在iPad上作画	学习新的作画方式，感知科技作画的趣味

四、美术馆的儿童沉浸式学习方式与指导策略

美术馆的丰富展品和艺术氛围能够吸引幼儿的注意力，激发他们对艺术的兴趣和好奇心。通过沉浸式的体验，幼儿可以更直观地感受艺术的魅力，从而培养对艺术的热爱。同时艺术作品常常能够激发幼儿的创造力和想象力。在沉浸式的学习中，幼儿可以自由地观察、思考和表达，从而拓展他们的思维空间，培养他们的创新能力。

（一）学习方式

1. 欣赏与感知

展示不同时期的艺术作品，讲解艺术作品的背景、风格和意义。通过生动、有趣的讲解，帮助幼儿更好地理解和欣赏艺术。

2. 互动体验区

① 好玩的石头画。幼儿利用不同的石头，尝试在瓦片上刻出不同的花纹，自主设计和想象进行作画。

② 趣味陶泥。幼儿充分发挥自己的想象使用陶泥制作物品，如杯子、碗、笔筒、小兔子等。

③ 剪纸大变身。幼儿利用剪刀和勾线笔，可以看着步骤图剪纸，也可以发挥自己想象在彩纸上进行设计并裁剪。

3. 多样绘画区

幼儿可以体验不同的绘画方式，学习不同的绘画技巧，感知不同绘画形式的特点。

4. 小组讨论

组织幼儿进行小组讨论，分享他们对艺术作品的观察和理解，促进幼儿之间的交流和合作，培养他们的表达能力和思维能力。

5. 与科技融合

将现代科技与绘画相融合，幼儿可以体验 iPad 中不同的绘画软件，感受科技绘画的魅力。

（二）指导策略

1. 设计情境化的学习环境

通过布置美术馆的空间、展示艺术作品和提供相关的道具，营造出与艺术相关的情境，让幼儿能够身临其境地感受艺术氛围。

2. 引导幼儿观察与表达

鼓励幼儿仔细观察艺术作品，引导他们用自己的语言描述作品的内容、色彩等，培养他们的观察力和表达能力。

3. 开展互动式的活动

设计一些互动式的艺术活动，如手工制作、绘画、角色扮演等，让幼儿在参与中深入体验艺术创作的过程，激发他们的创造力和想象力。

4. 提供多样化的艺术材料

在美术馆中提供丰富多样的艺术材料，如颜料、纸张、画布、黏土等，让幼儿可以自由选择和尝试，发挥他们的创意和展现他们的个性。

5. 鼓励合作与分享

组织幼儿进行小组活动或合作创作，促进他们之间的合作与交流，培养他们的团队意识和分享精神。

6. 引导幼儿反思与评价

在学习过程中，引导幼儿反思自己的作品和创作过程，鼓励他们对他人的作品进行评价，提高他们的审美能力和批判性思维能力。

7. 结合故事和音乐

将艺术作品与故事、音乐相结合，通过讲述故事或播放音乐，引导幼儿更好地理解艺术作品的内涵和情感表达。

8. 关注幼儿的兴趣和个性差异

关注幼儿的兴趣和个性差异，尊重他们对艺术的独特感受和表达方式，让每个幼儿都能在沉浸式学习中获得发展。

9. 与家长合作

鼓励家长参与幼儿的沉浸式学习活动，提供艺术支持和资源，促进家园合作，共同培养幼儿的艺术素养。

幼儿园美术馆的活动对幼儿成长有着诸多重要的作用。在这里，幼儿能够沉浸于艺术的奇妙世界中，他们的审美能力在欣赏各种艺术作品时得以提升，他们能敏锐地感知美、发现美；他们的创造力也在自由创作的过程中被激发，天马行空的想象得以展现；他们的情感表达更加顺畅，他们通过画笔和作品来表达内心的喜怒哀乐；他们的精细动作在绘画和手工中得到锻炼，小手变得更加灵活；他们的观察力也在逐步增强，他们学会捕捉细节；他们的专注力在完成作品的过程中渐渐得到提升；他们的自信心因作品得到肯定而不断增强；他们的社交能力也在与小伙伴们的互动交流中得以发展；他们的文化体验在活动中得以丰富，他们不仅领略到了多元文化的魅力，他们的成长之路也因此增添了绚丽的色彩和无限的可能。

昆山文化体验馆活动指导纲要

一、昆山文化体验馆的创生

昆山历史悠久，文化底蕴深厚，是江南水乡文化的代表地区之一，有着独特的江南水乡风情和民俗文化。昆山的历史文化名人众多，如顾炎武、朱柏庐、归有光（并称"昆山三贤"）。昆山的传统建筑风格独特，如昆石、砖雕等，是江南水乡传统建筑艺术的代表。昆山的传统艺术形式也丰富多彩，如昆曲、评弹等，是江南水乡文化的瑰宝。昆山的自然环境优美，山水相依，风景如画。昆山的名胜古迹众多，如玉峰山、周庄古镇、锦溪古镇等。

"家乡"不仅指自己的祖籍，也指小时候生活的地方。虽然幼儿园的小朋友们来自全国各地，他们有着不同的出生地、不同的祖籍等，但是有着同一个居住、生活和成长的地方——昆山。《学习与发展指南》要求孩子们能说出自己家所在的街道、小区的名称；能说出自己家所在的省、市、县（区）的名称，知道当地有代表性的产物或景观；能感受到家乡的发展变化，并为此感到高兴。

对幼儿园的孩子们来说，家乡的意识正在逐渐形成。小朋友们对自己身边环境的关注度越来越高，从家庭到小区，从小区到社区，从社区到家乡……他们希望对自己生活的地方有更多的了解和认识。

因此，昆山文化体验馆的创设能帮助孩子们更深刻地了解自己家周围的环境，感受社区的文化；在参观体验馆的旅程中，了解昆山的特产，品尝昆山的小吃，聆听昆山的童谣，讲讲昆山的方言。在这些孩子们感兴趣的话题中，孩子们逐渐萌发热爱家乡的情感，初步建立起归属感，形成稳定的性格，并学会感恩。

昆山文化体验馆不仅可以为幼儿园营造一种浓厚的文化氛围，也可以为幼儿提供更多学习和娱乐的机会。在昆山文化体验馆的环境创设中，可以向幼儿展示昆山文化，培养幼儿对昆山文化的兴趣和认同感，促进昆山文化的传承和弘扬。通过昆山文化体验馆的实践活动，幼儿可以动手操作，亲身体验，加深对昆山文化的认识和理解，同时也可以锻炼动手能力、思维能力和语言表达能力，促进全面发展。

二、昆山文化体验馆的资源开发网络图

昆山文化体验馆的资源开发网络图见图 2-5。

图 2-5　昆山文化体验馆的资源开发网络图

三、昆山文化体验馆的活动板块构建与实施

昆山文化体验馆的活动板块构建与实施见表 2-5。

表 2-5　昆山文化体验馆的活动板块构建与实施

板块	资源	活动	经验
互动体验区：昆山知多少	家长资源：利用节假日带孩子玩转昆山，认识昆山的名胜古迹，品尝昆山的美食 园内资源：老照片展板、iPad	幼儿通过观看介绍昆山的短视频，用图画的方式完成"昆山知多少"调查表	加深对昆山的了解，初步建立起归属感
互动体验区：琼花	家长资源：收集材料（鸡蛋托、卷纸芯、彩纸） 园内资源：美工材料	制作琼花	了解昆山三宝之一——琼花
互动体验区：并蒂莲	家长资源：收集材料（鸡蛋托、卷纸芯、彩纸） 园内资源：美工材料	制作并蒂莲	了解昆山三宝之一——并蒂莲
互动体验区：昆石	园内资源：昆石展览	看一看、摸一摸，发现昆石和普通石头的区别	了解昆山三宝之一——昆石
互动体验区：老物件	家长资源：老物件、老照片	参观老物件展	通过老物件了解背后的故事与历史，感受时代的发展和昆山的变化
角色扮演区：昆曲初体验	家长资源：收集昆曲表演的头饰、戏服、水袖等 园内资源：提供昆曲表演的头饰、戏服、水袖等	进行昆曲演出的装造并表演	利用昆曲歌舞和水袖，展现行云流水般的美感，沉浸式体验昆曲的魅力
角色扮演区：昆山话童谣	园内资源：昆山话童谣图谱、视频	看视频，根据童谣图谱学习昆山话童谣	通过童谣感受吴语的特色
角色扮演区：奥灶馆	提供奥灶馆相应角色的游戏材料	在奥灶馆中制作奥灶面、各式浇头等，能够与顾客进行交流，了解昆山的美食	了解昆山的美食，加深对昆山文化的认识和了解，同时也可以锻炼幼儿的动手能力

续表

板块	资源	活动	经验
角色扮演区：泡泡馄饨	提供泡泡馄饨相应角色的游戏材料	尝试制作泡泡馄饨，发现泡泡馄饨与普通馄饨的区别	了解昆山的美食，加深对昆山文化的认识和了解，同时也可以锻炼动手能力

四、昆山文化体验馆的儿童沉浸式学习方式与指导策略

昆山文化体验馆通过展示昆山的传统文化、风俗习惯、历史人物等，让幼儿了解和熟悉昆山文化，培养他们对昆山文化的兴趣和认同感，增强他们的归属感和文化自信。为了充分发挥昆山文化体验馆的创设价值，促进幼儿的全面发展，需要制定有效的学习方式和指导策略。

（一）学习方式

1. 场景模拟

昆山文化体验馆分为四部分：景区、美食街、时光印记和昆曲小舞台。幼儿在景区可以感受白墙黑瓦、小桥流水等具有江南特色的古镇风情。美食街有奥灶面、青团子、袜底酥等传统地方美食，我们的"小小美食家"们可以参与制作和品尝。时光印记中陈列了许多老物件，可通过扫描二维码来了解它们的用途。昆曲小舞台上的昆曲表演和昆山话童谣表演充满了浓厚的地方文化特色。

2. 互动体验区

（1）琼花与并蒂莲。对于昆山比较有名的这两种花，我们利用展板、iPad播放小视频给孩子们看一看，让他们简单地了解这两种花的相关知识，同时提供了半成品材料，让幼儿制作这两种花。

（2）小桥流水。在昆山文化体验馆中创设了一个小桥流水的场景，幼儿可以将自己制作的并蒂莲放在池塘中，将琼花插接在树枝上并拍照打卡。

（3）老物件。在老物件展览区摆放着大型的织布机、犁，还有幼儿收集到的煤油灯、老式电话机、秤、放映机、旧式手电筒、搪瓷茶缸等老物件，照片墙上张贴着昆山旧貌的照片。每一件物品、每一张照片都是一段幼儿从未触及的特殊记忆，走进去就像进入了时光隧道，让幼儿了解历史。

（4）昆石。幼儿可以通过看一看、摸一摸发现昆石和普通石头的区别。

3. 角色扮演区

（1）昆曲初体验。昆曲化妆间里准备了各式各样的头饰、戏服，幼儿可以选择自己喜欢的进行换装打扮，演绎昆曲，展现行云流水般的美感，沉浸式体验昆曲的魅力。

（2）昆山话童谣。幼儿尝试学习昆山话童谣，通过图片理解不同昆山方言的意思，感受昆山方言的特点和魅力。

（3）奥灶馆和泡泡馄饨。我们提供了轻泥供幼儿制作袜底酥、青团子、万三糕等，提供了彩纸让幼儿进行撕贴奥灶面的活动。

(二) 指导策略

1. 引导探索

在幼儿园中营造昆山文化的氛围，可以通过装饰、放音乐等方式，让幼儿在日常生活中感受到昆山文化的气息，鼓励幼儿参与体验馆活动，如昆曲表演、昆山美食制作、昆山传统手工艺制作等，让幼儿通过亲身参与，了解昆山文化的内涵，并对其产生浓厚的兴趣。

2. 故事化教学

将昆山文化融入故事中，通过讲述生动、有趣的故事，引导幼儿了解昆山的历史、人物、风俗等。

3. 多媒体技术

利用现代信息技术手段，如多媒体教学、网络课程等，将昆山文化以生动、形象的方式呈现给幼儿，提高他们的学习兴趣，增强他们的学习效果。

4. 家园共育

鼓励家长参与幼儿园的文化体验活动，与幼儿一起学习、交流、分享昆山文化，增强家庭教育与学校教育互动的频率。利用多媒体技术，如微信公众号等，搭建互动的平台，让家长和幼儿能够更加深入地了解昆山文化，共同传承和弘扬昆山文化。

5. 实践体验

鼓励幼儿积极参与馆内活动，通过视频了解昆山文化遗址、博物馆、艺术馆等，让他们亲身感受昆山文化的魅力，通过如剪纸、泥塑等手工活动激发他们对昆山文化的兴趣。

建构馆活动指导纲要

一、建构馆的创生

建构游戏是一种创造性以想象为中心，的游戏，深受幼儿的喜爱，是幼儿根据自己的生活经验，以"建构"和"拼搭"为活动方式，发挥想象，主动地、创造性地反映周围现实生活的游戏，具有独特的教育价值。《幼儿园教育指导纲要（试行）》明确地指出，游戏是幼儿的基本活动。要使幼儿在游戏中得到发展就必须提高游戏质量，而影响游戏质量的一个重要因素就是游戏材料。丰富而适宜的游戏材料，能为每一个幼儿提供活动的条件和表现的机会，是决定幼儿主动活动的重要因素之一。建构游戏一直都是深受幼儿喜欢的一种游戏类型。它对培养幼儿的创造力、想象力和动手操作能力都起着非常重要的作用。

《幼儿园教育指导纲要（试行）》指出，教师要充分利用各种资源，以促进幼儿的发展，因此我们在建构游戏中提供了各种各样丰富的材料供幼儿自主选择、探索和发现。建构游戏是幼儿学习和发展不可替代的一种游戏，为幼儿提供了直接感知、亲身体验、实际操作的机会，对幼儿的全面发展有着良好的促进作用，帮助幼儿了解各种建构材料的性质，学习空间关系的知识，理解整体与部分的概念，加深对数量和图形的认识，满足幼儿的心理需要，让幼儿获得快乐和自由。

建构馆是一种具有开放性和灵活性的学习环境，在这里儿童可以自由地选择和组合各种材料，如积木、泥土、纸张、布料等，进行自由建构和创造性的活动。在这个过程中，儿童会不断尝试、调整、发现和创造，形成自己的独特认知和技能。

二、建构馆的资源开发网络图

建构馆的资源开发网络图见图 2-6。

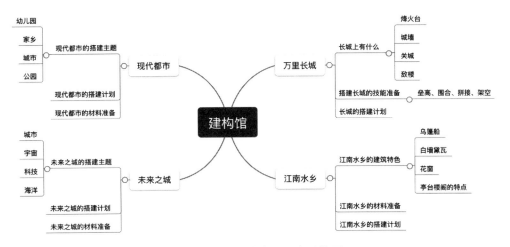

图 2-6　建构馆的资源开发网络图

三、建构馆的活动板块构建与实施

建构馆的活动板块构建与实施见表 2-6。

表 2-6　建构馆的活动板块构建与实施

板块	资源	活动	经验
建构区活动：万里长城	家长资源：通过视频、图片等资源观察长城有哪些组成部分。收集需要的辅助材料 园内资源：简单了解长城的建构技巧	幼儿通过垒高、架空等技能来搭建城墙，采用空心搭层的建构技能表现烽火台主体和楼梯部分	培养幼儿的专注力和创造力；幼儿在拼搭长城的过程中，感受民族自豪感
建构区活动：江南水乡	家长资源：收集可以表现白墙黛瓦、花窗等水乡特色的辅助材料 园内资源：木质积木、草皮	以黑、白、灰为主色调搭建水乡特色建筑	从船与桥、砖与瓦切入，搭建江南水乡风格的建筑，感受江南水乡文化的魅力，萌发热爱江南的情感
建构区活动：现代都市	家长资源：收集纸箱、卷纸芯、水瓶等附属材料 园内资源：木质积木	设计自己喜欢的搭建主题，并进行创作	用简单的建构技巧搭建游乐园、立交桥等

续表

板块	资源	活动	经验
建构区活动：未来之城	家长资源：收集纸箱、卷纸芯、水瓶等附属材料 园内资源：多样的建构材料	设计自己喜欢的搭建主题，并进行搭建	充分发挥幼儿的想象力和创造力

四、建构馆的儿童沉浸式学习方式与指导策略

建构馆是以积木、生活材料、自然材料等作为操作材料，幼儿自由选择进行建构活动的场所，它是以培养幼儿对形体的感知能力、发展幼儿对空间关系和数理逻辑关系的理解能力为主要目标的活动区。为了充分发挥建构馆的自主选择和沉浸式体验功能，促进幼儿的全面发展，需要制定有效的学习方式和指导策略。

（一）学习方式

1. 场景模拟

建构馆分为四个建构区域，即万里长城、江南水乡、现代都市和未来之城。幼儿通过观察了解不同类型、时代的建筑特点，按照一定的规律和相似的风格进行搭建，在博物馆活动中提高模仿建构水平，丰富建构技巧。

2. 建构区

（1）万里长城。抓住幼儿的兴趣点，拓展幼儿的新经验。长城是幼儿比较熟悉的大型建筑，结合长城的图片认识长城蜿蜒的外形特征，利用垒高等技能来搭建城墙，体现长城弯曲、盘旋的特点。鼓励幼儿迁移以往建构大型玩具、房屋的经验，采用空心搭层的建构技能来表现烽火台主体和楼梯部分，拓展和丰富游戏内容和游戏情节。

（2）江南水乡。着眼"白墙黛瓦马头墙，回廊挂落花格窗"的江南建筑温柔感，赋予"白墙黛瓦"建构极具中式韵味的设计语言。创设以白墙、黛瓦、花窗的典雅为引领，融江南水乡的东方美学的建筑，让幼儿在建构的过程中了解江南建筑、领悟水乡情韵、懂得中国文化，同时还能培养幼儿发现美、欣赏美、创造美的能力。

幼儿可以以拼插和堆砌两种搭建方式，自主建构千变万化的建筑主题作品，搭配宫扇、折扇、灯笼、竹简、毛笔、古筝、古琴、围棋等，让幼儿在富有古代气息的建筑环境中，开展各种各样的传统文化游戏，接受沉浸式的传统文化熏陶。

（3）现代都市。城市是很多幼儿生活的地方，他们对城市的构造和设施比较了解。我们会搭建餐厅、居民楼、滑滑梯等多种他们熟悉并且喜欢的建筑。在"城市"的大主题下，幼儿可以自由选择各种积木和辅助材料，运用垒高、围合、架空、镶嵌等搭建技能完成设想的作品。

（4）未来之城。给予幼儿充分畅想未来的空间，让幼儿通过图片了解典型的中外建筑造型和功能等，大胆描绘未来的建筑，在欣赏、分析、尝试中完成对未来建筑的搭建。

(二) 指导策略

1. 引导探索

以有趣的主题引入建构活动，如：未来之城的科技创新、现代都市的游乐园建造，都能引发幼儿的好奇心。鼓励幼儿分享自己掌握的建构技巧，尊重他们的观点，激发他们的参与热情。

2. 鼓励创新

不局限于简单的地面平铺的建构方式，鼓励幼儿发挥自己的想象力，创造出独特的作品。当幼儿提出新的想法时，给予其肯定和支持，为其提供必要的材料和技术指导。

3. 小组合作

鼓励幼儿与同伴合作，搭建大型的建构群，培养幼儿的合作与交流能力。

4. 明确规则和要求

清晰地向幼儿说明建构活动的规则和要求：不争抢玩具，不打闹，游戏结束后整理玩具。

5. 家庭参与

鼓励家长带幼儿在旅游时观察不同的建筑特色，收集辅助材料，在家中与幼儿一起进行简单的积木建构活动。

海洋馆活动指导纲要

一、海洋馆的创生

海洋，让幼儿有着无尽的遐想，海洋的广博、深邃、神秘更是让幼儿充满探知欲。幼儿天生对周围的世界充满好奇心，海洋作为一个广阔而神秘的领域，自然成为他们想探索的目标。他们渴望了解海洋生物的生活习性、海洋环境的特点等，这种好奇心驱使他们主动参与和海洋相关的游戏活动。

每当出示一些海洋类的绘本时，总能引起幼儿激烈的探讨，例如："海洋里真的有这样的鱼吗？""我好想去海底世界看看呀……""你知道大白鲨吗？它的牙齿很尖、很锋利。"其实，许多幼儿都有过与海洋的亲密接触，如去海边游玩，观看海洋纪录片，等等。这些生活经验为他们提供了丰富的海洋知识和情感基础，使他们对海洋主题更加感兴趣。在日常生活中，幼儿也会通过书籍、网络等了解到海洋的神奇和美丽，这些信息激发了他们对海洋的向往和热爱。

海洋馆为幼儿提供了一个直观、生动的海洋生物展示平台。在这里，幼儿可以接触到丰富的海洋生物，如海龟、海豚、鲨鱼等，了解它们的生活习性和生态环境。通过观察和学习，幼儿能够更深入地了解海洋知识，拓宽视野。幼儿园海洋馆的创生，旨在为幼儿打造一个既富有趣味性又充满游戏价值的探索空间，包括各种海洋生物的仿真模型，如五彩斑斓的热带鱼、憨态可掬的海龟、形态各异的珊瑚等。通过光电技术的结合，模拟海洋深处的神秘氛围，幼儿仿佛置身于蔚蓝的大海之中。在海洋馆内，设置了互动区域，如观赏池、触摸沙滩，让幼儿感受海洋生物的生命力。海洋馆不仅是展示海洋生物的场所，也是进行环保教育的重要阵地。在海洋馆中，幼儿可以了解到海洋生物面临的种种威胁和挑战，如海洋污染、过度捕捞等。通过亲身体验和感受，幼儿能够意识到保护海洋生物和环境的重要性，从小养成环保的意识。

二、海洋馆的资源开发网络图

海洋馆的资源开发网络图见图 2-7。

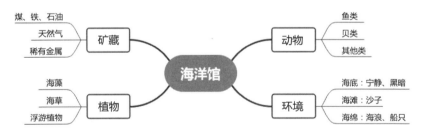

图 2-7　海洋馆的资源开发网络图

三、海洋馆的活动板块构建与实施

海洋馆的活动板块构建与实施见表 2-7。

表 2-7　海洋馆的活动板块构建与实施

板块	资源	活动	经验
互动体验区活动：观赏鱼类	园内资源：投放大型观赏鱼缸 家长资源：收集各类小鱼、鱼食、石子	欣赏鱼缸里的不同鱼类，结合光电技术，感受海洋里的五颜六色的藻类，定期投喂鱼食，关注小鱼的生长	进一步了解海洋大致的生态环境，关注鱼类的生长环境和生长情况
互动体验区活动：玩沙	园内资源：沙子、沙池、铲子 家长资源：收集不同形状的模具	通过亲身触摸沙子，模拟沙滩上的情景。使用不同的模具，通过按压、揉、搓的方式制作小鱼	感知沙滩软软、湿湿的触感，体验玩沙子的乐趣
互动体验区活动：欣赏船只	家长资源：收集不同类型的船只模型	通过观察、触摸、游戏的方式，知道不同类型船只的不同功能	知道船只的不同功能，初步了解船只的大致构造和形状
互动体验区活动：观察标本	园内资源：投放各类海洋生物的标本	观察不同海洋生物的标本，近距离观察不同海洋生物的身体构造和皮肤纹理	知道不同的海洋生物习性不同，皮肤表面的纹理、花纹各不相同
互动体验区活动：互动绘本	园内资源：投放 AR 绘本、海洋类玩偶、故事书	通过与海洋生物的互动，感受海洋生物的生命力	知道鱼类、藻类、贝类的生活习性和移动方式各不相同

四、海洋馆的儿童沉浸式学习方式与指导策略

(一) 学习方式

1. 虚拟现实（Virtual Reality，VR）体验

利用虚拟现实技术，为幼儿提供一个仿佛置身于海底世界的体验。他们可以近距离观察各种海洋生物，甚至与它们互动，感受海洋的神奇与美丽。

2. 角色扮演游戏

通过模拟生物的生活习性和行为，幼儿加深对海洋生物的了解。这种游戏能够激发幼儿的想象力和创造力，激发他们的兴趣，提高他们的参与度。

3. 互动展览

设置互动展览，如触摸池、互动投影等，让幼儿能够亲手触摸、观察海洋生物标本，感受它们的形态和特性。这种互动体验能够让幼儿更加直观地了解海洋生物。

4. 探索活动

组织幼儿参与海洋环保实践活动，如清理海滩垃圾、制作海洋保护宣传品等。通过实践活动，幼儿了解海洋保护的重要性，培养他们的环保意识和责任感。

(二) 指导策略

1. 分龄科普

针对不同年龄段的幼儿，选择不同的科普内容和方式。对于年龄较小的幼儿，可以通过生动有趣的故事、游戏等方式，引导他们认识海洋生物；对于年龄较大的幼儿，可以通过互动实验等方式，满足他们的求知欲。

2. 启发式提问

在参观过程中，引导幼儿提出问题，并鼓励他们自己寻找答案。通过启发式提问，激发幼儿的好奇心和探索欲，培养他们独立思考和解决问题的能力。

3. 互动和引导

在参观过程中，与幼儿进行互动交流，了解他们的兴趣和需求，并根据他们的反馈调整科普内容和方式。通过互动和引导，幼儿更加主动地学习，增强学习效果。

4. 家庭参与

鼓励家庭参与幼儿的海洋馆学习活动。可以组织亲子游、家庭科普讲座等活动，让家长和孩子们一起学习和探索海洋生物的奥秘。家庭参与不仅能够增强家庭亲子关系，还能够让幼儿在家长的陪伴下更加深入地了解海洋生物。

海洋馆的幼儿沉浸式学习方式与指导策略需要注重幼儿的参与度和兴趣点，通过丰富多样的学习方式和互动体验，让幼儿在轻松、愉快的氛围中了解海洋知识，培养他们对海洋生物的热爱和保护意识。

种子馆活动指导纲要

一、种子馆的创生

在自然活动中,幼儿能够直观地感受大自然,激发好奇心,学习探索,建立联系,从而从各方面促进发展。每逢散步,幼儿看到花草树木,都会好奇地谈论:"哇,这颗种子好大啊!它是什么植物的种子呢?"可见他们对植物充满了兴趣,而各类植物的生长来源于种子,由此可见,种子馆的创设是具有一定的意义的。幼儿通过直观地观察和了解种子的形态、特征,以及它们在自然界中的作用,了解植物的生长过程,认识到植物对环境的重要性,从而培养环保意识,懂得珍惜和保护环境。因此,我们决定成立一个新的博物馆——种子馆,旨在通过提供一个直观、有趣的学习环境,促进幼儿对自然的认识和探索,培养他们的观察能力、科学思维和环保意识。同时,种子馆也满足了幼儿的好奇心和需求,让他们在互动和实践中获得发展和进步。

二、种子馆的资源开发网络图

种子馆的资源开发网络图见图 2-8。

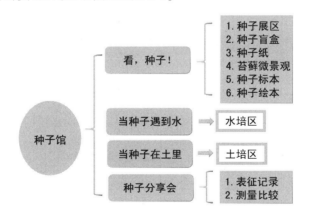

图 2-8 种子馆的资源开发网络图

三、种子馆的活动板块构建与实施

种子馆的活动板块构建与实施见表 2-8。

表 2-8 种子馆的活动板块构建与实施

板块	资源	活动	经验
互动体验区活动：了解种子	网络资源：提供各类相关的种子知识 家长资源：收集各类种子和瓶罐	了解种子的历史，看装满种子的瓶罐与标本、各类与种子相关的展板。还可以通过扫码二维码了解水稻	进一步了解种子的结构、种子的分类、种子的成长需要哪些条件及种子传播的方式等；了解水稻
互动体验区活动：种子盲盒和种子纸	家长资源：收集各类种子和瓶罐	各班级自主选择种子，进行开盲盒的游戏	感受不同种子的生长特色
互动体验区活动：苔藓微景观	园内资源：收集各类瓦片和泥土 家长资源：收集树枝等各类自然界中的材料	利用瓦片、树枝、植物、松果等自然界中的材料，将培育的苔藓进行组合，并制作成苔藓微景观	通过各类材料的自由创作，感受植物的魅力，增强自身审美情趣
互动体验区活动：种子标志	家长资源：收集各种颜色和形状的种子	利用滴胶的方式制作美丽的种子标本挂件或者装饰品	利用滴胶的方式感受趣味性，能够将种子有规律地、有想法地进行排放与组合
互动体验区活动：实验操作区	家长资源：收集各类种子和植物	将收集来的植物进行土培、水培、温室对比	体验自主种植的乐趣，发现植物的秘密，激发兴趣，提升科学探索能力
互动体验区活动：种子分享会	园内资源：种植园和操作尺、天平等测量工具	用表征的方式记录植物的生长；将种子称一称、量一量，比较数量和大小等，并做好记录	为接下来进一步探索从种子到长成植物的完整过程提供经验
阅读区活动：看，种子	园内资源：各类图书	自由阅读	了解不同的种子

四、种子馆的儿童沉浸式学习方式与指导策略

结合种子馆自身的博物性，我们建造该馆的目的是让幼儿了解种子的形成、种子的多样性。除去种子的收集、种子粘贴画、种子的标本、

种子阅览室等，为了更好地与幼儿进行互动，我们向幼儿介绍了植物的种植有水培和土培两种方式，并结合馆内实际条件，让幼儿了解种子发芽的过程，从而引出了我们整个园的一个整体活动。以下是种子馆中幼儿沉浸式学习方式和指导策略。

(一) 学习方式

1. 场景模拟

打造与种子生长相关的自然场景，让幼儿仿佛置身其中。

2. 互动体验区

(1) 了解种子。走进种子馆，除了电视大屏幕上播放关于种子的历史，映入眼帘的是许多装满种子的瓶罐与标本。通过各类与种子相关的展板进一步了解种子的结构、种子的分类、种子的成长需要哪些条件及种子传播的方式等。幼儿还可以通过扫二维码了解水稻。

(2) 种子盲盒和种子纸。将收集来的种子制作成种子盲盒和种子纸，各班级自主选择种植，进行开盲盒的游戏。

(3) 苔藓微景观。利用瓦片、树枝、植物、松果等自然材料，将培育的苔藓进行组合，并制作成苔藓微景观。

(4) 种子标本。将收集来的种子利用滴胶的方式制作成美丽的种子标本挂件或者装饰品。

(5) 实验操作区。① 水培区。水培区陈列的是幼儿收集的各类水培蔬果，幼儿将洋葱、萝卜、大蒜等装进废旧瓶子里，制作 DIY 种子器皿。在这里，幼儿可以观察和比较种子遇到水后生长的不同，同时提供温室进行实验和比较。② 土培区。提供这些适宜土培的种子由各班认领和培育，在各班的精心培育和呵护下，所有的种子都呈现出生机勃勃的发芽状态。

(6) 种子分享会。① 表征记录。通过亲身体验种植种子并且使种子成功发芽的经历，幼儿可以将自己种植种子和蔬菜的成果用表征的方式记录下来，为接下来进一步探索从种子到植物的完整的生长过程提供经验。② 测量比较。幼儿通过操作尺、天平等测量工具，将种出来的种子用来称一称、量一量，比较数量和大小等，并做好记录。

3. 阅读区

我们创建了一个沉浸式的阅读区，这里有关于种子的好书推荐；通过生动、有趣的故事来介绍与种子有关的知识，吸引幼儿的注意力。

4. 虚拟现实体验

利用虚拟现实技术，让幼儿"进入"种子的奇妙世界。

（二）指导策略

1. 引导探索

引导幼儿主动去发现和探索，而不是直接向幼儿灌输知识。

2. 小组合作

组织幼儿分组进行活动，培养幼儿的合作与交流能力。

3. 及时反馈

对幼儿的表现和发现给予积极的反馈，增强他们的自信心和提高他们的学习兴趣。

4. 个性化指导

根据每个幼儿的特点和兴趣，提供针对性的指导和帮助。

5. 拓展知识

在幼儿已有认知的基础上，适当拓展相关知识，激发他们进一步学习的欲望。

6. 鼓励表达

鼓励幼儿通过绘画、讲述等方式表达自己在沉浸式的学习中的感受和收获。

在种子馆中，幼儿感知种子的特征，体验种植的乐趣，看见种子的生长，探索种子的奥秘……种子馆为幼儿提供了一个近距离观察和了解种子的机会，满足了他们的好奇心和求知欲。通过参与种子馆的活动，幼儿可以学习到关于植物生长、科学观察等方面的知识，增强观察能力、思考能力和动手能力。在种子馆的建设过程中，幼儿可以了解到种子的重要性及保护环境的意义，有助于培养环保意识。幼儿共同参与种子的收集和整理，一起为种子馆的开放做准备，有助于增强团队合作意识和责任感。

昆虫馆活动指导纲要

一、昆虫馆的创生

《学习与发展指南》明确指出，成人要善于发现和保护幼儿的好奇心，充分利用自然和实际生活机会，引导幼儿通过观察、比较、操作等方法，学习发现问题、分析问题和解决问题。幼儿正处于对新奇事物感兴趣、对周围世界产生好奇心和求知欲的时期，开始探究和发现事物之间的关系、变化，喜欢发现问题和提出问题。

昆虫广泛地分布在空中、水中、地表、土壤，乃至动植物的体内及体表。在幼儿园，我们经常会看到孩子们围成一圈观察昆虫。这些小小的虫子对幼儿有着一种天然的吸引力，讨论虫子更是幼儿的乐趣。而现在的幼儿大部分时间都生活在城市里，探索大自然的机会很少。为了满足幼儿自然探索和科学探究的欲望，使幼儿感受到大自然中昆虫的美，认识常见的昆虫，知道昆虫的本领，了解昆虫的生长环境，并具有保护益虫、消灭害虫的意识，我们决定成立一个新的博物馆——昆虫馆。通过提供一个直观、有趣的学习环境，促进幼儿产生对自然的探索欲望，培养他们的观察能力、科学思维能力和环保意识。

二、昆虫馆的资源开发网络图

昆虫馆的资源开发网络图见图2-9。

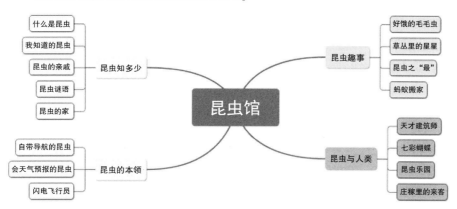

图2-9　昆虫馆的资源开发网络图

三、昆虫馆的活动板块构建与实施

昆虫馆的活动板块构建与实施见表2-9。

表2-9　昆虫馆的活动板块构建与实施

板块	资源	活动	经验
互动体验区活动：观察昆虫模型	园内资源：投放色彩鲜艳、形态逼真的昆虫模型，以及高清、生动的昆虫图片	通过观看昆虫模型或图片，直观认识各种昆虫的外形特征，激发对昆虫的兴趣	知道不同昆虫的特点，选择自己喜欢的昆虫，并进行有目的的观察

续表

板块	资源	活动	经验
互动体验区活动：昆虫卡	园内资源：选择适合儿童年龄段的昆虫科普书籍，如《昆虫记》等；同时，可以制作昆虫知识卡片，方便儿童随时翻阅	通过绘本中的故事画面、情节，知道昆虫之间发生的一系列故事	了解昆虫的生活习性和生态环境
互动体验区活动：显微镜下的昆虫	园内资源：选择具有代表性的昆虫标本（如蝴蝶等），以及适合儿童使用的简易显微镜	近距离观察昆虫标本，了解昆虫的真实形态和结构；通过显微镜观察昆虫，培养观察能力和探究能力	学会使用简易显微镜，细心观察，掌握被观察昆虫的特征
互动体验区活动：模拟昆虫人生	园内资源：投放土壤、树叶、小树枝、石头等自然材料，以及塑料昆虫模型、小房子等辅助材料	利用模拟昆虫生活环境的材料，在游戏中体验昆虫的生活	通过模拟昆虫的生活，知道昆虫所喜欢的生活环境和一些特殊的习惯
互动体验区活动：制作昆虫模型	园内资源：投放绘本、彩色纸、颜料、画笔、剪刀等	通过与昆虫的AR阅读互动，知道昆虫的立体形态，用不同的表现方式制作模型	知道不同昆虫的身体结构，用立体的表现形式展现出来

四、昆虫馆的儿童沉浸式学习方式与指导策略

昆虫馆为儿童提供了一个沉浸式的学习场所，让他们能够近距离地观察、了解昆虫的生活习性和生态环境。而沉浸式学习方式则是一种能够让儿童全身心投入，通过亲身实践和体验来学习和探索的有效方法。以下是昆虫馆中幼儿沉浸式学习方式和指导策略。

（一）学习方式

1. 实地观察

在昆虫馆中，引导儿童使用放大镜、显微镜等工具细致地观察昆虫的外部形态、行为习性等，让他们通过直接观察认识昆虫。

2. 互动体验

设置互动环节，如让儿童亲手触摸昆虫模型或标本，参与昆虫饲养、观察等活动，让他们通过亲身体验深入了解昆虫。

3. 角色扮演

让幼儿扮演昆虫学家或探险家等角色，完成昆虫探险、寻找昆虫等任务，增加学习的趣味性和提高活动的参与度。

4. 虚拟现实体验

利用虚拟现实技术，为幼儿提供身临其境的昆虫世界体验，让他们了解昆虫的生活环境和生态系统。

(二) 指导策略

1. 激发兴趣

在活动开始前，通过有趣的故事、图片或视频等方式，激发幼儿对昆虫的兴趣和好奇心，使他们更积极地参与活动。

2. 启发式引导

在观察和实践过程中，采用启发式引导，鼓励幼儿自主发现、思考和解决问题，培养他们的探索精神和创新能力。

3. 适时反馈

及时给予幼儿正面的反馈和鼓励，增强他们的自信心和学习动力，同时指出他们在学习上的不足之处，帮助他们不断改进。

4. 安全教育

在进行昆虫观察和实践活动时，强调安全注意事项，确保幼儿的人身安全，避免意外事故的发生。

5. 结合生活

将昆虫知识与幼儿日常生活相结合，引导他们关注身边的昆虫和生态环境，培养他们的环保意识和责任感。

6. 家庭参与

鼓励家长陪伴幼儿一起参与昆虫馆的学习活动，增进亲子关系，同时让家长了解幼儿的学习进度和取得的成果，共同促进幼儿的成长。

总之，昆虫馆的儿童沉浸式学习方式与指导策略应注重激发幼儿的兴趣和好奇心，通过亲身体验来培养他们的探索精神和创新能力，同时注重安全教育和生活实践的结合，促进幼儿的全面发展。

布艺馆活动指导纲要

一、布艺馆的创生

布是幼儿生活中常见的物品。有一个小朋友在集体活动前突然说：

"老师！您看！我在家里摔了一跤，裤子上就有了一个洞！"我说："那我们等到放学回家让妈妈给我们缝一下吧！"中午午睡起床时，孩子又说："老师！您看！我的洞洞变成一条一条的线了。"为什么洞洞会变成一条一条的线呢？有的孩子说："我妈妈告诉我丝巾就是由一条条线组成的。"于是，幼儿开展了激烈的讨论……幼儿既然对布产生了探究的愿望和兴趣，我们探索"布"之旅由此展开了！

陈鹤琴先生说，大自然、大社会都是我们的活教材。我们抓住幼儿对布产生的兴趣点，大力挖掘，充分利用生活中丰富的、鲜活的资源引导孩子们更深入地了解布。《学习与发展指南》指出，幼儿的学习是以直接经验为基础的，教师应创设丰富的教育环境，最大限度地支持和满足幼儿通过感知、实际操作和亲身体验获取经验的需要。于是，我们决定和幼儿一起开启一场关于布的探秘之旅。

二、布艺馆的资源开发网络图

布艺馆的资源开发网络图见图2-10。

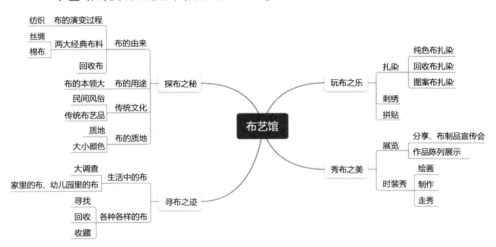

图2-10 布艺馆的资源开发网络图

三、布艺馆的活动板块构建与实施

布艺馆的活动板块构建与实施见表2-10。

表 2-10 布艺馆的活动板块构建与实施

板块	资源	活动	经验
互动体验区活动：布的历史发展区	网络资源：收集各个时期不同布的资料 园内资源：提供老式纺织机	自主扫二维码观看关于布发展的视频、绘本，感受老式纺织机的魅力	能了解不同时期纺织技术的演变，认识到人类的智慧和创造力可以不断改进生产工具和生产方式，从而丰富自身对事物发展和变化的认知
互动体验区活动：各种布料展示区	家长资源：收集生活中常见的各种各样的布料 园内资源：展示架	通过看一看、摸一摸的方式欣赏各种各样的布料	调动各种感官感受不同布料的美
互动体验区活动：扎染区	网络资源：收集关于扎染流程和步骤的资料 家长资源：收集各种纯色布料、皮筋等扎染材料	根据扎染步骤图进行操作，将完成的作品晾晒在架子上	扎染的魅力在于其不确定性和多样性，幼儿可以自由发挥，选择不同的扎法和染色方式，创造出独一无二的作品，从而激发创造力和想象力
互动体验区活动：旧衣改造区	家长资源：收集孩子们小时候的旧衣服 园内资源：提供小缝纫机、各种辅助材料等	通过剪一剪、贴一贴的方式将旧衣服变成拼贴画或其他形式的艺术作品	在改造过程中，幼儿需要思考如何将旧衣服变成独特的艺术作品，这有助于打破常规思维，培养创新思维和发散性思维能力
互动体验区活动：刺绣区	家长资源：收集各种颜色的毛线 园内资源：绣布、儿童针等	在绣布上自主设计各种图案，使用儿童针进行刺绣	了解刺绣作为一种传统手工艺的历史和文化价值，激发对传统文化的兴趣和热情，增强文化传承的意识
互动体验区活动：纺织区	家长资源：收集各种颜色的毛线 园内资源：提供小型纺织机	将线进行颜色搭配并利用纺织机进行织布	体会传统纺织工艺的魅力，传承和弘扬民族文化

四、布艺馆的儿童沉浸式学习方式与指导策略

布艺馆提供不同的布、纺织机等，助力儿童沉浸式学习，其活动主要体现在顺应儿童身心发展需求，激发学习兴趣与创造力，提高综合素养，如手眼协调、审美及问题解决能力等，促进儿童全面发展，同时为教育创新提供新路径。以下是布艺馆中幼儿沉浸式学习方式与指导策略。

（一）学习方式

1. 亲身体验式学习

（1）让幼儿亲自操作纺织机进行织布等，通过动手活动来了解布艺制作的过程。

（2）鼓励幼儿穿上自制的布制品，如围裙、帽子等，增强他们对自己作品的认同感。

2. 情景模拟学习

（1）创设一个小型的布艺工坊情境，为幼儿提供角色分工，如设计师、裁缝、售货员等，让他们在模拟的工作场景中学习合作与交流。

（2）布置一个家庭场景，让幼儿用布料制作家居饰品，如窗帘、桌布等，感受布艺在生活中的应用。

3. 故事引导学习

（1）讲述与布艺相关的故事，如《织女的传说》等，激发幼儿的兴趣和想象力。

（2）以故事中的情节为线索，引导幼儿进行布艺制作，如根据故事中人物的服装进行模仿制作。

4. 艺术欣赏学习

（1）展示各种精美的布艺作品，包括传统的民间刺绣、现代的创意布贴画等，培养幼儿的审美能力。

（2）组织幼儿参观布艺展览或观看相关的视频资料，拓宽他们的视野。

（二）指导策略

1. 激发兴趣

以有趣的方式引入布艺活动，如展示神奇的布料变形魔术，激发幼儿的好奇心。鼓励幼儿分享自己对布料和布艺的感受，尊重他们的想法，激发他们的参与热情。

2. 分层指导

根据幼儿年龄和能力的差异，布置不同难度和层次的任务。对于年龄较小或能力较弱的幼儿，从简单的布料折叠、粘贴开始；对于年龄较

大或能力较强的幼儿，可以挑战更复杂的刺绣或纺织。针对个别幼儿的问题和需求，进行一对一的指导和帮助。

3. 鼓励创新

不局限于传统的布艺制作方法和样式，鼓励幼儿发挥自己的想象力，创造出独特的作品。当幼儿提出新的想法时，给予肯定和支持，并提供必要的材料和技术指导。

4. 安全保障

在使用剪刀、针等工具时，提前进行安全教育，确保幼儿正确使用工具，避免受伤。选择适合幼儿使用的安全工具，如儿童专用剪刀、塑料针等。

5. 及时反馈

对幼儿的作品和努力给予及时的表扬，增强他们的自信心。同时，对幼儿的作品提出具体的改进建议，帮助幼儿不断提高布艺制作技能和创造力。

6. 家园合作

鼓励家长在家中与幼儿一起进行简单的布艺活动，如用旧衣物制作小背包等，巩固幼儿在园所学知识。定期组织亲子布艺活动，增进亲子关系，共同促进幼儿的发展。

角色馆活动指导纲要

一、角色馆的创生

角色游戏对于幼儿的成长和发展具有极其重要的意义，主要体现在以下几个关键方面：其一，促进幼儿的社会性发展。其二，提升幼儿的语言表达能力和沟通能力。其三，激发幼儿的想象力和创造力。其四，增强幼儿的情感认知能力和调控能力。其五，有助于幼儿对社会规则的适应。其六，锻炼幼儿解决问题的能力。在游戏过程中，难免会遇到各种问题，幼儿需要思考并尝试找到解决问题的办法，这能够培养他们的思维灵活性和应对困难的能力。由此可见，角色游戏在幼儿的身心发展中扮演着不可或缺的角色，为他们的未来成长奠定坚实的基础。

职业对于幼儿来说，具有重要的意义。从认知层面来看，职业能帮助幼儿初步了解社会的多样性和复杂性，让他们知晓不同的工作有着不同的职责和任务，拓展他们对世界的认知范畴。从情感层面来看，职业可以培养幼儿对劳动者的尊重和感激之情，有助于他们形成积极的价值观和情感态度。虽然幼儿还小，但接触与职业的相关内容能让他们在潜意识中开始探索自己未来可能的发展方向，对自己的能力和喜好有初步的感知。在社会交往中，讨论职业可以增加幼儿与他人交流的话题和内容，锻炼他们的沟通能力和表达能力。而且，通过了解不同职业，幼儿能够感受到努力工作和取得成果之间的关系，从而培养他们的责任感和成就感，为未来的学习和生活打下良好的基础。总之，对于幼儿来说，虽然职业是他们未来需要考虑的事情，但早期的接触和了解对他们的全面发展具有重要的铺垫和引导作用。

幼儿园角色馆是一个专为幼儿设计的互动体验场所。在这个角色馆里，孩子们可以扮演消防员、医生、护士等角色，从而了解不同职业。角色馆还注重培养孩子们的团队合作能力和沟通能力。在参与博物馆活动的过程中，孩子们需要与其他小朋友一起合作，共同完成任务，分享彼此的观点。这样的体验有助于培养孩子们的团队合作精神和社交能力。

二、角色馆的资源开发网络图

角色馆的资源开发网络图见图 2-11。

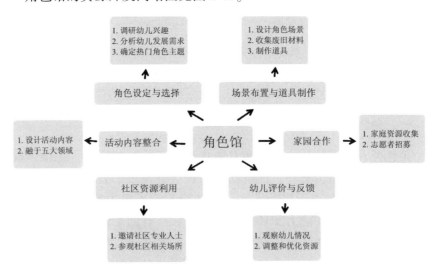

图 2-11　角色馆的资源开发网络图

三、角色馆的活动板块构建与实施

角色馆的活动板块构建与实施见表 2-11。

表 2-11　角色馆的活动板块构建与实施

板块	资源	活动	经验
互动体验区活动：医院	家长资源：医疗器具，如听诊器、血压计、绷带、口罩、白大褂、各种玩具药品和药瓶。社区资源：病历卡、处方笺等医疗文书	可以进行模拟挂号与分诊、医生诊断和治疗、去药房取药	了解医院的工作流程和不同岗位的职责；培养关爱他人、帮助他人的意识；提高语言表达能力和沟通能力，学会清晰地表达自己的想法和需求；加深对健康和疾病的认识，培养良好的生活习惯
互动体验区活动：警察局	园内资源：警察制服，包括警帽、警服、警徽等。模拟街道、交通标识的场景布置材料。警棍、手铐、对讲机等仿真玩具。交通指挥棒、哨子。	巡逻任务："警察"在模拟的街道上巡逻，观察是否有异常情况；处理交通事故；抓捕"罪犯"：设计"罪犯"逃跑的情节，"警察"根据线索进行追踪和抓捕；"警察"指挥交通和帮助"市民"解决问题	了解警察的工作职责和执法流程；培养正义感和责任感，明白维护社会秩序的重要性；提高观察力和判断力，能够快速分辨异常情况；增强团队协作能力，与其他"警察"配合完成任务
互动体验区活动：消防站	园内资源：消防员服装，包括头盔、防火服、靴子等。仿真灭火器、消防水带、消防斧等工具。模拟火灾警报器、电话。搭建火灾场景的材料，如火焰形状的卡片、烟雾道具等。消防车玩具模型	火警警报响起："消防员"迅速集合，准备出警赶赴火灾现场：乘坐消防车到达模拟的火灾地点灭火行动：使用灭火器、消防水带等工具进行灭火排查隐患：火灾扑灭后，对现场进行隐患排查	了解消防员的职业特点和工作的危险性；掌握基本的消防安全知识，如火灾的成因、预防措施等；培养勇敢、果断的品质，在紧急情况下能够冷静应对

续表

板块	资源	活动	经验
互动体验区活动：照相馆	家长资源：各类服装、配饰和化妆用品 园内资源：不同风格的背景布，如复古风格的布；摄影器材，如相机等，供顾客参考和选择	接待环节："工作人员"热情迎接"顾客" 选衣环节：服装和造型选择 拍摄环节："摄影师"引导"顾客"摆出各种姿势，调整拍摄角度和光线 制作环节：选片和制作成片	培养服务意识，学会热情、耐心地对待顾客；提高审美能力，懂得如何搭配服装、配饰等，以达到更好的拍摄效果；增强沟通能力，与顾客和团队成员进行有效的交流；了解摄影的基本知识和流程
互动体验区活动：超市	园内资源：货架和购物篮、推车，以及收款台、收款设备和工作服 家长资源：收集商品的盒子和包装	商品销售：商品采购与上架，"顾客"购物、结算付款 促销活动：设置特价商品区，或者进行买一送一、打折等促销活动 库存管理：清点库存，整理商品	认识不同种类的商品及其价格；学习货币的使用，提高数学运算能力；培养社会交往能力，如与他人交流、协商；了解超市的工作流程和规则
互动体验区活动：面馆	园内资源：各种食材的仿真玩具，如面条、鸡蛋等。厨师服、服务员围裙和帽子、菜单和价格牌 家长资源：制作面食的工具和道具，如擀面杖、案板、锅等	"顾客"点餐："服务员"接待"顾客"，为其介绍菜品，记录"顾客"的点餐需求 烹饪制作："厨师"按照"顾客"的订单制作面食 结账收款："顾客"用餐结束后，到收款处结账	了解面馆的运营流程和不同角色的职责；提高动手能力；增强语言表达能力和沟通能力，加强服务员与顾客、厨师与服务员之间的交流；学会团队协作，各角色相互配合，保证面馆的正常运转
阅读区活动："我"喜欢的职业	家长资源：收集各类图书	自由阅读	了解不同的职业

四、角色馆的儿童沉浸式学习方式与指导策略

幼儿园角色馆是一个具有教育意义的场所,能为儿童提供沉浸式的学习体验。以下是角色馆中幼儿沉浸式学习方式和指导策略。

(一) 学习方式

1. 实际操作

幼儿可以通过实际操作展品、扮演角色等方式,深入了解博物馆中的知识和文化。例如,在角色馆中,幼儿可以扮演医生、消防员、警察等角色,并亲身体验这些职业。

2. 互动体验

利用多媒体、虚拟现实等技术,为幼儿提供互动体验,增加他们的学习兴趣和参与度。

3. 自主探索

给予幼儿足够的自由和空间,让他们自主探索博物馆的各个角落,发现自己感兴趣的事物。例如,在该馆中设置一些探索区域,让幼儿自己去发现和探索。

4. 主题学习

围绕某个主题,组织幼儿进行深入学习和研究。

5. 情景模拟

创建逼真的场景,如医生诊室、超市、厨房等,让幼儿在其中扮演特定角色,通过亲身体验来学习相关的知识和技能。

6. 故事引导

围绕角色设定有趣的故事线,激发幼儿的好奇心和提高幼儿的参与度,使其沉浸在情节中,理解角色的行为和做出的决策。

7. 团队合作

组织幼儿分组扮演不同的角色,共同完成一个任务或解决一个问题,培养团队合作能力和沟通能力。

8. 多媒体辅助

运用图像、声音、视频等多媒体元素,增强角色馆的环境氛围和学习体验。

(二) 指导策略

1. 引导观察

在幼儿进行沉浸式学习时,教师或家长可以引导他们观察周围的事物,提出问题,引导他们进行思考和探索。

2. 启发思考

在幼儿遇到问题或困难时，教师或家长可以通过启发式的提问，帮助他们自己找到解决问题的方法，培养他们独立思考的能力和解决问题的能力。

3. 鼓励表达

鼓励幼儿表达自己的想法和感受，分享自己的学习体验，增强他们的表达能力和自信心。

4. 及时反馈

在幼儿进行学习和探索的过程中，教师或家长可以及时给予反馈，肯定他们的努力和取得的成果，指出需要改进的地方，帮助他们不断提高。

5. 激发兴趣

通过多种方式激发幼儿的学习兴趣，让他们在愉快的氛围中进行学习。例如，设置有趣的游戏、展示有趣的展品等。

6. 明确规则

清晰地向幼儿说明角色活动的规则和要求，确保他们明白自己的职责和行为规范。

7. 逐步引导

在幼儿参与过程中，根据他们的表现适时给予提示和引导，帮助他们更好地完成角色任务。

总之，在幼儿园角色馆中，幼儿可以通过实际操作、互动体验、自主探索等方式进行沉浸式学习，教师可以通过引导观察、启发思考、鼓励表达、及时反馈等策略，帮助幼儿更好地进行学习。这种学习方式可以增强儿童的学习兴趣和主动性，提升他们的学习效果和综合素质。

纸术馆活动指导纲要

一、纸术馆的创生

纸，作为中国的四大发明之一，广泛地存在于幼儿的生活和学习中，自然而然幼儿就积累了一些与纸相关的经验。在日常生活中，我们经常能听到这样的对话："擦嘴的纸巾用完了！""我刚看到他用了很多张纸巾擦嘴巴！""老师说要节约用纸，不能浪费！""我们画画要用纸，上厕所也要用纸，纸用光了怎么办呀？""画画的黄色卡纸没有了！""我这里有一张硬硬的纸，你要吗？""这个太硬了，和我家里的纸箱子一样。"

《幼儿园教育指导纲要（试行）》指出，自然的、身边的、熟悉的、生活中的事物是幼儿最感兴趣的，对这些事物的探究能激发幼儿探究的热情。幼儿都很熟悉纸，从报纸、图书到纸巾、纸盒、各种包装纸。纸不仅是幼儿主要的生活用品，也是幼儿游戏、创作的必备材料，在幼儿的世界里扮演着不可缺少的角色。幼儿带着很多疑问，萌发了探究的热情，于是我们的纸术馆正式诞生。

二、纸术馆的资源开发网络图

纸术馆的资源开发网络图见图 2-12。

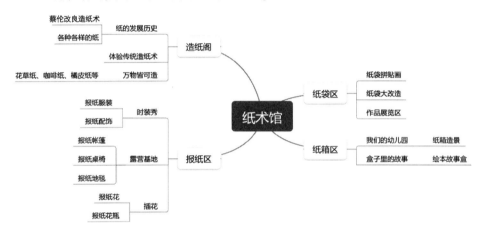

图 2-12　纸术馆的资源开发网络图

三、纸术馆的活动板块构建与实施

纸术馆的活动板块构建与实施见表 2-12。

表 2-12　纸术馆的活动板块构建与实施

板块	资源	活动	经验
互动体验区：了解造纸术、各种各样的纸	网络资源：提供造纸术的相关视频、绘本　家长资源：收集各种各样的纸袋	通过扫二维码观看视频、阅读绘本等形式大致了解造纸术及生活中的纸制品	知晓造纸术是中国古代的四大发明之一，增强民族自豪感和对传统文化的认知

续表

板块	资源	活动	经验
互动体验区活动：造纸术	家长资源：收集各种生活中常见的自然材料 园内资源：提供造纸术需要的材料和工具	根据造纸术的流程进行造纸；寻找自然材料（如橘子皮、花瓣等）造纸	认识到纸是由各种原材料经过特定的工艺制作而成的，初步了解物质的转化过程
互动体验区活动：报纸秀场	园内资源：提供大量的报纸 家长资源：帮助幼儿量体裁衣，制作报纸服饰	使用报纸制作服饰等进行走秀	发挥幼儿的创造力，让他们思考如何将普通的报纸变成独特的服饰
互动体验区活动：报纸露营基地	家长资源：在空闲时间可以带幼儿进行露营活动 园内资源：提供大量的报纸	使用报纸制作露营需要用到的帐篷、桌子、凳子、地毯	认识到废旧物品可以通过创意再利用，减少浪费，增强环保观念
互动体验区活动：报纸插花	网络资源：提供各种各样的插花视频、成品图片	使用剪、贴、编织等方式制作花和花瓶	对色彩、图案的搭配有初步的认识和感受，提高审美能力
互动体验区活动：纸袋操作区	家长资源：收集各种各样的废旧纸袋	通过添画、折一折、剪一剪、贴一贴的方式将纸袋改造成艺术作品	明白废旧纸袋可以通过改造重新获得价值，从而更加深刻地理解资源回收和再利用的重要性，培养环保意识
互动体验区活动：纸箱操作区	家长资源：收集各种盒子（如快递盒、鞋盒）	通过堆叠纸盒等方式造景，建设幼儿园	认识到废旧物品可以通过创意再利用，减少浪费，树立环保观念

四、纸术馆的儿童沉浸式学习方式与指导策略

儿童能在纸术馆深入了解造纸术的历史和文化。他们可以看到古代造纸工具，学习造纸的各个步骤，这种沉浸式体验让抽象的知识变得具体。纸术馆提供各种实践活动，通过这些活动，手部精细动作得到训练。

纸术馆承载着传统的造纸文化,儿童在这里沉浸式学习,成为文化传承的新生力量。以下是纸术馆中幼儿沉浸式学习方式和指导策略。

(一) 学习方式

1. 角色扮演

让幼儿扮演古代造纸工匠或现代纸艺设计师,通过模仿角色的工作和思考方式,深入体验纸的制作过程。

2. 故事讲述与情境创设

(1) 以造纸术的发展历史为背景,编写有趣的故事,为幼儿创设相应的情境。

(2) 利用多媒体设备,如投影仪、音响等,增强情境的真实感。

3. 实践操作

设立专门的工作坊区域,让幼儿亲自动手造纸,寻找身边常见的纸制品进行艺术创作,在实践中感受造纸术的魅力。

(二) 指导策略

1. 引导思考和探索

不直接给出答案,而是通过举例、提问等方式引导幼儿自主思考和探索。

2. 个性化支持

观察每个幼儿的兴趣和能力,提供个性化的指导和帮助,满足他们不同的学习需求。

3. 及时反馈

对幼儿的表现和取得的成果给予及时、具体的反馈,肯定他们的努力和取得的进步,同时指出可以改进的地方。

4. 知识拓展

根据幼儿在学习过程中的兴趣点,适时拓展相关的知识,丰富他们的认知。

5. 组织小组合作活动

组织幼儿进行小组合作活动,培养他们的团队合作能力和交流意识。

6. 安全保障

在幼儿进行实践操作和游戏活动时,确保环境安全,教导他们正确使用工具和材料的方法。

7. 家长参与

鼓励家长参与幼儿的纸术馆学习活动,共同促进幼儿的成长。

民族服饰体验馆活动指导纲要

一、民族服饰体验馆的创生

《学习与发展指南》指出,引导幼儿知道自己的民族,知道中国是一个多民族的大家庭,各民族之间要互相尊重、团结友爱。《学习与发展指南》也指出,要提供丰富的材料、工具或物品,支持幼儿进行自主绘画、歌唱、表演等艺术活动。幼儿对少数民族服饰的设计和色彩都非常感兴趣,通过欣赏少数民族服饰,可以感受少数民族服饰的艺术美,萌发爱国之情,增强幼儿的自信心和民族认同感。

因此,民族服饰体验馆的创设既能让幼儿认识不同的少数民族,又能让幼儿了解不同民族的传统文化、服饰、习俗等,从小培养幼儿爱国之情。

二、民族服饰体验馆的资源开发网络图

民族服饰体验馆的资源开发网络图见图2-13。

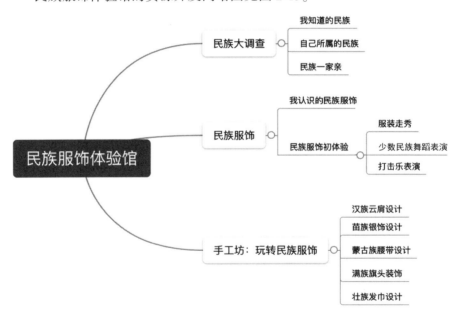

图2-13 民族服饰体验馆的资源开发网络图

三、民族服饰体验馆的活动板块构建与实施

民族服饰体验馆的活动板块构建与实施见表 2-13。

表 2-13 民族服饰体验馆的活动板块构建与实施

板块	资源	活动	经验
角色扮演区活动：服装走秀	家长资源：收集各种少数民族的服装	选择自己喜欢的民族服装进行走秀表演	感受不同少数民族服装的特色，感受各民族的文化魅力
角色扮演区活动：少数民族舞蹈表演	家长资源：寻找会跳民族舞的家长。收集少数民族舞蹈视频 园内资源：共同学习少数民族舞蹈	学习简单的少数民族舞蹈动作并进行表演	了解少数民族特色舞蹈的魅力（如蒙古舞的雄壮、苗族舞的细腻和含蓄、傣族舞蹈的轻盈婉转）
角色扮演区活动：打击乐表演	家长资源：收集家中的打击乐器 园内资源：圆舞板、铃鼓、三角铁、碰铃等常见的民族乐器	倾听和欣赏民乐表演视频，尝试用简单的打击乐器进行演奏	感受不同民族乐器的音色及其演奏特色，喜欢民族音乐
手工坊区域活动：服装装饰	园内资源：少数民族服饰	简单了解少数民族服饰的特色并进行制作	了解各民族的独特审美和生活方式
情景体验区活动：民族服饰欣赏	园内资源：收集各种民族服饰的绘本及视频	自由阅读和欣赏	了解不同的民族服饰

四、民族服饰体验馆的儿童沉浸式学习方式与指导策略

民族文化，它承载着历史，传承着传统，展示着多元的魅力。民族服饰是民族文化的重要载体之一。在民族服饰体验馆中，可以欣赏到各式各样的民族服饰，感受到不同的民族风情，可以满足孩子们对民族服饰的好奇和向往。孩子们不仅可以获得快乐的体验，也可以在民族文化的熏陶中感受多民族的魅力。以下是民族服饰体验馆中幼儿沉浸式学习方式和指导策略。

(一) 学习方式

1. 角色扮演

(1) 服装走秀。幼儿可以身穿不同民族的民族服装进行走秀表演，一至两名幼儿可以扮演主持人的角色，当幼儿来到舞台中央展示民族服装的时候，主持人可以适当配上这个民族的介绍。通过观察和感受不同民族服饰的特点，以及阅读小故事或观看小视频等，了解各民族的传统习俗和民族服饰的特殊意义。

(2) 经典民族舞蹈表演。幼儿可以身穿民族服装跟着音乐进行民族舞蹈表演，比如，可以身穿维吾尔族服装跳维吾尔族舞，身穿傣族服装跳傣族舞等。

(3) 演奏打击乐为服装走秀等伴奏。幼儿可以用乐器区的三角铁、蛙鸣筒、小锣、铃鼓等各种打击乐器演奏歌曲，为走秀及舞蹈表演等伴奏。

2. 情境创设

(1) 以壮族"三月三"、苗族"芦笙节"、傣族"泼水节"等大家比较熟悉的富有民族特色的节日为主题，创设简单的情境，让幼儿穿上传统的民族服饰参与活动，感受少数民族节日的氛围。

(2) 利用多媒体设备，如投影仪、音响等，增强情境的真实感。

3. 实践操作

设立专门的工作坊区域，让幼儿尝试亲手制作少数民族服饰，如苗族的银饰、土家族的蓝黑布、回族的特色头饰等，在实践中感受少数民族服饰的魅力。

(二) 指导策略

1. 引导探索

引导幼儿主动去发现和探索，而不是直接灌输知识。

2. 个性化支持

观察不同幼儿的兴趣和能力，提供个性化的指导和帮助，满足每个幼儿的独特需求，帮助他们获得全面的发展。

3. 及时反馈

对幼儿的表现和取得的成果给予及时、具体的反馈，肯定他们的努力和取得的进步，同时指出可以改进的地方。

4. 知识拓展

根据幼儿在学习过程中的兴趣点，适时拓展相关的知识，丰富他们的认知。

5. 积极参与

鼓励幼儿积极参与民族服饰体验，引导幼儿选择自己喜欢且感兴趣的服饰进行体验，让他们感受少数民族服饰与我们日常服饰的区别。

6. 安全保障

在幼儿进行实践操作和游戏活动时，确保环境安全，教导他们正确使用工具和材料的方法。

7. 家长参与

鼓励家长与幼儿共同参与民族服饰的收集与体验，共同促进幼儿的成长。

第二章

班本小微博物项目活动实施示例

我与叶子的奇妙之旅

一、项目生发

秋天，树叶由绿变黄，由黄变红，色彩斑斓，为幼儿呈现了一个五彩缤纷的世界。这种季节性的变化不仅让幼儿感受到大自然的神奇魅力，也激发了他们对树叶的浓厚兴趣和探索欲望。在户外活动中，孩子们被飘落的树叶吸引，纷纷捡起、观察、讨论，这为幼儿园叶子馆的创建提供了契机。

幼儿天生具有强烈的好奇心，对周围的事物充满疑问。他们对树叶的颜色、形状、纹理等特征产生了浓厚的兴趣，希望通过观察和实验来解答心中的疑问。

在与树叶的亲密接触中，幼儿不仅感受到了树叶的美丽，还发现了树叶的多种用途，如制作扇子、草药等。这种探索精神为叶子博物馆提供了源源不断的素材。

二、项目价值

叶子博物馆的创建旨在培养幼儿的观察能力、分析能力、动手能力和创新能力。在探索树叶的过程中，幼儿能够学习到关于植物的知识，了解自然界的奥秘，增强对环境的保护意识。

同时，叶子博物馆也为孩子们提供了一个展示自我、交流学习的平台。在参与叶子博物馆的活动中，幼儿能够结交新朋友，分享自己的发现和取得的成果，增进彼此之间的友谊，加强彼此之间的合作。

三、项目关键经验

幼儿通过观察和收集各种叶子，发现了叶子的多样性，包括形状、颜色、纹理等特征。他们学会了如何比较不同叶子之间的相似性和差异性，从而培养了观察能力和分析能力。在与叶子的互动中，幼儿发挥想象力，利用叶子进行各种创意制作，如制作扇子等。他们通过动手实践，将创意转化为实际作品，培养了动手能力和创新能力。在叶子博物馆的项目中，幼儿需要与家长、教师和同伴进行合作，共同完成任务。通过合作，幼儿学会了分工协作、沟通协商，培养了团队合作能力和社交能力。通过探索叶子，幼儿了解了植物的生长、变化过程，对自然科学产生了浓厚的兴趣。他们还学习到了保护自然环境、珍爱自然资源的重要性，培养了环保意识和责任感。在与叶子的亲密接触中，幼儿感受到了大自然的美丽和神奇，培养了对大自然的热爱。通过参与叶子博物馆的项目，幼儿体验到了探索、学习和成长的乐趣，增强了自信心和获得了成就感。

这些关键经验不仅有助于幼儿知识、技能的提升，更重要的是让幼儿在情感、态度和价值观方面得到全面的发展。通过叶子博物馆的项目，幼儿能够更好地认识自己、了解世界，为未来的成长打下坚实的基础。

四、环境创设

(一) 可利用的资源

1. 自然环境资源

户外叶子收集：秋天到处是落叶，幼儿可以在户外收集各种形状、颜色和大小的叶子，用于博物馆的展示和手工制作。

叶子生长观察：通过观察不同植物的叶子生长过程，幼儿可以了解叶子的生长周期和变化，加深对植物生长规律的了解。

2. 人力资源

教师指导：教师可以引导幼儿进行叶子的分类、观察和记录，帮助他们发现叶子的秘密，并解答他们在探索过程中遇到的问题。

家长参与：邀请家长参与叶子博物馆的创建和管理工作，分享他们的经验和知识，与幼儿一起进行手工制作和科学实验等活动。

3. 物资资源

展示架和展示板：用于展示幼儿收集的叶子和他们的发现，让幼儿感受到自己的劳动成果被重视和认可。

手工制作材料：如纸张、胶水、剪刀等，用于制作叶子拼贴画、叶子书签等手工作品，锻炼幼儿的动手能力和创造能力。

科学实验器材：如放大镜、显微镜等，用于观察叶子的微观结构和特征，激发幼儿对科学的兴趣。

4. 外部资源

公共图书馆和网络资源：提供关于叶子的书籍、图片和视频等资料，帮助幼儿更全面地了解叶子的知识。

专业机构支持：邀请植物园、自然科学博物馆等机构的专家来园做讲座和指导，提高叶子博物馆的专业性和权威性。

5. 活动资源

叶子分类游戏：幼儿通过游戏的方式，学习和掌握叶子的分类方法，提高观察能力和分类能力。

叶子科学实验：组织幼儿进行与叶子相关的科学实验，如叶子的吸水实验、叶子的呼吸实验等，培养他们的科学探索精神和实践能力。

叶子艺术创作：鼓励幼儿用叶子进行艺术创作，如叶子拼贴画、叶子雕塑等，培养他们的艺术素养和创造力。

（二）建议创设的博物馆环境

1. 陈列区

在入口可以设置一个象征性的"叶子之门"，用各种形状的叶子或图案装饰。在入口处可以放置一块介绍叶子博物馆的展板，在展板上简要介绍博物馆的目的和特色。

设立多个展示台或展示墙，分别展示不同种类、形状、颜色的叶子，设立叶子亲子作品展示区、叶子绘本欣赏区等。使用透明的展示盒或玻璃框来展示稀有的或特殊的叶子，让幼儿能够近距离观察。利用悬挂的方式展示叶子，比如，制作叶子摆件、叶子吊饰等，给空间增加立体感和层次感。

2. 体验区

设置一个互动区域，让孩子们可以亲自触摸、比较不同叶子的质感。提供放大镜、显微镜等工具，让孩子们能够更仔细地观察叶子的微观结构。设立叶子分类游戏区，通过游戏的方式让孩子们学习叶子的分类方法。

提供一个手工制作区，让孩子们可以用叶子进行艺术创作，如制作叶子拼贴画、叶子书签等。我们提供材料和工具，如纸张、胶水、剪刀等，让孩子们能够自由发挥创造力。

五、项目课程网络图及解读

项目课程网络图见图 2-14。

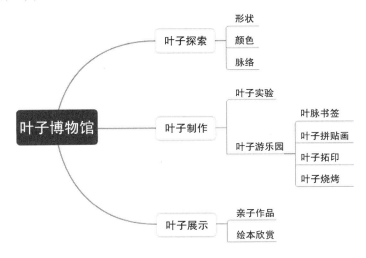

图 2-14　项目课程网络图

本次博物主题围绕幼儿对叶子的探究与体验，主要包含三条线索："叶子探索""叶子制作""叶子展示"。每条线索都指向幼儿可获得的关于叶子的不同经验：感知叶子的存在，知道叶子的用途，体验玩叶子的乐趣。首先，通过叶子探索活动，幼儿能够直观地了解树叶的多样性，培养观察力和分类能力。同时，活动也激发了幼儿对树叶的兴趣和好奇心，为后续的活动奠定了基础。其次，通过叶子制作活动，幼儿能够充分发挥自己的创造力和想象力，通过动手制作增加对树叶的认识和感受。再次，活动也培养了幼儿的动手能力和艺术素养，增强了他们的自信心。最后，通过叶子展示活动，幼儿能够展示自己的成果，体验成果展示的乐趣。同时，活动也促进了幼儿之间的交流和合作，增强了他们的团队意识，发扬了他们的分享精神。此外，活动还加强了家园共育的效果，让家长更加了解和支持幼儿园的教育工作。

六、叶子博物馆活动的实施

叶子博物馆活动的实施见表 2-14。

表 2-14 叶子博物馆活动的实施

活动类型		资源	活动	经验
日常生活		园博园场地、户外山坡场地	寻找叶子大作战	激发幼儿对树叶的兴趣和好奇心，引导他们主动观察和探索；培养幼儿的观察力和分类能力，让他们初步了解树叶的多样性
		社区、公园等场地	不同的叶子	在园外和父母体验寻找树叶的乐趣，培养幼儿的观察能力和初步的分类能力
区域活动	美工区	黏土、泥工板、树叶模具等	大大的树叶	尝试用黏土、模具等材料进行树叶的制作
		收集的干净、平整、较厚并且还有一些水分的落叶（如广玉兰树叶），油画棒，颜料（以秋天的颜色为主），颜料盘，棉签，抹布，等等	漂亮的秋叶	选择落叶进行彩绘，使用较丝滑的油画棒在叶子上自由涂鸦，可绘画波点、线条等来装扮落叶
		收集的落叶、水粉笔、颜料、抹布、黏土、卡纸、胶棒等	树叶娃娃	选择喜欢的树叶，用水粉笔刷上颜料；待树叶干后取少量黏土，通过搓圆和搓长的方法制作树叶娃娃的五官，贴在树叶上；将树叶娃娃贴在卡纸上，尝试用其他树叶拼贴其身体
	科学区	收集的园内常见落叶（如巴掌树叶、银杏叶、鸡爪槭叶）若干片	叶子宝宝回家	尝试将叶子混在一起，幼儿在其中寻找自己的那片叶子
		自制色卡（在纸板上刷上不同的颜色，如红色、绿色、黄色等，并贴上双面胶）	多彩的秋天	寻找大自然中与纸板上的颜色相匹配的落叶，并将其贴在相应颜色的色卡上

续表

活动类型		资源	活动	经验
区域活动	语言区	彩纸、蜡笔，绘本故事《巴掌树》	叶子的故事	能根据故事情节，将图片按先后顺序排好
		绘本《100只蚂蚁，100片树叶》，收集到的颜色、形状多样的落叶及白色托盘等	蚂蚁和树叶	观察铺满树叶的画面，感受树叶颜色和形状的多样，说一说蚂蚁搬来了什么样的树叶；找一找自己喜欢的落叶，并说一说它们是什么样的（形状、颜色、触感等），再想一想、说一说落叶像什么
	益智区	操作单《小松鼠藏橡果》、油画棒等	小松鼠藏橡果	能在图中找到小松果，并用油画棒圈出它们的位置，用语言描述小松果藏在哪里，如"松果藏在叶子底下"
		操作单《毛毛虫吃树叶》、油画棒、画有1~3条毛毛虫的卡片和1~3片树叶的卡片	毛毛虫吃树叶	将毛毛虫卡片和相应数量的树叶卡片匹配在一起（可提供夹子、分类格或塑料环进行匹配）
	生活区	收集的落叶（较厚并且还有一些水分）、水盆、干毛巾、晾衣绳、小夹子	树叶洗澡	尝试将树叶放进水盆中，用手轻轻擦拭树叶的正面、反面，同时感受触摸不同树叶和树叶正面、反面的不同感觉；再将树叶从水里拿出来，用干毛巾擦干
	建构区	各种形状的积木、小动物、小树叶等辅助材料	叶子游乐园	尝试用围合、对称等方法搭建秋天的公园、幼儿园等，增加不同的情境
	表演区	小树叶的头饰、小铃鼓、小纱巾等物品，幼儿熟悉的歌曲如《小树叶》等	小树叶	能够选择自己喜欢的乐器、服装进行表演，敲敲打打，乐在其中
集体活动		散文诗挂图、散文诗的课件、音乐《秋日私语》	落叶（语言）	了解散文诗传递的秋天的信号；感受散文诗句的优美，尝试模仿散文中的句子进行创编；懂得爱护树木

续表

活动类型	资源	活动	经验
集体活动	图片两张：秋天落叶图片、春天长新叶图片；《小树叶》音乐	小树叶（音乐）	感受小树叶对母亲的依恋，能用同样的方式表达对父母的爱；能用连贯、舒缓、跳跃的吐字方法来表现歌曲所蕴含的不同情感
	收集各种形状、大小的叶子，压平待用。胶水、纸（一人一份）	树叶拼贴画（美术）	用树叶拼贴一幅比较完整的画，提升动手操作能力；充分发挥想象力将树叶变形，发展组合造型能力
	树叶头饰若干	风中的树叶（语言）	了解故事内容，大胆表达自己的想法；激发对大自然的热爱
	歌曲《树叶》乐谱、歌曲《树叶》	树叶（音乐）	能够尝试按歌曲节拍的特点等，富有表现力地演唱；能够用动作表达对音乐的感受
	每人不同种类的树叶卡片6张，数字5、6卡片1套，色子1个（6个面上分别有1—6的点数）。实物树叶4片，4个圆点的卡片1张，苹果卡片5张，鸭梨卡片6张	好玩的树叶（数学）	能够按照数字卡片拿取相应数量的材料，如：抽到数字3，拿取3样材料；在活动中主动思考，专心进行操作；学习6以内数字的组成，同时理解相邻数之间多1、少1的关系
	树叶（每人一片），布置树林场景的活动室，小熊木偶一个	小树叶找妈妈（语言）	感受诗歌的意境美，理解诗歌所表达的主题，培养爱护树木的环保意识。结合自己所了解的树与人、动物的关系等，进行诗歌的创编，发展创造能力和语言表达能力
	各种秋天的树叶、图片、拓印纸	树叶拓印（美术）	通过观察秋天的树叶，感受树叶的多样性。学习、比较树叶的异同，并进行分类
	幼儿所捡的落叶、兔子妈妈头饰；音乐磁带一盘	拾树叶（健康）	练习双脚在直线两侧跳，跳跃时前脚掌轻轻落地；能遵守游戏规则

续表

活动类型	资源	活动	经验
集体活动	故事音频、梧桐树图片	梧桐树寄信（语言）	理解故事内容，懂得每封信的内容；了解梧桐树落叶的奥秘；理解词语：一蹿一跳、毛茸茸、光秃秃
其他活动	娃娃天平、一些轻重不同的茶叶、塑封的记录纸、记录笔	称茶叶（博物馆活动）	幼儿在天平游戏中感受天平两边的平衡，用天平秤称出茶叶的质量，并且学着用不同的标记记录轻重不同的茶叶
	秋天落叶的图片、春天长新叶的图片	小小树叶（博物馆活动）	观察秋天落叶、春天长新叶的图片，说一说叶子在不同季节的生长特点，感受自然的美好

"泥"来我往——泥博物馆营业啦

一、项目生发

中华人民共和国教育部 2022 年 2 月 10 日印发的《幼儿园保育教育质量评估指南》（简称《评估指南》）提出，要善于发现各种偶发的教育契机，能抓住活动中幼儿感兴趣或有意义的问题和情境，能识别幼儿以新的方式主动学习，及时给予其有效支持。而本次泥博物馆主题正是缘起于一场偶发的教育契机——雨后散步。一次雨后散步，孩子们发现自己的鞋底沾到了一些泥巴，他们看到了鞋底下的泥巴，叽叽喳喳地讨论不停。欣欣指着自己的鞋底说："老师，我的鞋底下面有很多泥巴！""老师，我的鞋底下面也有很多泥巴。"……幼儿纷纷低头看自己的鞋底。看到幼儿对鞋底下的泥巴如此感兴趣，我顺势抛出了这样一个疑问："那如果不下雨，泥巴还会黏在我们的鞋底上吗？""不会，不下雨泥巴就不黏了。""还会黏上的，会有干干的泥巴黏在上面。"幼儿各抒己见，七嘴八舌地讨论起来。生活中随处可见的泥土竟会成为幼儿感兴趣的话题。基于幼儿的兴趣，结合中班幼儿的年龄特点和关键经验，我们决定对"泥"展开探究。幼儿又会和泥土发生哪些有趣的故事呢？

二、项目价值

著名教育家陈鹤琴先生说，大自然、大社会是幼儿的活教材。学前儿童是从周围的环境中学习的，我们应该以大自然、大社会为中心组织课程。"泥土"是大自然所特有的物质，喜欢"玩泥土"是幼儿的天性，但是对于现在的幼儿来说，基本上很少有玩泥土的时间和机会，因此，本次博物主题活动对幼儿极具价值。

1. 为幼儿创设原生态的发展空间

南京师范大学教授虞永平曾说过，设计幼儿园的课应重视幼儿直接经验的获取，尊重幼儿的学习主体地位，同时整合园内外一切的空间和资源，尽可能为幼儿的发展服务，尽可能体现课程价值。泥土是幼儿司空见惯之物，随时随地可观察、触摸，操作起来简便易行。此次本班泥博物课程利用幼儿园和社区的泥土这种直接的自然教育资源，通过整合园内外一切的空间和资源为幼儿创设原生态的发展空间。

2. 发展语言表达、动手探究、团体合作等多方面的能力

加德纳著名的"多元智能理论"提出了"自然探索"或"博物学家"智能。这是指幼儿具有强烈的好奇心和求知欲、敏锐的观察能力，善于观察自然界中的各种事物，能了解各种事物的细微差别，对物体进行辨析，从而在大自然中发展多方面的能力。本次博物主题课程包含对泥土的挖掘和探索、泥巴实验对比认知探究、泥工制作、泥塑立体建构、泥制博物藏品欣赏等环节，能提高幼儿主动探究的兴趣，促进幼儿语言表达、动手探究、团体合作等方面能力的提升。

3. 丰富幼儿园博物课程的内容和形式，使课程更加贴近大自然，更加贴近幼儿的生活

陈鹤琴先生倡导幼儿园课程和教学的综合化。幼儿期的经验应该是整体的，而不是分门别类的；是联系的，而不是割裂的。因此，我们力求将充满自然之趣的泥土资源进行有效整合，形成本班泥博物课程，使课程更加贴近大自然，更加贴近幼儿的生活。

三、项目关键经验

（1）了解泥土的种类，从视觉、触觉等方面认识黄土、红土、黑土等不同的泥土。

（2）认识常见的泥制品，了解泥土的不同功能和作用。

（3）初步了解泥土在人类社会的使用历史，感悟泥土的魅力。

（4）初步掌握搓条、团圆、压扁、黏合、塑形、上色等泥工技能。

（5）感受探索泥土带来的快乐，愿意与同伴、家长一起完成泥塑作品。

（6）在泥博物活动中，积极与同伴交流，自由表达对参与活动、阅读泥土相关绘本故事的体验，提高逻辑思维能力与语言表达能力。

（7）喜欢探索泥土，萌发亲近大自然、喜爱大自然的情感。

四、环境创设

(一) 可利用的资源

1. 自然资源

充分挖掘园内及社区挖泥场地，利用丰富的场地资源让幼儿体验挖泥、玩泥，感受泥土的特性。

2. 社会资源

社区共建：设立社区亲子玩泥区，定期举办活动促进家庭互动和儿童社交。同时，通过种植植物活动，让幼儿学习泥土与植物生长的关系，丰富幼儿的玩泥体验。

与陶艺工作室携手合作：邀请陶艺师开展专题讲座，普及陶艺知识，激发幼儿对泥塑的兴趣。在陶艺师的指导下，幼儿体验陶艺制作。安排幼儿参观陶艺工作室，观察专业设备和成品，拓展他们的视野。

3. 网络资源

利用网络平台（诸如小红书等）收集各种有关泥的绘本故事、图片、科普视频、儿歌等素材，供幼儿阅读、倾听，进一步拓展幼儿对泥的认知，激发幼儿对泥的兴趣，满足幼儿的活动需求。

4. 家长资源

充分借助家长的力量，合理利用家长资源，鼓励家长参与到玩泥的活动中来，和幼儿开展有趣的玩泥活动。例如，家长可以利用周末时间带领幼儿去社区、公园等场所进行挖泥探索活动，和幼儿一起发现泥土里的奥秘；另外，家长也可以跟幼儿在家里玩一玩泥塑，体验快乐的亲子时光。

(二) 建议创设的博物馆环境

1. 陈列区

（1）创设"泥览藏品陈列室"。摆放展架等，展示幼儿带来的泥制品，如陶土罐子、杯子、花盆、泥瓦片等，供幼儿看一看、说一说，了解相关泥制品的名称、用途，增进幼儿对泥土的认知，激发幼儿对泥土的兴趣。

（2）布置"我和泥的故事墙"。利用墙面展示幼儿收集到的图片或照片，呈现泥土的不同种类和用途，如盖房子、制作各种不同用途的泥制品等，引导幼儿看一看、说一说，了解泥土的种类和用途，知道泥土在生活中的巨大作用。

2. 体验区

（1）开设"陶泥工坊"。利用桌面和网格架的空间，展示幼儿制作的各种手工作品，如在桌面上陈列陶土坦克、陶泥杯子等立体泥塑制品，激发幼儿的想象力与创造力，同时还可以将制作的泥塑作品进行展示，开展博物馆泥塑巡展拍卖活动，幼儿可以通过拍卖活动进行买卖游戏等。

（2）开设"泥趣阅读区"。投放《泥叫叫》《小泥人》等绘本，同时投放关于"泥"的优质绘本的二维码，利用 iPad 等设备引导幼儿扫码自主阅读。在此过程中，幼儿的语言表达能力和逻辑思维能力得到了锻炼。

（3）开设"博泥考古区"。幼儿化身考古学家，通过铲一铲、挖一挖，他们发现了犀牛、贝壳等"宝藏"，萌发了科学探索的愿望。

五、项目课程网络图及解读

项目课程网络图见图 2-15。

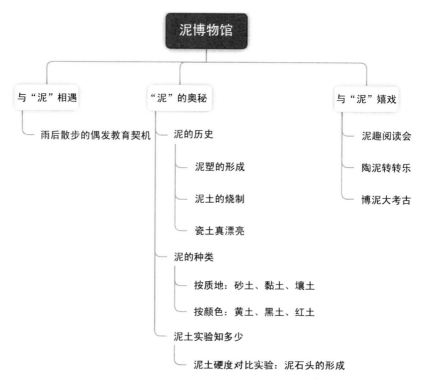

图 2-15　项目课程网络图

本次博物主题围绕幼儿对"泥"的探究与体验,主要包含三条线索:与"泥"相遇,"泥"的奥秘,与"泥"嬉戏。每条线索都指向幼儿可获得的关于"泥"的不同经验:感知泥的存在,知道泥的用途,体验玩泥的乐趣。首先,引导幼儿在丰富多彩的玩泥游戏中,通过亲身体验、直接感知,激发对泥的探究兴趣。其次,以有趣的观察、探究等小实验引发幼儿对"泥"石头的变化的关注,感知水和泥的融合产生的奇妙现象,体验发现的乐趣。最后,通过了解泥的历史,了解实际生活中的各种泥制品,引发幼儿对泥和人们生活的关注,了解到泥是地球上重要的资源之一,泥可以用在生活的方方面面。

六、泥博物馆活动的实施

泥博物馆活动的实施见表 2-15。

表 2-15 泥博物馆活动的实施

活动类型		资源	活动	经验
日常生活		幼儿园场地、户外山坡场地	快乐挖泥	在幼儿园探索挖泥,体验挖泥的快乐
		社区、公园有泥的场地	"我"在泥里找到……	在园外和父母体验挖泥活动,进一步探索泥的奥秘,增进对泥的了解
		自然角的小铲子、小耙子、簸箕等	"我"的挖泥工具	认识挖泥工具,了解不同挖泥工具的使用方法
区域活动	美工区	橡皮泥、泥工板、小花模具等	泥趣小花	尝试用橡皮泥、模具等材料进行小花的制作
		泥塑电动玩具、陶泥、塑料刀具等	神奇的泥塑	尝试通过捏一捏、转一转的方式进行泥塑制作,体验泥塑的乐趣
		泥土、水、KT板等	趣味泥版画	尝试通过拓印的方式进行泥版画创作,体验创意版画的乐趣
	科学区	泥土、食用油、水、盐、滴管、量杯等	泥土分层的奥秘	尝试实验并观察泥土在不同溶液中的分层现象
		泥土、水、量杯等	"泥"石头	实验并观察泥土怎样才能变成"泥"石头;感悟干湿土的区别和联系

续表

活动类型		资源	活动	经验
区域活动	科学区	泥土、水、卫生纸、大小不一的透明杯子等	过滤泥水	尝试用纸巾过滤泥水
	语言区	彩纸，蜡笔，绘本《泥叫叫》《泥巴书》《小泥巴，咕咚咕咚》等	泥巴的故事	能逐页翻阅图书，能用图画方式记录自己对泥的发现
		泥的相关故事图片、小铲子、泥土宝宝等角色扮演道具	小农民耕地	通过角色扮演，完成故事中人物的主要对话
	益智区	泥的迷宫底板	蚯蚓走迷宫	能进行迷宫游戏；能用不同的办法走出迷宫
		泥土里的动植物图片、干扰类图片等	泥土里有什么	能通过连一连配对的方式找出泥土里有什么动植物
	生活区	泥土、水、擀面杖等	泥巴面团	尝试通过在泥土里加一定比例的水进行和泥，并尝试用擀面杖制作泥巴面团
		泥土和水等自然资源，以及水盆、刷子、鞋子等生活用品	我会刷鞋	尝试用刷子将鞋子上的泥刷干净，锻炼幼儿的肌肉力量
	建构区	各种形状的积木、泥池、瓦片、养乐多瓶等	快乐的施工队	尝试在泥池里用平铺、架空、垒高的方式进行施工
	表演区	音乐《快乐的小泥人》、铃鼓、铃铛等	舞动的泥人	能选择自己喜欢的乐器、服装进行小泥人扮演，敲敲打打，乐在其中
集体活动		不同种类的泥土（红土、黄土等），水，玩泥工具，与泥玩具相关的图片（填海造田图）	有趣的泥（科学）	能区分泥与土，了解泥土的性能和用途，运用多种泥工技能，进行泥工创作，运用连接、捏边等技能塑造物体
		树枝若干、每人一团相同大小的彩泥、一块垫板及牙签、火柴棒、小抹布等	好玩的泥（美术）	能大胆想象，学习运用捏、搓、压等技能塑造形象，在做一做、玩一玩的过程中体验泥塑的变化

续表

活动类型	资源	活动	经验
集体活动	户外泥土、陶泥罐、水土流失图片、保护土壤的行为卡片	感恩土壤妈妈（社会）	知道土壤对人类、动物、植物的作用；在看一看、说一说、议一议中体会保护土壤的意义，将美好和恶劣的环境进行比较，增强保护环境的意识
	挖土的小铲子，不同种类的泥土（红土、黄土等），纸盒若干	认识泥土（科学）	发现土壤是动植物生长和生活的地方，学会保护土壤，通过实验提高分工合作能力
	《土壤妈妈你真棒》绘本故事的音频、iPad	土壤妈妈，你真棒（语言）	初步了解植物的生长离不开土壤，土壤中有水、氧气、腐烂物成分，能供植物茁壮生长；做到不乱扔垃圾，保护土壤，树立环保意识
	黄土、泥工垫、玩泥围裙、水、盆、瓶子、树枝、干花、竹签、石头、纸盘、纸杯、贝壳、棉签、光盘、吸管	泥巴乐（美术）	通过操作和观察，感受泥巴的特性；尝试运用辅助材料进行大胆表现与创作；喜欢泥工活动，体验创造的乐趣
	自制泥娃娃、《泥娃娃》乐谱	泥娃娃（音乐）	感受、熟悉音乐的旋律，学做动作，大胆改编
	生活中常见的种子（花生、玉米粒、绿豆等），种子旅行手绘地图	种子的旅行（语言）	了解种子的传播方式，知道大自然中事物之间有趣又密切的关系，感受并想象种子在传播过程中的可爱形象
	《捏泥人》乐谱、自制小泥人、泥土、水等	捏泥人（音乐）	感受音乐热烈、欢快的节奏，跟随音乐玩《捏泥人》游戏，通过倾听音乐，尝试将自己的想法运用动作进行创造性的表现
	安全的、有水源的泥地，易拉罐、玻璃瓶、塑料瓶、小水桶、废报纸等	有趣的泥巴（美术）	感知泥土的特性及含水量与泥土湿度之间的关系，体验用泥巴自由创造的乐趣

续表

活动类型	资源	活动	经验
集体活动	多媒体（有关于蚯蚓生活习性的介绍），两三条蚯蚓，放大镜、镊子、小刀、筷子若干，有关蚯蚓的图片若干，记录用的纸和笔	泥土下的蚯蚓（科学）	初步感知蚯蚓的外形特征，学习简单记录；了解泥土是蚯蚓的家，感悟泥土的巨大作用
	瓦片、易拉罐及其他建构材料，水彩颜料，水桶，小毛巾等，瓦片制作过程的相关图片	瓦片本领大（综合）	了解瓦片的材质及在生活中的用处，尝试运用瓦片进行彩绘和建构活动
其他活动	瓷器、工人烧制瓷器的视频	瓷器的秘密（社会）	知道景德镇是著名的瓷都，初步了解青花瓷、粉彩瓷、玲珑瓷和颜色釉瓷四大名瓷，感悟瓷器烧制的奥秘
	锅碗瓢盆、小铲子、漏斗等生活用品，泥、水等自然资源	玩泥啦	乐意用生活中的工具来玩泥，体验玩泥游戏的自然之趣
	提前带幼儿寻找和勘察幼儿园周边公园等泥土资源较丰富的场地	寻找公园泥巴地	观察幼儿园周边环境，感悟生活离不开泥

走，一起喝茶去——茶博物馆体验日记

一、项目生发

随着课程游戏化的不断推进，"自由、自主、创造、愉悦"的游戏精神已融入幼儿园一日活动的各个环节。《评估指南》提出，要尊重并回应幼儿的想法和问题，支持和拓展每一个幼儿的学习。这次博物主题的缘起是在一个午后，我们围坐在活动区谈话，小朋友们围绕着自己这几天身边听到、看到的趣事展开讨论。辰辰说："我爸爸总是喜欢喝茶。那个茶叶水绿绿的，我喝过，感觉有点苦。"秀彬问："为什么你爸爸喜欢喝茶呢？它好喝吗？"小王说："我妈妈说过，喝茶有很多好处。"秀彬又问："那我们可以自己种茶叶吗？"我回答："当然可以呀！如果你们对种茶叶感兴趣,我们可以一起在学校的小花园里尝试种植一些茶苗。不过,种茶叶需要耐心和细心,因为茶叶需要很长时间才能长大。"小朋友们听了,纷纷表示想要尝试种茶叶。于是,我们关于"茶"的探索就开始了。

二、项目价值

茶是我们生活中非常常见的一种自然资源,具有历史性、多样性、生活关联性等特征,同时茶文化也是中国传统文化的重要组成部分。开展以"茶"为主题的博物活动,不仅能让幼儿掌握更多的知识和技能,也有助于幼儿建立博物意识和传播优秀的传统文化。

前期我们通过调查表的形式,利用网络资源和生活资源,初步了解了茶的文化;中期利用家长资源和社区资源,收集到了丰富的藏品和材料,幼儿在给藏品做介绍、做标记、记录使用感受的过程中,一边创设一边探索。同时,在家园沟通中,幼儿也会分享在不同阶段对茶叶的不同认知和感受。

在整个项目实施过程中,由幼儿兴趣引出博物主题,从前期的准备到创设博物馆再到自主进行博物馆活动,都由幼儿思考、设计、参与、游戏。在此过程中,幼儿认识到了更加丰富的茶叶种类和茶叶的特性,知道了一些简单的泡茶方法和茶具的用法,进一步了解了由古至今制茶的不易,也感受到了茶文化的源远流长。

1. 认识茶文化的同时,培养多方面能力

茶文化是中国传统文化的重要组成部分,茶文化是在长期的历史发展过程中形成的,并逐渐衍生出了茶诗词、茶道、茶艺、茶戏等在内的多种艺术形式,茶文化源远流长、博大精深。从物质层面来看,茶文化主要包括两个方面,一是指茶树的种植、茶叶的采摘和加工等,二是茶具、茶座等饮茶所需的茶用具。将茶文化融入幼儿园课程,能够让幼儿在游戏活动中获得动手操作的机会,在长期的茶文化实践过程中提高幼儿的动手操作能力。

通过茶相关的博物活动,幼儿可以接触到中国传统文化的精髓,培养对中国传统文化的兴趣和认同感。在活动中,可以培养幼儿的观察能力、动手能力和语言表达能力。例如,在观察茶叶、泡茶和品茶的过程中,幼儿需要仔细观察、动手操作,并用自己的语言描述感受和发现。茶艺体验还可以培养幼儿的品格,这些都对幼儿的终身发展具有积极的影响。

2. 多种形式的茶文化体验,初步建立幼儿博物意识

在博物课程实施中,我们收集各类资源,进行不同形式的活动,鼓励幼儿积极参与，亲身体验关于茶的奥秘。我们策划了一系列茶文化博物活动，如"小小茶艺师""茶的世界"等，让幼儿在参与中感受茶文化的魅力。在休息环节中，让幼儿观看茶艺师的茶艺表演，茶艺师展示泡茶、倒茶、赏茶等技巧，同时介绍各种茶叶的特点和功效。通过观看茶艺师的表演并模仿，幼儿可以初步了解茶文化，萌发对茶文化的兴趣。在周末我们鼓励家长带领幼儿参观茶园和茶厂，让他们亲身体验茶树的种植、茶叶的采摘和加工过程。

在茶博物馆中增加茶文化内容，如介绍茶叶的种类、泡茶的方法、品茶的技巧等。通过扫码学习，幼儿可以系统地了解茶文化知识，并培养对茶文化的兴趣。同时，我们在茶博物馆中设置了茶室、茶具展示区等，可以组织幼儿进行茶艺表演和品茶活动，让他们在实践中感受茶文化的魅力。在环境中融入茶文化元素，如茶画、茶诗等，让幼儿在潜移默化中感受茶文化的氛围。同时，我们也鼓励幼儿自主创设与茶文化相关的手工作品或装饰物，如茶叶画、茶具模型等，以表达他们对茶文化的理解和喜爱。

3. 传承和弘扬中国茶文化，培养跨文化交流能力

茶博物馆活动有助于传承和弘扬中国茶文化。通过活动，幼儿可以了解到茶叶的来源、种类、制作过程等，以及茶文化的历史和发展，为传承和弘扬茶文化做出贡献。许多国家都有自己独特的茶文化。通过茶相关的活动，幼儿可以了解到不同国家的茶文化，培养跨文化交流能力。

三、项目关键经验

（1）知道常见茶叶的种类，通过观察和品尝，知道不同茶叶泡茶的口感。

（2）了解大致的采茶、制茶、泡茶步骤，并进行简单尝试。

（3）知道不同的茶叶有不同的功效，能根据自己的喜好制作茶包。

（4）了解泡茶需要用到的工具，能清楚地说出名称、用法。

（5）观察茶壶、茶罐、茶杯，能用陶泥捏出大致的形态。

（6）欣赏茶艺表演，品尝功夫茶，初步了解品茶礼仪，初步感受、体验茶文化，萌发民族自豪感。

（7）观察泡茶过程中茶叶的变化、水的颜色的变化及冷热水对泡茶的影响。

（8）初步尝试泡茶、知道泡茶要注意用水量和安全，鼓励幼儿表述对茶叶的理解、喝茶的好处。

四、环境创设

(一) 可利用的资源

1. 自然资源

在幼儿园的种子馆中,幼儿可以观察几种不同的茶树种子标本,也能够在馆中通过阅读绘本了解茶树种子生长的过程。鼓励家长带领幼儿去观察自然界中的茶树,体验采茶的乐趣,通过亲近自然获得关于茶的直接体验。

2. 社会资源

利用社区资源(如社区文化活动中心、茶馆等),为幼儿园的茶微课程提供支持和帮助。例如,可以邀请社区文化活动中心的茶艺师为幼儿进行茶艺表演和指导,可以组织幼儿到茶馆进行实地参观和体验活动。

3. 网络资源

利用网络资源,为幼儿提供丰富的茶文化相关资料。这些资料可以包括茶的历史、文化、品种、泡茶技巧等方面的内容,为幼儿园的茶微课程提供有力的支持。在课程实施中,引导幼儿们阅读这些资料,让他们通过自主学习的方式了解茶文化。同时,教师还可以组织幼儿进行分享和交流活动,让他们分享自己的学习心得和体会。

4. 家长资源

鼓励家长参与幼儿园的茶微课程活动,与幼儿一起学习和体验茶文化。例如,可以组织亲子茶艺表演、亲子采茶等活动,让家长和幼儿共同感受茶文化的魅力。家长还可以在家中与幼儿一起泡茶、品茶,分享自己的茶艺经验和感受。这不仅可以增进亲子关系,还能让幼儿在家庭中继续学习和传承茶文化。

(二) 建议创设的博物馆环境

1. 陈列区

在陈列区,幼儿将有关茶的藏品和历史资料整合、分类,给不同藏品做好标记,根据设计图纸,将藏品等摆放在适宜的位置。

2. 体验区

我们的茶博物馆活动丰富多元,多重体验让幼儿真切地感受到制茶工艺的趣味和其中蕴含的文化底蕴。馆里的体验区主要分为角色体验区、制茶区和工艺区,将茶文化与幼儿游戏融合,展现博物馆的科普功能和游戏功能。

(1) 角色体验区。幼儿可以扮演茶馆老板或是喝茶的客人,通过交流,提高与同伴的交往能力和表达能力;在品尝茶叶的过程中,幼儿感知茶叶的清香，培养对周边事物的感知能力。

（2）制茶区。幼儿使用六步泡茶法，锻炼大小肌肉的动作发展，知道量的概念；根据不同茶叶的大小形状，有目的地选择茶具；在尝试炒茶、晒茶、装茶的过程中，锻炼手部动作的灵活度。在泡茶过程中，了解茶叶膨胀的科学现象，激发好奇心和求知欲。

（3）工艺区。幼儿可以捏陶泥、给茶壶上色，培养对美的感知及创造美的能力；引导幼儿在操作过程中发现轻泥和陶泥的差异性，总结用不同材料制造的茶壶的特点；制作茶包可以帮助幼儿尝试使用电子秤，提高幼儿对数字的敏感度。

五、项目课程网络图及解读

项目课程网络图见图 2-16。

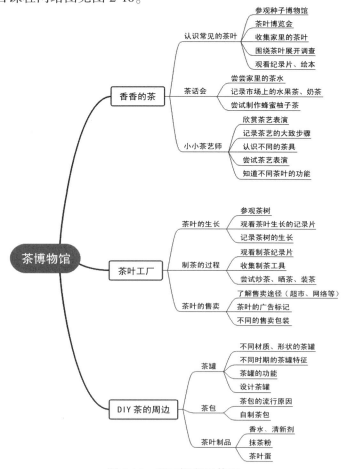

图 2-16　项目课程网络图

以茶博物馆为核心，从多个维度展开丰富的探究活动，全面培养幼儿的综合能力。在"香香的茶"板块，注重对茶叶的认知与体验。幼儿通过参观种子博物馆、茶叶博览会等方式认识常见的茶叶，还能在茶话会中品尝多种茶饮，尝试自制蜂蜜柚子茶。幼儿在小小茶艺师活动里欣赏并参与茶艺表演，认识茶具并了解茶叶功能，这不仅能提升对茶的认知，还能培养社交和动手能力。

"茶叶工厂"板块，幼儿有机会参观茶树，观看茶叶生长的纪录片，记录茶树的生长，深入了解茶叶的生命历程；在制茶过程环节，观看制茶纪录片、收集制茶工具并尝试炒茶等，锻炼动手能力；而在茶叶售卖环节，了解售卖途径、广告标记和包装，有助于培养对商业和市场的初步认知。探索茶叶制品（如香水、抹茶粉等），拓宽幼儿对茶用途的认知，激发对生活中多元事物的探索欲。此外，"DIY茶的周边"板块则进一步拓展幼儿对茶的认知。幼儿可以探究不同材质、形状和时期的茶罐特征，设计自己的茶罐；了解茶包流行原因并自制茶包；还能接触到茶叶制品（如香水、抹茶粉等），发挥创造力和审美能力，同时加深对茶的多元应用的理解。

整体来看，茶博物活动以幼儿的兴趣和生活经验为出发点，通过多样化的活动形式，让幼儿在实践中学习，不仅增长知识，还能锻炼动手、观察、社交等多方面能力，促进幼儿的全面发展。

六、博物馆活动的实施

博物馆活动的实施见表2-16。

表2-16 博物馆活动的实施

活动类型	资源	活动	经验
日常生活	园内种子馆	近距离观察标本	初步认识茶树的种子，观察其形状、大小等特征；通过阅读植物生长的绘本，大致了解茶树生长的过程
	亲子互动时光	品品香香的茶	在家长的支持下，品尝家里常见的茶水，感受不同茶叶的味道、口感，记录下自己的收获，并与同伴分享
	种植区	播种一颗种子	自己动手播种一些茶树的种子，定期观察和记录播种的情况
	调查表	小小调查员	记录关于茶的疑问，并通过自己的实践、家长和教师的帮忙，完成调查表

续表

活动类型		资源	活动	经验
区域活动	美工区	牛皮纸、勾线笔、胶棒、底板	香香的茶叶蛋	观察茶叶蛋的特征，用线条表现出茶叶蛋上的裂纹
		蓝色颜料、水粉笔、青花瓷图案、青花瓷图案的茶壶和茶杯	青花瓷茶壶	观察青花瓷的特征，用蓝色颜料表现青花瓷茶壶的美
		各色轻黏土、牙签、颜料、模具、泥工板	我的专属茶宠	使用轻黏土设计自己喜欢的茶宠，并能说一说自己的设计理念
	科学区	奶粉罐、保鲜膜、茶叶粉、橡皮筋、记录表	茶叶舞会	观察因声音震动而产生的茶叶"跳舞"现象
		热水、冷水、透明容器、不同种类的茶叶、记录表、放大镜	茶叶的沉浮	根据记录表上的实验提示进行实践，知道加入冷水或热水或者不同大小的茶叶产生的不同沉浮现象
	生活区	无纺布包、茶勺、茶叶、电子秤	制作茶包	根据自己对不同种类茶叶的喜好，定制符合自己口味的茶包
		柚子、冰糖、锅、铲子、密封罐	制作蜂蜜柚子茶	自己动手剥柚子、熬果酱、装罐，尝试制作好喝易保存的蜂蜜柚子茶
		温水、茶巾、茶勺、茶杯、漏斗、茶叶	小小茶艺师	有使用茶具的经验
	语言区	记录表、勾线笔、茶叶、卡片	茶叶手账	给已收集到的每种茶叶制作专属介绍，包括气味等
		绘本、手偶	了解茶的奥秘	通过观察绘本中的画面，了解绘本内容，尝试用表演的形式将故事分享给同伴
	益智区	大小、长短不同的茶叶	茶叶排队	根据不同茶叶的长短、大小，给茶叶进行有规律的排序
		茶叶操作板	茶叶找不同	观察和对比不同茶叶的特征，找出操作板中不同种类的茶叶

续表

活动类型		资源	活动	经验
区域活动	表演区	茶几、茶杯等茶具及音乐	小小茶艺师	在优雅的音乐中，进行茶艺表演，感受茶文化的魅力
		服饰、音乐	"我"是一片小小的茶叶	根据已有经验，模拟自己是一片茶叶
	建构区	各类积木、设计图、生活材料等	搭建小小茶室	观察设计图，按照图纸有计划地搭建茶室
集体活动		不同种类的茶叶、投票表格	茶叶博览会（科学）	通过近距离观察等方式，了解各类茶叶，记录下比较特别的茶叶，投票并选出自己最喜欢的一款茶叶
		收集到的不同茶制品、周边用品	茶的周边（社会）	知道茶叶不光可以用来泡茶，还可以用来制香，并能制成各种茶类用品
集体活动		不同形态的茶壶、卡片、勾线笔、彩笔	设计茶壶（美术）	观察常见茶壶的特征，用线条表现出来，并自己设计和装饰壶身
		不同功能的茶具、茶叶	茶具知多少（科学）	观察不同茶具的特征，猜测其功能，尝试使用这些茶具泡茶
		白色、土色、黑色陶泥，泥工工具，保鲜膜，清水	茶壶小手作	知道茶壶包括盖子、把手、壶身三个重要的部位，用陶泥捏出三个部位并组装起来，制作一款小茶壶
其他活动		制茶纪录片	模拟制茶	通过现场观看或观看纪录片，了解制茶的工序，使用身边的工具，模拟制茶步骤

谁的小袜子?

一、项目生发

《评估指南》提出，要善于发现各种偶发的教育契机，能抓住活动中幼儿感兴趣或有意义的问题和情境，能识别幼儿以新的方式主动学习，及时给予有效支持。而本次"袜子"博物主题正是缘于一个偶发的教育契机——午睡起床。一天下午，幼儿都陆续起床了，这时候突然有一只小脚伸出了被窝，这只小脚的主人是谁呢？原来是轩轩小朋友。只见他在被窝里钻来钻去，似乎在寻找什么。教师仔细一问，原来是轩轩的袜子不见了。着急的轩轩将小床翻了个底朝天，还是没有找到自己的袜子。

师：呜呜呜……我听到了一阵哭声。咦，是谁在哭啊？

幼1：是袜子在哭！

师：袜子为什么哭呢？

幼2：它找不到妈妈了。

幼3：它迷路了，回不了家了。

幼4：它的妈妈不要她了。

幼5：它很害怕。

幼儿各抒己见。生活中随处可见的袜子竟会成为大家感兴趣的话题。基于幼儿的兴趣，结合小班幼儿的年龄特点和关键经验，我们决定对袜子展开探究。

二、项目价值

著名教育家陈鹤琴先生说，大自然、大社会是幼儿的活教材。学前儿童是从周围的环境中学习的，应该以大自然、大社会为中心组织课程。袜子就在幼儿身边，幼儿每天都会穿，但是现在的幼儿很少有去玩袜子的。因此，本次博物主题活动对于幼儿来说具有一定的挖掘价值。

1. 激发好奇心与探索欲，提升观察与分类能力

袜子博物馆为幼儿提供了一个独特的学习场所，他们可以看到各种各样的袜子，包括不同颜色、材质、图案和功能的袜子。这种多样性能够激发幼儿的好奇心，促使他们主动探索和发现袜子的奥秘。在博物馆中，教师可以引导幼儿观察袜子的特征（如材质、颜色、图案等），并教他们如何根据这些特征对袜子进行分类。这不仅锻炼了幼儿的观察能力，还培养了他们的分类能力和归纳能力。

2. 发展语言表达、思维想象、动手探究等多方面的能力

《学习与发展指南》指出，幼儿身心发育尚未成熟，需要成人精心呵护和照顾，但不宜过度保护和包办代替，以免剥夺幼儿自主学习的机会，使其养成过于依赖的不良习惯，影响其主动性、独立性的发展。对于小班幼儿来说，此时是其形成良好习惯的最佳年龄，我们应鼓励幼儿做力所能及的事。于是我们让幼儿通过多种感官对袜子进行了解，学会穿脱袜子、整理袜子，以及对袜子进行艺术设计等，寻找袜子的秘密。这个幼儿建议发起的博物主题课程，包含着袜子的认知探究、扎染袜子、袜子欣赏等环节，这些环节的设置能激发幼儿主动探究的兴趣，促进幼儿语言表达、思维想象、动手探究、团体合作等方面能力的提升。

3. 培养的审美能力、环保意识与可持续发展理念

袜子博物馆中展示的袜子往往具有独特的艺术美感，如精美的图案、独特的色彩搭配等。通过欣赏这些袜子，幼儿可以提升自己的审美能力，学会欣赏和创造美。同时幼儿也能了解袜子的历史与文化。袜子博物馆不仅可以展示袜子本身，还可以介绍袜子的历史和文化背景。通过了解袜子的起源、发展及在不同文化中的意义，幼儿可以拓宽视野，了解世界各地的袜子文化。袜子博物馆可以展示环保袜子和可持续生产方式，引导幼儿了解环保的重要性。通过了解袜子的生产过程和废弃物的处理方式，幼儿可以学会珍惜资源、减少浪费，并树立可持续发展的理念。

三、项目关键经验

（1）了解袜子的种类，从视觉、触觉等方面认识船袜、丝袜、五指袜等不同的袜子。

（2）认识常见袜子的不同功能和作用。

（3）初步了解袜子的历史。

（4）掌握穿脱袜子、叠袜子等技能。

（5）感受探索袜子带给自己的快乐，愿意与同伴、家长一起完成袜子手工作品。

（6）在袜子博物活动中积极与同伴交流，自由表达对参与活动、阅读与袜子相关绘本故事的体验，提高逻辑思维能力与语言表达能力。

四、环境创设

（一）可利用的资源

1. 原材料

袜子主要由纤维制成，这些纤维可能来源于棉花、羊毛、亚麻、竹

纤维等。这些是自然界中的可再生资源，但棉花的种植需要土地、水和其他自然资源，羊的养殖也需要水、草和其他自然资源。另外，也有一些袜子使用合成纤维，如聚酯纤维（涤纶）、尼龙等。这些合成纤维的制造来源于石油等化工燃料，这些资源虽然存在于自然界中，但属于非可再生资源。

2. 水资源

袜子的生产和加工需要大量的水资源，水资源用于清洗、染色等工艺。因此，水资源的供应对于袜子的生产至关重要。

3. 社会资源

社区内可以组织关于袜子创意和再利用的活动，如"旧袜子变废为宝"的手工制作活动，这不仅能减少废弃物的产生，还能培养居民的环保意识和动手能力。社区中心或图书馆可以提供与袜子相关的手工教程书籍，供居民学习和参考。

4. 网络资源

利用网络平台（诸如小红书等）收集各种有关袜子的绘本故事、图片、科普视频、儿歌等素材，供幼儿欣赏，进一步拓展幼儿对袜子的认知，激发幼儿对袜子的兴趣，满足幼儿的活动需求。

5. 家长资源

充分借助家长的力量，合理利用家长资源，鼓励家长和幼儿一起收集各种各样的袜子，制作袜子娃娃，体验快乐的亲子时光。

(二) 建议创设的博物馆环境

1. 陈列区

（1）创设"袜子对对碰"。幼儿通过观察袜子的颜色、花纹来进行袜子配对的游戏，加深幼儿对袜子的印象。

（2）布置"袜子的历史"。利用墙面和地面，展示幼儿收集到的袜子的图片或照片，呈现袜子的不同种类和用途，同时制作袜子历史展板、袜子博物馆展板，让幼儿更直观地了解袜子，激发他们探索袜子的兴趣。

2. 体验区

（1）开设"扎染袜子区"。扎染是一种古老的染色工艺，扎染后的袜子颜色深浅不均，拥有层次丰富的色晕和皱印，非常美丽。

（2）开设"袜子阅读区"。投放《袜子藏哪儿了》《谁的袜子》等绘本，同时利用iPad等设备引导幼儿自主阅读。在此过程中，幼儿的语言表达能力和逻辑思维能力得到了锻炼。

五、项目课程网络图及解读

项目课程网络图见图2-17。

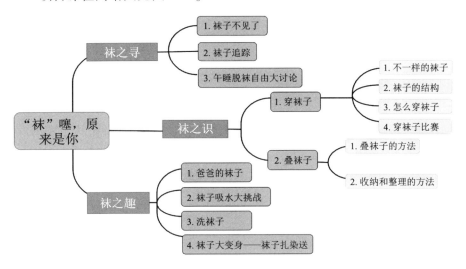

图 2-17　项目课程网络图

本次博物馆课程以"袜子"为主题，为小班儿童设计了一场富有创意与趣味的学习体验。课程通过袜子的历史、种类、材质、功能等多个角度，让幼儿在观察、触摸、体验中感受袜子的魅力，同时激发他们对生活的热情。课程内容涵盖了袜子的种类、结构、作用，以及袜子的穿脱、叠放、配对等基本生活技能，让幼儿了解袜子的基本知识和种类，培养他们的观察能力，提高他们的生活自理能力。此外，该课程还鼓励幼儿尝试动手设计、装饰袜子，培养他们的创造力和想象力。

六、博物馆活动的实施

博物馆活动的实施见表2-17。

表 2-17　博物馆活动的实施

活动类型	资源	活动	经验
日常生活	社区	旧袜子变废为宝	在社区组织关于袜子创意和再利用的活动
	家里的场地	我在家里找到……	在家中和父母体验制作袜子的手工活动，进一步探索袜子的奥秘，增进对袜子的了解

续表

活动类型		资源	活动	经验
日常生活		网络资源	探索袜子	利用网络平台诸如小红书等，收集各种有关袜子的绘本故事、图片、科普视频、儿歌等素材，供幼儿欣赏
区域活动	美工区	橡皮泥、泥工板、模具等	美丽的袜子	尝试用橡皮泥、模具等材料制作袜子
		彩色碎纸、袜子图片、固体胶等	袜子黏黏乐	尝试通过贴一贴、剪一剪的方式制作袜子，体验手工制作的趣味
		袜子、颜料、盆等	扎染袜子	尝试通过古老的染色工艺扎染袜子，扎染后的袜子颜色深浅不均，拥有层次丰富的色晕和皱印，非常美丽
	科学区	袜子图片、夹子等	袜子对对碰	寻找相同的袜子并进行配对
	语言区	彩纸，蜡笔，绘本《袜子小白》《袜子藏哪儿了》《穿我，穿我》等	袜子的故事	能逐页翻阅图书，能用图画方式记录自己的发现
		与袜子相关的图片、袜子娃娃	说一说，演一演	通过角色扮演，学习复述故事中人物的主要对话
	益智区	袜子、夹子等	你找到了吗？	给袜子进行分类，将相同的袜子夹在一起
		袜子拼图	神奇袜子	拼出各种各样的袜子
	生活区	各类袜子	袜子叠叠乐	尝试叠袜子并进行归类
		袜子娃娃手作	穿链子	尝试给袜子娃娃佩戴美丽的项链
	建构区	各种形状的积木、袜子娃娃、瓦片、养乐多瓶等	快乐的施工队	尝试搭建城堡，让袜子娃娃有一个温馨的家
	表演区	轻音乐、铃鼓、铃铛等	袜子律动	能选择自己喜欢的乐器，表演袜子儿歌，敲敲打打，乐在其中

续表

活动类型	资源	活动	经验
集体活动	印有各种不同图案的袜子，如三角形、星形、圆形、长方形、圆柱形、正方形等	袜子 （数学）	感知4以内的数，培养点数能力；用1—4的点卡进行匹配，并能根据实物将同一形状的袜子放在一起；乐于参加活动，体验数学游戏的乐趣
	钹、圆舞板、棒铃、双响桶	一只音乐袜子 （音乐）	认识简单的乐器，幼儿能跟随音乐节奏进行简单的律动，并尝试根据节奏创编舞蹈
	各种袜子若干	身边的袜子 （社会）	在观察、比较袜子的大小、形状、用途等的过程中积累相关的生活经验；在感知不同袜子外形特征的过程中知道一些整理物品的方法
	自制魔术袜、糖果和玩具若干	魔术袜 （社会）	放松身心，减轻分离焦虑；愿意参与游戏活动，初步熟悉教师，亲近教师
	鞋袜、彩纸、剪刀、胶水、颜料、画笔等	鞋袜龙 （健康）	培养幼儿的合作能力和创造力
	袜子、红色小球、蓝色小三角等	神奇袜子 （数学）	了解数字0—10，并能正确念出数字；能正确使用认知物品的方法，能辨认物品的种类和颜色；能注意察看和思考问题，能用语言表达想法
	羊毛袜、黄豆、雪花片、双面胶、油画棒等	袜子宝宝 （综合）	复习1和"很多"，学习用废旧羊毛袜展开想象
	多双纸袜	袜子游戏 （美术）	通过拆纸袜游戏，发展撕、剥技能，进一步激发幼儿的探索兴趣，能够自己的事情自己做
	各种各样的袜子若干（泡沫袜、纸袜等）、魔术贴	各种各样的袜子 （科学）	认识各种袜子，了解其用途；通过废旧物游戏，增强环保意识；按照袜子的共同特征分类
	各类大小不一的纸袜、动物玩具、录音机等	好玩的纸袜 （综合）	通过玩纸袜，幼儿了解大小、颜色等有关知识，学习听辨教师的提示并按提示去做，参与游戏，获得和同伴一起玩耍的快乐体验

续表

活动类型	资源	活动	经验
其他活动	花朵收纳袜的范样若干、牛奶空纸袜、皱纹纸、色纸、白胶和剪刀等	花朵收纳袜（美术）	学习用折、揉、撕和贴等方法装饰袜子，制作物品收纳袜；利用生活中的废旧品制作玩具，节约制作材料；进一步学习在指定的范围内进行美术活动；根据色彩进行大胆、合理的想象
	磁带、花仙子头饰、各种小动物头饰等	花仙子的音乐袜（音乐）	学习听辨音源方向，提高听音能力；感受不同的音乐类型，使幼儿乐于参加游戏，参与音乐活动，体验游戏的欢乐，培养幼儿的音乐节奏感，增强幼儿的表现力
	袜子历史展板、视频	袜子的秘密（社会）	知道袜子的历史，感悟袜子的奥秘
	旧袜子等	旧袜子变废为宝	组织关于袜子创意和再利用的活动，如"旧袜子变废为宝"的手工制作活动
	博物馆资源较丰富的场地	寻找袜子博物馆	观察幼儿园周边环境，激发幼儿的探索兴趣

"嗨，萝卜"——当萝卜入主博物馆

一、项目生发

幼儿教育不应仅仅局限于知识的传授，而应注重培养幼儿的探索精神、创新能力和社会责任感。在幼儿教育的实践中，我们始终追求以幼儿为中心，关注幼儿的兴趣和需要，为其提供丰富、多元的学习体验。一天中午，餐桌上出现了这样的对话："老师，这碗汤里的是什么？""我知道，这是萝卜，我最喜欢萝卜了！"幼儿的对话引发了我们的思考，萝卜是幼儿就餐时常常接触的食物，然而小班的幼儿对萝卜的熟悉程度和喜爱程度还远远不够，很多幼儿只知道萝卜是白色的，不知道萝卜还有其他颜色，还有部分幼儿吃饭时悄悄把萝卜拨到一边……如何唤起幼儿对萝卜的喜爱呢？

我们利用教室靠近种植地的地理优势,为幼儿提供了一个天然的观察和种植场所。让幼儿在了解和熟悉萝卜的同时,能每天见证萝卜的成长和变化,他们好奇地观察、讨论,对萝卜的生长过程、营养价值等方面产生了浓厚的兴趣。这一发现让我们意识到萝卜不仅是一种常见的蔬菜,还蕴含着重要的教育价值。因此,我们决定在班级中创建一个萝卜博物馆,引领幼儿从多角度去探究萝卜的小秘密,丰富他们的学习体验。

二、项目价值

1. 激发探索欲望

《学习与发展指南》指出,观察探索既是科学探究的第一步,也是幼儿常用的基础性的探究方法。萝卜的生长变化并不是每个时期都很明显的,教师必须有目的地引导幼儿去发现一些细微的变化。通过简单观察、对比观察、跟踪观察等方式发现更多的细节,幼儿观察的兴趣越浓,自主参与观察的行为也日渐频繁,其主动参与观察活动的意识随着活动的开展也在不断地增强。

萝卜博物馆的创建,为幼儿提供了一个全新的学习平台。通过参与萝卜的种植、观察、记录等活动,幼儿能够亲身感受到植物生长的奇妙过程,更直观地了解萝卜的特性。同时,他们还能在实践中学习到关于萝卜的营养价值、食用方法等知识。此外,萝卜博物馆还能培养幼儿的观察力、想象力和创造力,激发他们的探索热情。

2. 锻炼动手能力和团队协作能力

《学习与发展指南》指出,支持和引导幼儿记录和整理获得的信息。教师要培养幼儿记录的意识与能力,尊重幼儿的年龄特点,鼓励幼儿用多种适宜的形式进行记录。根据幼儿的年龄特点,教师和幼儿一起设计了丰富多变的观察记录表,教师对幼儿提出了观察与记录的要求,且设置了观察记录墙,将其放置在教室一角,这极大地调动了幼儿自主学习的积极性。萝卜博物馆更是一个实践平台。在萝卜的种植过程中,幼儿需要亲自播种、浇水、施肥等,这些实践活动能锻炼他们的动手能力和团队协作能力。

3. 增强家园共育的效果

萝卜博物馆的创建能够促进幼儿园与家庭的互动与合作。家长可以参与到萝卜的种植和观察中来,与幼儿一起分享种植的乐趣和收获。这种互动与合作能增强家园共育的效果。

三、项目关键经验

（1）了解萝卜的种类，从视觉、触觉等方面认识白萝卜、胡萝卜、青萝卜等不同种类的萝卜。

（2）认识常见的萝卜品种，品尝萝卜的独特口感和了解萝卜的营养价值。

（3）初步掌握萝卜的种植、采摘、清洗等基本技能，培养动手能力。

（4）感受萝卜种植和生长带给自己的快乐，愿意与家长一起参与萝卜的种植与照料。

（5）喜欢探索萝卜的奥秘，萌发对植物生长的好奇心和爱护植物的情感。

（6）在活动中积极与同伴交流，自由表达对参与种植、品尝萝卜的感受，提高逻辑思维能力与语言表达能力。

（7）通过种植萝卜，培养幼儿的耐心、责任感和团队协作精神，增强对大自然的敬畏。

四、环境创设

(一) 可利用的资源

1. 自然资源

我们利用教室靠近种植地的地理优势，为幼儿提供了一个天然的观察和种植场所。让幼儿在熟悉和了解萝卜的同时，能够每天见证萝卜的生长和变化。

2. 网络资源

借助网络平台，幼儿了解萝卜的种类、种植方法、营养价值、烹饪方法等，进一步拓展对萝卜的认知，萌发探索萝卜的兴趣。

3. 家长资源

积极与家长沟通，鼓励他们参与幼儿的萝卜种植活动。家长可以带幼儿一起去菜场或超市购买萝卜，用不同的方式煮一煮萝卜，请幼儿尝一尝，再将剩下的萝卜放在水里进行水培，与幼儿一起观察萝卜的生长情况。

(二) 建议创设的博物馆环境

1. 陈列区

（1）创设"萝卜变变变"。展示各种形状、颜色的萝卜样品，不同萝卜的种子，以及用萝卜制作成的食物。通过观看实物展示，幼儿可以直观地了解萝卜的多样性和实用性。

（2）布置"萝卜成长故事"。利用墙面展示萝卜从种子到成熟的全过程图片，让幼儿了解萝卜的生长过程。

2. 体验区

（1）开设"萝卜小厨房"。考虑到安全性，我们帮幼儿把萝卜切成了小块，幼儿负责先把萝卜块洗干净、擦干，然后用盐腌制这些萝卜块，最后将萝卜块放在发酵的水里等待一段时间，萝卜就腌好了。孩子们亲手腌制好了萝卜，并将其展示在博物馆内。

（2）设立"萝卜绘本角"。投放关于萝卜的绘本故事和科普书籍，引导幼儿通过阅读了解萝卜的种类、营养价值等。同时，也可以利用电子设备扫码听音频，让幼儿在愉悦的氛围中学习新知识。

（3）开设"萝卜探险园"。利用教室靠近种植地的优势，带领幼儿观察萝卜的生长变化，请幼儿每天照料萝卜，并观察其生长情况。

五、项目课程网络图及解读

项目课程网络图见图 2-18。

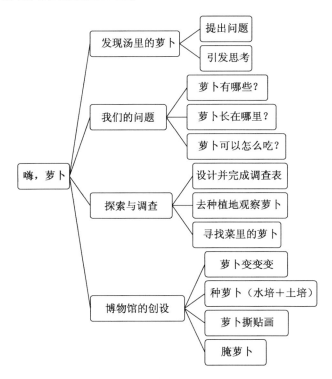

图 2-18　项目课程网络图

在本次博物课程中，幼儿感知萝卜的存在，了解萝卜的多样性和用途，体验种植和品尝萝卜的乐趣。首先，我们引导幼儿通过亲身参与丰富多彩的萝卜活动，如种植、观察和品尝等，了解萝卜的生长过程，从而激发他们对萝卜的兴趣和好奇心。

其次，我们通过有趣的观察和探究小实验，如萝卜的切割、腌制等，引发幼儿对萝卜形态、口感和营养价值的关注，让他们亲身体验到萝卜的奇妙之处。

最后，我们通过了解萝卜怎么吃、萝卜长在哪儿，认识到萝卜作为一种重要的蔬菜，在我们的饮食中占据着不可或缺的地位。

我们希望通过这个主题，让幼儿更加深入地了解萝卜，培养他们的观察力、动手能力和探究精神，同时也让他们学会珍惜食物，养成健康的饮食习惯。

六、博物馆活动的实施

博物馆活动的实施见表2-18。

表2-18 博物馆活动的实施

活动类型		资源	活动	经验
日常生活		幼儿园场地	拔萝卜	在幼儿园体验拔萝卜的快乐
		菜地、市场等有萝卜的场地	我找到了……的萝卜	在园外和父母寻找萝卜，进一步探索萝卜的种类，增进对萝卜的了解
区域活动	美工区	橡皮泥、泥工板、萝卜模具等	有趣的萝卜	尝试用橡皮泥、模具等材料制作萝卜
		彩纸、胶棒	撕贴萝卜	尝试通过撕贴画的方式制作萝卜，加深对萝卜的了解
		彩纸、胶棒、蜡笔	折纸萝卜	尝试通过折纸的方式制作萝卜，体验折纸的乐趣
	科学区	各种萝卜、空篮子	各种各样的萝卜	尝试表述萝卜的特点和用途，并根据其特点进行分类
		胡萝卜、白萝卜	胡萝卜、白萝卜	学会从颜色、外形、味道等方面进行比较，找出胡萝卜与白萝卜的不同点

续表

活动类型		资源	活动	经验
区域活动	科学区	各种萝卜的实物、图片若干，每桌一盘切好的各色萝卜块	认识萝卜	感知萝卜的外形特征，知道萝卜的种类
	语言区	彩纸，蜡笔，绘本《萝卜味的苍蝇》《萝卜回来了》《萝卜逃跑啦》等	萝卜的故事	能逐页翻阅图书，能用图画方式记录自己的发现
		萝卜的相关故事图片、萝卜模型、萝卜头饰等角色扮演道具	我是小萝卜	通过角色扮演，学习讲述故事中人物的主要对话
	益智区	萝卜迷宫	萝卜大冒险	能进行迷宫游戏，能用不同的办法走出迷宫
	生活区	萝卜种子、水培萝卜等	种萝卜	通过土培萝卜与水培萝卜，进一步加深对萝卜的了解
		萝卜、清水、水盆、刷子等生活材料	我会洗萝卜	尝试用刷子将萝卜上的泥刷干净，锻炼幼儿的肌肉力量
	建构区	各种形状的积木、水瓶、养乐多瓶等	神奇的萝卜屋	尝试在建构区里用平铺、架空、垒高的方式进行萝卜屋的搭建
	表演区	音乐《萝卜谣》、铃鼓、铃铛等	萝卜谣	能选择自己喜欢的乐器、服装进行《萝卜谣》的表演，敲敲打打，乐在其中
集体活动		萝卜、老公公、老婆婆、小女孩、小狗、小花猫、小耗子的图片各1张	拔萝卜（语言）	引导幼儿理解故事内容，学说故事中简单的对话；初步培养幼儿表演的兴趣
		洋花萝卜1个，儿歌《小白兔种萝卜》	一起种萝卜（音乐）	学习使用较连贯的语句来描述同伴的发式、衣着等
		2种大小、3种颜色的萝卜卡片若干（每个幼儿2套）	兔姐姐分萝卜（数学）	引导幼儿学会按照物体的大小、颜色进行分类，并鼓励幼儿大胆进行表述

续表

活动类型	资源	活动	经验
集体活动	草地纸板、胡萝卜若干、兔妈妈挂饰1个、背景音乐、计算机、塑料筐	小兔子运萝卜（体育）	练习低头弯腰动作，进行矮人钻游戏，不碰到障碍物；能听懂指令，喜欢模仿动物的动作，积极参加游戏
	胡萝卜、水彩笔、油画棒、美术纸等	胡萝卜（美术）	观察胡萝卜的外形特征，尝试用词语来描述胡萝卜的轮廓特征；学会使用油画棒、水彩笔等工具为胡萝卜涂色
	折胡萝卜的步骤图、纸	叠叠萝卜（美术）	尝试根据步骤图，探索胡萝卜的折法
	小兔头饰、萝卜和一些空篮子 经验准备：幼儿对蔬菜有一定的熟悉度	各种各样的萝卜（科学）	说明萝卜的特点和用途，并根据其特点进行分类
	小兔家场景：小桌4张，上面分别摆有用萝卜做成的食品（如萝卜汤、萝卜丸子、萝卜馅饺子、糖醋萝卜丝等）；小勺若干（与幼儿人数一致）	萝卜真好吃（健康）	了解萝卜的各种吃法，知道萝卜有营养，不挑食，喜欢吃萝卜
	《萝卜回来了》配套幼儿用书，动物头饰	萝卜回来了（语言）	通过阅读故事，幼儿知道同伴间应互相关心，为他人着想；通过语言和动作相结合的形式充分感受故事中的童趣
	毛绒兔子1只，白萝卜、胡萝卜各1个，橡皮泥若干，火柴棒（或牙签）若干	小兔开店（美术）	喜欢泥工活动，体验自己动手制作的快乐；学习运用揉一揉、搓捏等方法，表现萝卜的主要特征；能学习使用简单的辅助材料进行操作

续表

活动类型	资源	活动	经验
集体活动	白萝卜、胡萝卜若干（数量超过幼儿的总人数），切成小块的两盘萝卜及牙签，小兔子头饰（数量与幼儿人数一致）	胡萝卜和白萝卜（综合）	观察白萝卜、胡萝卜，学会从颜色、外形、味道等方面进行比较，找出两者的不同点
	故事PPT、绒布萝卜1筐、绘本1本、2根固定在活动室两端的长线	分萝卜的办法（综合）	阅读故事，了解兔子们分萝卜所经历的三个过程，感受兔子们相互关心的快乐；参与游戏，体会有序排队是解决问题的最好办法之一，培养遵守规则的意识
	兔妈妈头饰、拔萝卜音乐	小兔跳跳跳（音乐）	帮助幼儿熟悉音乐的旋律，初步理解、记忆歌词；鼓励幼儿用身体动作来表现小兔跳跃的形象
	小兔家场景：小桌4张，上面分别摆有用萝卜做成的食品（如萝卜汤、萝卜丸子、萝卜馅饺子、糖醋萝卜丝等），小勺若干（与幼儿人数一致），菜地里种有胡萝卜、白萝卜、青萝卜、红萝卜若干	萝卜真好吃（健康）	在情境中积极、主动地活动，体验到游戏的快乐；了解萝卜的各种吃法，知道萝卜有营养，不挑食，喜欢吃萝卜

"盒"你一起——盒子博物馆开馆啦

一、项目生发

"丁零零，丁零零……"清脆的铃声在教室里回荡，仿佛在诉说着一场精彩的建构区积木比赛的结束。浩浩，这个热爱探索的小男孩，细心地将各种形状的积木分类摆放进对应的盒子里。他看着满满一桌子的盒子说："我们班的盒子好多呀！"一旁的慕妍跟着说："是啊，有方的、圆的、长的、短的，各种形状的盒子都有。"阳阳兴奋地说："我觉得这些盒子可以用来做手工，我们可以在上面画画、贴花，做成好看的东西。"他们的讨论激发了其他小伙伴的热情，孩子们纷纷围过来。有的孩子说："我们可以用盒子做小汽车，在小汽车上面画上喜欢的图案，然后就可以开着自己的小汽车去冒险了。"有的孩子说："我们可以用盒子做城堡，然后用积木搭建城堡的围墙。"

孩子们你一言我一语，讨论得热火朝天。我国的幼儿教育倡导寓教于乐，让孩子们在愉快的氛围中成长，开拓思维，培养他们的综合素质。因此，基于孩子们的兴趣，我们决定对"盒子"这一主题展开深入的探究。

二、项目价值

《幼儿园教育指导纲要（试行）》指出，幼儿园教育活动内容的选择应贴近幼儿的生活，选择幼儿感兴趣的事物和问题，这有助于拓宽幼儿的视野。通过深入探索生活中形形色色的盒子，幼儿不仅能够对盒子的形状、大小等有更深入的了解，还能提升分类整理能力和增强环保意识，得到全面发展。

1. 丰富班级博物课程的内容和形式，使课程更丰富、更贴近幼儿生活

虞永平教授指出，生活中有许多事物和资源可以用于幼儿园的教育教学，要从生活中寻找和发现有价值的课程资源。于是，我们和孩子们一起创设了盒子博物馆，开展了盒子主题活动，将盒子运用到幼儿的游戏和教学中，让幼儿在教育教学中感受到盒子的有趣。

为了进一步丰富班级博物课程的内容和形式，我们积极寻找和发掘生活中更多有价值的课程资源，将更多的元素融入幼儿的学习与游戏中。

2. 发展语言表达、艺术欣赏、动手探究等多方面的能力

在盒子博物活动中，幼儿仿佛走进了一个五彩斑斓的奇妙世界。他们围绕着各式各样的盒子，用充满好奇和探索的眼神，细细品味着每一个盒子的独特魅力。

在这个活动中，幼儿的语言表达能力得到了提高。他们争相描述自己手中盒子的形状、颜色、图案，甚至尝试去猜测盒子的用途和背后的故事。有的幼儿还会用生动、形象的比喻描绘盒子。

同时，盒子博物活动也为幼儿提供了一个艺术欣赏的平台。他们欣赏着盒子上的精美图案，感受着色彩搭配的魅力，学会了从不同的角度

去发现美和欣赏美。在这个过程中，幼儿的审美能力得到了提升，对艺术的兴趣也更加浓厚。

更值得一提的是，幼儿在动手探究方面也取得了显著的进步。他们尝试着打开和组装盒子。在这个过程中，幼儿不仅锻炼了手部协调能力，还培养了解决问题的能力和创新思维能力。

三、项目关键经验

（1）在探索活动的过程中，通过收集盒子资料、操作实验等，提高幼儿独立思考的能力和解决问题的能力。

（2）探究盒子与人们生活的密切关系，增强幼儿的环保意识。

（3）感受盒子的特性，学习观察、记录、统计的方法，探究纸的用途，激发幼儿对科学探索的兴趣，并能在生活中积累一定的有关盒子的知识。

（4）通过盒子的使用，激发幼儿动手的兴趣，提升他们的操作技巧和手眼协调能力。

（5）通过盒子的自由发挥，培养幼儿的创新能力，激发他们主动思考问题、解决问题。

（6）在合作的过程中，引导幼儿与他人相互交流，培养他们的团队合作能力和社交能力。

四、环境创设

(一) 可利用的资源

1. 幼儿园资源

布置"会变的盒子"主题墙饰，展示幼儿制作的作品。利用其他空间，制作动物造型的投掷箱，引导幼儿练习投掷。

2. 社会资源

带领幼儿到郊区纸箱厂参观纸盒的制作，去废品收购站了解废品收购员的工作。

3. 媒体资源

利用电视、杂志、网络等了解盒子的特殊用途和趣味玩法。

4. 家长资源

请家长带幼儿参观商店里盛放物品的各种盒子，一起收集各种盒子，并共同参加"盒子变变变"亲子活动。

(二) 建议创设的博物馆环境

1. 陈列区

教师和幼儿一起设立盒子博物馆展览厅。按材质分类，该展览厅分别展出铁盒子、木盒子、纸盒子、塑料盒子、布盒子五类材质的盒子，提供二维码，引导幼儿通过扫二维码了解关于盒子的相关知识。利用墙面展示古时候各种盒子的图片及名称，激发幼儿对盒子的兴趣。

2. 体验区

（1）开设"彩虹盒子"。教师提供长方形的大纸盒和各种不同颜色的吸管，引导幼儿根据盒子上提示的颜色匹配相同颜色的吸管，并将吸管插入纸盒，提高幼儿观察能力和手指协调能力。

（2）开设"小动物吃饼干"。教师利用鞋盒并将其制作成不同的动物头像，幼儿投喂与动物嘴巴形状类似的饼干，教师帮助幼儿认识圆形、三角形、正方形。幼儿感知各种形状的不同，初步根据饼干的形状进行分类。

（3）开设"立体花盒子"。幼儿利用橡皮泥捏出自己想要的花朵，并将花朵装饰在盒子上，教师借此激发幼儿的想象力与创造力。

（4）开设"盒子畅想曲"。教师鼓励幼儿发挥想象力，运用手中的普通纸盒，创造出别具一格、形态各异的艺术作品。幼儿或涂抹色彩，或粘贴材料，或剪切轮廓，或拼接组合……

（5）开设盒子纪念品区。教师精心筹备了丰富多样的盒子纪念品，其中既有精美的盒子工艺品，也有幼儿亲手制作的盒子作品，幼儿可以到此区域购买自己喜欢的盒子纪念品。

五、项目课程网络图及解读

项目课程网络图见图 2-19。

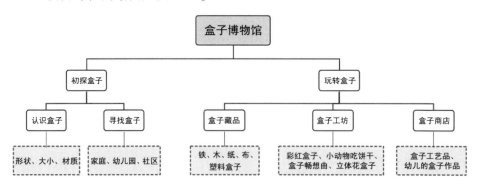

图 2-19 项目课程网络图

此次博物课程以"盒子"为核心主题，我们将课程划分为多个相互关联的部分，旨在通过多样化的活动和体验，引导幼儿深入了解和探索盒子的多样性、功能和在不同领域的应用。

"初探盒子"这部分课程涉及对盒子的初步认识。"认识盒子"环节会更深入地讲解盒子的知识，比如形状、大小、材质，以及不同材质（如铁、木、纸、布、塑料）盒子的特点和用途；"寻找盒子"这一环节鼓励幼儿走出课堂，从家庭、幼儿园、社区等环境中寻找盒子，并观察和记录它们的不同用途和样式。

　　"玩转盒子"这部分课程，我们设计了一系列与盒子相关的互动游戏和活动，让幼儿在玩乐中体验盒子的不同用途和功能。"盒子藏品"这一项目展示了一些不同材质的盒子藏品，让幼儿欣赏盒子的艺术美感和创意设计；"盒子工坊"这个项目包含了手工艺品制作等动手实践活动，幼儿可以通过自己设计和制作盒子（如"立体花盒子"等），深入了解盒子的构造和制作技巧；"盒子商店"这部分模拟了一个真实的商店环境，幼儿可以在这里展示自己的盒子作品，并进行售卖。

　　整个课程网络图通过"盒子"这一中心主题，将不同环节紧密地连接在一起，形成了一个有机的教学体系。这一设计旨在为幼儿提供全面而深入的盒子知识，进而提高他们的观察力、创造力及实践能力。

六、博物馆活动的实施

博物馆活动的实施见表2-19。

表2-19　博物馆活动的实施

活动类型		资源	活动	经验
日常生活		幼儿生活中的资源：如玩具盒、餐盒等	盒子分分类	幼儿能学习到基本数概念，培养他们的观察力和动手能力
		家长资源	盒子大收集	幼儿与家长共同参与收集盒子，加强亲子之间的协作与互动
区域活动	美工区	提供各种形状、大小的纸盒和木盒等，以及绘画工具等	盒子变身	培养幼儿的审美能力、创造力和动手能力，同时加深对色彩和形状的认识
	益智区	准备不同大小、形状和材质的盒子，以及分类标签、计数器等辅助工具	聪明盒子	发展幼儿的逻辑思维、分类和计数能力，提升数学素养

续表

活动类型		资源	活动	经验
日常生活	建构区	提供大型纸箱、纸板等，以及胶带、剪刀等辅助材料	盒子城市	培养幼儿的空间想象能力和动手能力，增强合作与协调能力
	生活区	投放与日常生活相关的盒子，如食品盒、玩具盒等，并配以玩具小人、家庭道具等	各种各样的盒子	培养幼儿的生活自理能力和社交技能，同时加深对家庭生活的理解
	阅读区	将盒子制作成绘本故事盒	盒子里的故事	发展幼儿的语言表达能力、想象力和创造力，培养阅读兴趣
	科学区	准备透明或半透明的盒子，以及不同的小物品或植物种子	我的发现	培养幼儿的观察力和科学探究能力，激发幼儿对科学的兴趣
	表演区	制作成舞台、道具等形状的盒子，以及服装、头饰等表演用品	盒子变变变	培养幼儿的表演能力、自信心和合作精神，同时加深对故事和角色的理解
集体活动		一次性纸餐盒若干，辅助材料（彩色墨水、蜡笔、小棍子、毛线、胶水、剪刀等）	有趣的纸餐盒	能用一次性纸餐具创设出多种不同的形象，发展幼儿的想象力，培养幼儿的动手能力
		纸盒若干、平整的场地、拱形门、绳子、泡沫垫	运纸盒	探索纸盒的多种玩法，练习爬、钻、跳等动作，幼儿在探索中感受纸盒游戏的快乐
		课件、乐曲《铅笔盒进行曲》、传递游戏用的铅笔盒	铅笔盒游戏	感受乐曲 ABA 段节奏及欢快、舒缓的旋律变化，能跟着音乐有节奏地做出动作，表现出文具的特点，如：笔头尖尖的
		装有玩具的瓶子、牙膏盒、小礼物盒、胶卷盒、大的食品包装盒（如饼干盒、月饼盒等）常见玩具（如小汽车、小青蛙、乒乓球、弹球、小飞机等）	神秘宝盒（语言）	练习拧、拔、抠、盖等动作，提升手指的灵活性、双手协调和配合能力；幼儿说出常见玩具的名称，提高词汇量

续表

活动类型	资源	活动	经验
其他活动	盒子、剪刀等	亲子盒子手工	增进亲子沟通，加强亲子协作能力
	小玩具或糖果、盒子	盒子寻宝游戏	通过寻宝游戏，培养幼儿的观察力和探索精神，促使他们主动探索未知领域，体验发现的乐趣
	纸盒、剪刀等	盒子搭建大赛	通过搭建活动，培养幼儿的空间想象能力和动手能力

把时光装进瓶罐里——瓶罐博物馆探索记

一、项目生发

《学习与发展指南》指出，幼儿的学习关键在于充分创造条件和机会，在大自然和日常生活中让幼儿有对美的感受和体验，丰富其想象力和创造力，引导幼儿学会用心去感受和发现美，用自己的方式表现和创造美。生活中的瓶瓶罐罐平平无奇，却深受幼儿的喜爱。当瓶瓶罐罐遇上这群天真、可爱的幼儿时，会发生怎样有趣的故事呢？

二、项目价值

瓶罐来源于生活，是幼儿感知体验、探究发现、与生活对话的有利载体。不仅能激发幼儿对身边事物的探究兴趣，还能使幼儿感受变废为宝活动带来的惊喜，从而培养幼儿的环保意识。

从幼儿已有经验分析，幼儿对身边的事物仍保持着求知欲、探索欲，对瓶罐充满好奇，他们喜欢用瓶罐进行游戏，喜欢触摸、摆弄瓶罐，喜欢敲击瓶罐发出的各种声音。他们还经常提出一些疑问，如瓶子和罐子有什么区别？瓶罐可以怎么玩？瓶罐可以用来做什么？

1. 激发兴趣，培养多方面的能力

瓶罐是幼儿日常生活中经常能看到的物品，但当专门作为主题来探索时，幼儿会重新审视这些熟悉的东西，"原来瓶罐还有这么多秘密"。这种新鲜感会激发他们的好奇心，促使他们去深入探究。

幼儿会细致地观察每个瓶罐的独特之处，比如，透明的玻璃瓶与不透明的塑料瓶的区别，红色瓶子和蓝色瓶子在色彩上的差异，圆柱形瓶罐和方形瓶罐形状的不同，还有瓶罐上的各种图案、标签等细节。在这个过程中，他们的观察力会得到显著的提升。

2. 建立初步的环保意识

瓶罐探索活动可以引起幼儿对资源回收和再利用的重视。早期人们就已经意识到瓶罐等废弃物可以通过创意和手工转化为有用的物品或艺术品。幼儿的环保意识在幼儿园的瓶罐探索中得到了发展。

三、项目关键经验

（1）初步了解瓶子的特点、用途，自主探索、比较瓶子的异同。

（2）观察生活中一些常见瓶子的颜色、形状、大小等，能发现瓶子的各种特征，并进行简单的分类、数数、比较等学习活动。

（3）勇于在集体面前大胆交流，体验交流的乐趣。

（4）了解敲击不同水量的玻璃瓶发出的声音会不同。

（5）在欣赏的基础上，大胆设计各种造型的花瓶。

（6）自由探索雪碧瓶的玩法，充分展示自己的创造潜能，体验成功的快乐。

（7）了解一些生活中处理瓶子的简单方法，建立初步的环保意识。

四、环境创设

(一) 可利用的资源

1. 自然资源

充分挖掘园内博物资源，整理幼儿园内现有的瓶罐资源，如废旧的玩具瓶罐、教具瓶罐等。

2. 社会资源

联系周边的回收站，了解瓶罐回收的流程和意义。观察社区中瓶罐在不同场景的应用，如商店里的瓶罐商品展示。

3. 网络资源

搜索网上关于瓶罐创意手工等的视频和图文资料。查找与瓶罐相关的趣味知识等。

4. 家长资源

充分借助家长的力量，合理利用家长资源，鼓励家长参与活动，和幼儿一起收集各种不同材质、形状、大小的瓶罐，并将其带到幼儿园。请家长分享家中瓶罐的使用情况或相关经验。

(二) 建议创设的博物馆环境

1. 陈列区

在陈列区，讲解员会在一旁为小游客们讲解他们感兴趣的藏品，介绍瓶罐的特点、由来及用途，让小游客们更加了解瓶罐中的细节。小游客也可以与讲解员一起探讨瓶罐的奥秘。

2. 体验区

在体验区，小游客们通过扫二维码的方式观看关于古代瓶罐的视频，旁边的书架上陈列着有关瓶罐的绘本，小游客们通过翻阅绘本了解古代瓶罐的不同制作工艺，丰富对瓶罐的认识。

3. 考古区

在考古区，小游客们戴上护目镜，拿起小铲子，化身小小考古学家，在沙池里寻找埋在地下的宝藏。在创想区，小游客们通过亲自操作和体验瓶罐的使用方法，如用瓶子装水、用罐子储物等，感受瓶罐的多样性。

五、项目课程网络图及解读

项目课程网络图见图 2-20。

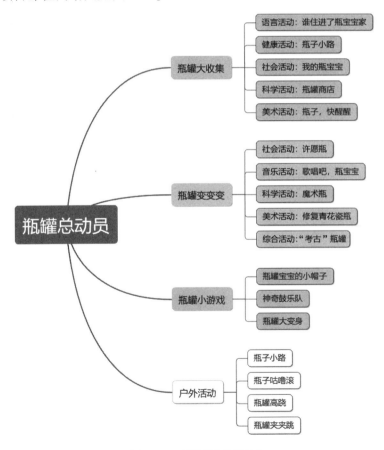

图 2-20 项目课程网络图

正如《学习与发展指南》所说,要利用幼儿生活中常见的事物来开展活动,提高幼儿的兴趣。幼儿发现探索瓶罐的过程就像是一次旅行。在幼儿的创意加持下,一个个废旧的瓶罐变成了一件件美丽的艺术品、一件件有趣的乐器……我们将环保等融入其中,更好地挖掘瓶罐的教育价值。在活动中幼儿对瓶罐的种类、用途、材质等有了更深入的了解,他们能够准确地辨别不同类型的瓶罐,并能用简单的语言描述其特点。在创意制作环节,幼儿充分发挥想象力,运用各种材料制作出属于自己的瓶罐作品,提高动手能力和创造力。

六、博物馆活动的实施

博物馆活动的实施见表 2-20。

表 2-20 博物馆活动的实施

活动类型		资源	活动	经验
日常生活		园内美术馆	近距离观察标本	了解瓶罐在幼儿园里的用途等
		亲子互动	瓶罐小制作	在家长的支持下,了解瓶罐的不同材质、颜色、形状
		角色游戏	小超市	提供不同的瓶罐,利用这些瓶罐装食品、调料等
		调查表	小小调查员	记录关于瓶罐的问题,并通过实践,与家长一起完成调查表
区域活动	美工区	蓝色颜料、水粉笔、青花瓷图案、青花瓷图案的茶壶、茶杯	修复青花瓷茶壶	观察青花瓷元素的一些特征,用蓝色颜料表现青花瓷茶壶的美
		各色轻黏土、塑料瓶、玻璃瓶、金色颜料、泥工板	"我"的文物	使用轻黏土设计瓶子,并用金色颜料上色
	科学区	塑料瓶、磁铁、泥工板、回形针、发夹等	瓶子的引力	探索发现磁铁能吸铁质的物品,并记录实验中的发现
		黏土、彩纸、瓶盖、记录表	瓶盖小帆船	根据记录表上的实验提示制作帆船,将帆船放在水中,观察不同的沉浮现象

续表

活动类型		资源	活动	经验
区域活动	语言区	绘本、手偶	瓶罐大冒险	阅读绘本，尝试用表演的形式将故事分享给同伴
	益智区	不同大小、颜色的瓶盖，纸盒	瓶盖对对碰	尝试动手弹击瓶盖，击中的瓶盖越多，获胜的概率越大
	表演区	铝制易拉罐及饼干盒	我是小小鼓手	根据已有经验，敲击不同材质的罐子进行奏乐
	建构区	各类积木、设计图、生活材料、自然材料	瓶子高楼	利用各种罐子、瓶子搭建建筑物，给建筑做装饰
集体活动		不同材质的瓶罐、投票表格	谁住进了瓶宝宝的家（语言）	能用语言、动作和表情等多种方式表达自己对作品的理解
		收集到的不同豆子、瓶罐	豆瓶进行曲（音乐）	制作豆瓶，根据节奏谱的提示用豆瓶为乐曲配乐
		不同形态的瓶罐、卡片、勾线笔、彩笔	美丽的花瓶（美术）	尝试设计瓶子，利用水粉颜料进行装饰，体验吹塑纸版画印染的乐趣
		清洗后的瓶罐若干	罐子小路（体育）	用瓶罐布置运动场景，锻炼平衡、跳跃及躲闪等能力
		白色、黑色陶泥、雪碧瓶	瓶罐商店（科学）	自由探索雪碧瓶的玩法，充分展示自己的创造潜能，体验成功的快乐
其他活动		考古视频、沙池、刷子、各种材质的瓶罐	瓶罐考古	运用铲子、刷子、护目镜等在沙池里进行"考古"探索

遇"稻"一粒米

一、项目生发

陈鹤琴先生主张让幼儿去户外接触更多自然界中的实物，从自然中学习。10月初的一天，微微拿着水稻走进了幼儿园，看到这个"新物种"，孩子们充满了好奇，在城市长大的孩子很少见到这种谷物，有孩子看到后问："这是什么？"微微说："这是水稻，妈妈告诉我的。"伯伦说："这是小麦，我见过的。""怎么确认它是水稻还是小麦？水稻是什么？可以吃吗？"孩子们对水稻一知半解，但对水稻的热情持续不减，还会主动了解关于水稻的知识并展开讨论。我们与水稻的故事就这样悄然发生了……

二、项目价值

民间环保组织"自然之友"的主要发起人梁从诫在《与孩子共享自然》一书中的序言中曾经呼吁，让孩子们特别是城里的孩子们回到自然中，重新亲近大地，带领他们在自然中做游戏，去体验人与人、人与自然及自然本身原来应有的和谐与平衡，这不仅是为了环境教育，也是对稚嫩心灵的抚爱与陶冶。水稻是自然的产物，但今天的孩子们很少有机会接触水稻，不知道自己吃的大米从哪里来。水稻博物课程将农业教育融入幼儿园课程，通过"一粒米"的主题，展示了这种教育方式对幼儿成长的积极影响。

1. 激发探索热情

通过了解种植水稻活动，孩子们了解水稻从播种到收获的全过程，直观感受农作物生长的奇妙，加深对自然界的认识。这种体验式学习方式，让抽象的知识变得具体，激发了孩子们的探索热情。

2. 培养环保意识

在了解"一粒米"的旅程中，教师引导幼儿认识到节约粮食的重要性，以及农业生产对环境的影响，比如，水资源的利用、农药化肥的使用等，从而在他们幼小的心灵中播下环保的种子。

3. 学会感恩

通过聆听农民伯伯的辛勤劳动和大米来之不易的故事，孩子们学会了感恩农民的辛勤劳作和大自然的馈赠。孩子们懂得珍惜每一粒粮食，尊重他人的劳动成果。

4. 连接传统与现代

课程搭建了一座连接传统与现代的桥梁。通过讲述与水稻相关的传统文化故事、节日习俗等，孩子们在了解中国农耕文化的同时，也产生了对中国传统文化的兴趣。通过古老的农耕文化与现代农业技术的结合，孩子们能在了解中国传统文化精髓的同时，展望科技如何改变我们的生活。

三、项目关键经验

（1）增加对水稻的认识，从视觉、嗅觉、触觉、味觉等感知稻谷的特征。

（2）认识常见的米，了解米的不同种类，分辨各种米。

（3）让幼儿了解水稻的生长过程、种植过程，激发幼儿的好奇心。

（4）引导幼儿观察水稻的生长环境和土壤，帮助幼儿了解水稻种植的基本条件。

（5）知道用各类大米制成的食物，分享米制品。

（6）了解袁隆平等为国家粮食增产做出杰出贡献的人，增强民族自豪感。

（7）在了解中国传统文化精髓的同时，感受科技的日新月异。

（8）了解水稻相关的歌谣、舞蹈和古诗，培养乐感和舞蹈表演能力。

（9）在欣赏图片、古诗等活动中，感受农民伯伯种植的艰辛，懂得爱惜粮食。

四、环境创设

（一）可利用的资源

1. 自然资源

挖掘园内外适宜种植水稻的土地，方便幼儿近距离观察和了解水稻的种植条件。

2. 社会资源

带领幼儿参观超市中的卖米专柜，以及开展稻草游戏等丰富幼儿的亲自然活动，提高幼儿探索的兴趣。

3. 网络资源

引导幼儿在网上收集相关信息，进一步拓展幼儿对稻子的认知，满足幼儿的兴趣与需要。

4. 家长资源

帮助家长了解班级稻谷博物馆课程的实施过程、进程及相关信息，请家长参与班级的博物活动，帮助孩子收集各种各样的米，带孩子到乡下看收割的场景。请家长帮助孩子填写活动调查表，及时了解孩子的兴趣，和孩子共同制作与稻草相关的手工，探索活动的乐趣，促进亲子关系。

(二) 建议创设的博物馆环境

1. 陈列区

（1）稻制品展览。在作品展览区设置展架，展示幼儿水稻创意画、稻草手工作品；在米制品展示区，展示用大米制作的各种米制品，让幼儿了解用大米制作的各种食物；在认知区，展示种类不同的米（如大米、小米、薏米、糙米、糯米等），供幼儿认识和区分。

（2）"我"和稻谷的故事。利用墙面、柜面，展示稻谷博物馆课程生发、实施的过程，用图片记录水稻的种植过程、生长过程等。通过扫二维码了解袁隆平院士等为我国粮食增产做出杰出贡献的人，以及在太空种植水稻的现代化技术。

2. 体验区

（1）开设"水稻作坊"。利用桌面和地面，提供颜料、棉签、笔刷等材料，供幼儿创作秋天的稻谷创意画；提供稻草、纸芯筒、轻黏土，供幼儿制作稻草人；制作簸箕，供幼儿晒稻子、捆稻草、玩稻草游戏、买卖藏品、体验创作等，并融入班级的创造性游戏当中。

（2）开设"水稻故事我知道"阅读区。投放《一粒米的旅行》《这是什么谷物呢？》等绘本，供幼儿自主阅读，让幼儿进一步了解水稻的种植与生长过程，在读一读、说一说的过程中提高语言表达能力。

（3）开设"美食体验区"。让幼儿成为美食家，在干净、卫生的前提下利用大米制作寿司、米饼等米制品食物，锻炼幼儿的手部肌肉，提高幼儿的手眼协调能力，让幼儿掌握生活技能，并体验制作美食和品尝美食的乐趣，同时也能更好地了解食物的来源，养成节约粮食的好习惯。

五、项目课程网络图及解读

项目课程网络图见图 2-21。

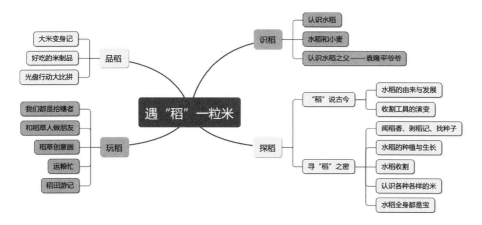

图 2-21 项目课程网络图

《学习与发展指南》提出，成人要善于发现和保护幼儿的好奇心，充分利用自然和实际生活的机会，引导幼儿通过观察、比较、操作、实验等方法，不断积累经验。生活中到处蕴含着教育契机，这些教育契机就是班本化博物馆课程创生的土壤。水稻不仅是中国人饮食文化的重要组成部分，也是人类食物链中最重要的粮食之一。本次"遇'稻'一粒米"主题围绕幼儿对水稻的探究与体验，主要包含四条线索，即"识稻""探稻""品稻""玩稻"，丰富幼儿对水稻的探究经验，加深他们对农作物的认识，并培养他们的观察能力、动手能力。通过多种形式的活动，幼儿在愉快的游戏中学习和体验水稻的生长过程，培养环保意识。孩子们通过亲身体验和趣味活动，培养观察能力、动手能力，丰富科学知识。

六、博物馆活动的实施

博物馆活动的实施见表 2-21。

表 2-21 博物馆活动的实施

活动类型	资源	活动	经验
日常生活	幼儿园、家庭、社区	培育种子	通过在幼儿园植物角水培水稻，观察水稻发芽的过程
	幼儿园、家庭	光盘行动	利用"用餐记录表"记录用餐情况；能独立进食，珍惜、爱惜粮食等
	阅读角、绘本	袁隆平爷爷	认识水稻之父——袁隆平爷爷，了解他与水稻的故事

续表

活动类型		资源	活动	经验
区域活动	美工区	颜料、油画棒、勾线笔、棉签等	水稻创意画	尝试用颜料、棉签、刷子等材料来点画稻穗
		纸芯筒、轻黏土、稻草、勾线笔	稻草人	尝试通过粘贴、绘画、泥塑等制作稻草人
		稻草、稻穗、装饰材料	稻草编制	尝试利用稻草进行编织
	科学区	观察记录表、水稻、放大镜	"我"看到的大米	尝试直接用手去壳,观察大米的形态,并进行记录
		放大镜、记录表、小麦、大米	水稻与小麦	观察水稻与小麦的不同,能够准确区分
		米、食盐、白砂糖等	米粒分离	了解物质的溶解性与盐水的浮力,利用盐水的浮力分离出米粒
	语言区	绘本《大米从哪里来》《一粒种子改变世界》	大米的故事	能逐页翻阅绘本,根据绘本内容表达自己的想法,了解关于大米的故事
		提供绘本故事中的头饰、玩偶等道具,布置的角色场景	一粒米的旅行	通过角色扮演,熟悉故事的内容,并与同伴对话
		耳机、倾听记录表、iPad、勾线笔	"我"听到了	能认真倾听故事,并能将自己喜欢的情节记录下来
	益智区	稻穗、容器、记录表	谷粒有多少	能尝试数数一株稻穗有多少颗谷粒
		薏米、糙米、黄米、大米、玉米等	排排队	感知和分辨物体的大小,尝试将不同的米粒有规律地排序
	生活区	各种大米、容器	大米分类	能根据容器的标志,将大米装到相对应的容器里,如将紫米装入紫色标志的容器里
		煮熟的米、紫菜、胡萝卜、黄瓜、肉松等	卷寿司	尝试用提供的材料制作寿司,掌握卷寿司的技能

续表

活动类型		资源	活动	经验
区域活动	建构区	各种形状的积木、稻草、牛奶瓶、设计图等	欢乐农场	尝试在建构区利用各种材料以平铺、架空、垒高的方式进行搭建
	表演区	背景音乐、国风服装等	诗歌朗诵	能选自己喜欢的服装扮演诗人,进行诗歌朗诵
集体活动		绘本图书、PPT、图片、《一粒米的旅行》音频	一粒米的旅行(语言)	体验劳动的辛苦,初步懂得珍惜别人的劳动成果;了解粮食的来之不易,养成爱惜粮食的好习惯
		PPT、音乐、头饰、乐谱	小小的一粒米(音乐)	在熟悉歌曲的基础上,能跟着音乐哼唱;根据歌词,初步学会创编动作,并能跟跳
		视频、米饭实物、电饭锅、水、小水杯	好吃的大米(社会)	知道煮米饭的过程;了解香喷喷的米饭来之不易,爱惜粮食
		PPT、古诗视频与音频、搭建的小舞台、iPad	古诗欣赏《悯农》(语言)	在了解诗意的基础上有表情地朗诵古诗,尝试用配乐诵读等方式学习古诗,激发吟唱古诗的乐趣
		稻穗的视频、PPT、黄色纸张(人手一张)	拾穗者(美术)	观赏名画《拾穗者》,从颜色、构图等方面感受画面朴实、自然的美
		大米、小米、糙米、黑米、香米若干,小盘子若干个	多种多样的米(科学)	了解常吃的米的外形特征,比较其异同,并能够准确区分各种米
		红、黄、蓝色海洋球若干,相同的筐子3个,草地3块,拱桥1座,小路2条,事先贴好蓝色的座位线等	运粮忙(体育)	能手膝着地向前、向后爬过不同的障碍物。提高幼儿肢体的平衡能力,培养幼儿不怕困难的意志品质,并让幼儿体验到游戏的乐趣

续表

活动类型	资源	活动	经验
集体活动	米制品图片、米制品实物、幼儿寻找米制品的照片、PPT	米制品分享会（社会）	认识和了解各类米制品的名称和特点；感受米制品与生活的密切联系，加深对食品文化的认识
	实物麦子和稻子、与稻子和麦子相关的课件、3封写好的信、指示标志等	稻子和麦子（科学）	观察稻子和麦子的内部特征，体会丰收的喜悦
	稻草娃娃1个、故事图片4张、稻草、树叶、胶带、剪刀、画笔等	我会玩稻草（综合）	了解稻草的用途与作用，初步学习制作稻草人，体验利用稻草进行游戏的乐趣
	农民收稻子的视频、PPT、剪刀、白胶、稻草若干、作画纸、铅笔、彩笔、稻草制品等	有趣的稻草画（美术）	尝试用稻草作画，体验特殊的绘画方式带来的乐趣；知道稻草在生活中的广泛用处
	水稻、水稻生长图、PPT、剪刀、筐	稻谷（科学）	查看、解剖、区分水稻的根、茎、叶、果实，进一步了解植物的特点
	《一粒种子改变世界》绘本、视频、音频、iPad	超级水稻（语言）	认识袁隆平爷爷，了解研究水稻的不容易，知道坚持的意义，萌发热爱科学的情感
	草裙、视频、图片（夏威夷风景、夏威夷人、夏威夷草裙舞），设置夏威夷的场景	草裙舞（音乐）	理解夏威夷草裙舞的特征，了解世界文化的多样性，根据ABA的不同旋律和节奏，探索丰富的扭动动作
其他活动	请家长带幼儿寻找家附近的稻田，到稻田里实地观察水稻生长条件及其特征	稻田游记	观察园内、社区、家庭周边的环境，寻找稻田，萌发对稻谷的好奇与兴趣，主动探究

水墨博物馆

一、项目生发

2017年中共中央办公厅、国务院办公厅印发的《关于实施中华优秀传统文化传承发展工程的意见》，将幼儿教育纳入传统文化教育领域。作为一项由国家主导实施的重大战略行动计划，中华优秀传统文化传承"从家庭做起，从娃娃抓起"已经被写入了2017年党的十九大报告。基于3—6岁儿童身心发展特点和发展需求，甄选适宜的传统文化项目，转化、融入幼儿的生活，让幼儿潜移默化地感受中华优秀传统文化的滋养，无论是对人的个体成长、群体塑造、社会发展，还是对中华传统文化的传承与发展，都是十分必要和有益的。

一次偶然的机会，我们欣赏了水墨画版的动画片《小蝌蚪找妈妈》，孩子们兴趣盎然，虽然画面中只有黑、白两种颜色，但是孩子们看得津津有味。于是，《小蝌蚪找妈妈》成了他们人生中第一次水墨画创作的素材。我们班的水墨课程也应运而生。

二、项目价值

2020年中共中央办公厅、国务院办公厅印发的《关于全面加强和改进新时代学校美育工作的意见》提到，美育是审美教育、情操教育、心灵教育，也是丰富想象力和培养创新意识的教育，强调以提高学生审美和人文素养为目标。社会需要进行美育教育，培养具有创造力的人。美育对幼儿的发展也具有十分重要的作用。

1. 水墨活动对幼儿创造力的培养

水墨活动注重幼儿在创作过程中的实践和经验积累，这有助于培养幼儿的动手能力和艺术创造力。水墨活动对幼儿创造力的培养是全方位的。这种培养方式有利于激发幼儿的创造潜能，促进其综合素质的全面发展。

2. 水墨活动对幼儿审美能力的培养

水墨活动对发展幼儿的审美能力有着重要的作用。首先，水墨活动的特点在于追求意境和情感的表达，这有助于引导幼儿对艺术作品产生情感共鸣，培养其审美能力。其次，通过参与水墨活动，幼儿能感受到中国传统文化的魅力，从而提高对中国传统文化的认同感。

3. 水墨活动对幼儿身心发展的促进

《学习与发展指南》提到，幼儿独特的笔触、动作和语言往往蕴含着丰富的想象和情感。水墨活动对幼儿身心发展的促进作用是多维度的，如动作协调和情绪调节等。

三、项目关键经验

（1）了解画水墨画所需要的工具、材料和画画的基本技巧，知晓水墨画能够表现周围的事物。

（2）通过每周两次的水墨画教学活动，了解一些关于水墨画的粗浅知识。

（3）知道国内一些有名的水墨画，尝试组织多种形式的水墨画教学活动，使幼儿充分感受到水墨画的魅力。

四、环境创设

(一) 可利用的资源

1. 社会资源

寻求周围的水墨资源，寻找国画美术展、国画热爱者，拓展幼儿欣赏水墨的途径。

2. 网络资源

利用网络平台（如小红书等）寻找水墨动画、水墨绘本、科普视频等，供幼儿拓展认知，激发幼儿对水墨的兴趣。

3. 家长资源

借助家长资源，收集水墨作品，并鼓励家长加入水墨活动中，主动带着幼儿在家玩墨、赏墨，让幼儿感受水墨的乐趣。

(二) 建议创设的博物馆环境

1. 展示区

提供画架和作品展示材料，如灯笼、纸筒、画纸、夹子等，让幼儿自行展示作品，欣赏自己及他人的作品。

2. 体验区

提供水墨小电视、水墨皮影戏等，供幼儿自行探索水墨动画，体验让水墨动起来的乐趣。提供各种科学的水墨游戏，引导幼儿了解水墨的特质，能学一学、画一画、说一说。

3. 实验区

提供幼儿想要尝试的材料，如刷子、纸巾、滚筒、纸杯、树枝等，引导幼儿自由探索，使其能以自己喜欢的方式进行水墨活动。

4. 博物故事墙

利用墙面展示活动照片、名家作品介绍、活动感受，提升幼儿对水墨的认知。幼儿可以对着故事墙讲一讲，在运用中逐渐提升语言表达能力。

五、项目课程网络图及解读

项目课程网络图见图2-22。

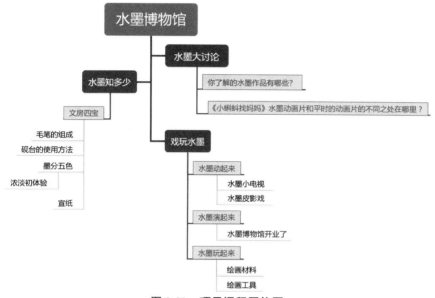

图2-22　项目课程网络图

艺术不仅是人类感受美、表现美和创造美的重要形式之一，也是表达自己对周围世界的认知和情感态度的特有方式。我们以幼儿喜欢的方式引导他们感受水墨艺术，激发了他们无限的创造潜能。在水墨博物馆的创设中，幼儿通过讨论、投票、操作、查阅资料等方式快乐地洒墨、玩墨，受到中国国画的熏陶和浸染，领悟中国传统文化的精髓。教师需要在活动中开放思维，充分利用家校合作，保证课程的持续性。

教师还应当根据幼儿的实际情况，给予个性化的指导和帮助，让幼儿在水墨活动中得到良好的发展和获得不错的体验。而幼儿在活动中则需要积极配合教师，展现自己的想象力和创造力。通过动手实践，幼儿感受水墨艺术的魅力，培养审美情感和艺术表达能力。

六、博物馆活动的实施

博物馆活动的实施见表2-22。

表 2-22 博物馆活动的实施

活动类型		资源	活动	经验
日常生活		家庭	认识文房四宝	了解笔墨纸砚
		班级	观看水墨动画片《小蝌蚪找妈妈》	初步认识水墨是写实的，水墨颜色较为单一
区域活动	美工区	毛笔、宣纸、墨汁、中国画颜料、水墨名家作品	初探水墨、名画欣赏、墨迹图	能初步探究水墨绘画，尝试握笔，跟着步骤图进行绘画
	科学区	宣纸、毛笔握笔步骤图、墨汁	墨汁磨墨、墨与水、我会握笔	大家通过讨论、磨墨、观察墨在水里的变化，对墨有进一步的了解；了解宣纸具有较强的吸墨性，将水墨作品画在宣纸上不容易变色
	阅读区	蜡笔、马克笔、绘本、水墨故事插卡	水墨的故事	通过插卡讲述水墨故事，尝试创编、续写故事情节；能安静阅读故事内容，能仔细欣赏水墨画
	表演区	水墨故事角色发饰、背景图	"我"爱表演	将自己的绘画作品进行创编，表演故事情节
	建构区	积木、桥梁、纸筒	搭建水墨江南	尝试用平铺、架空、垒高的方式搭建江南水乡模型
集体活动		各种国画的欣赏图片，宣纸、颜料、墨等工具	社会活动：认识水墨画	认识水墨画是国画的一种形式；认识宣纸、颜料等特殊用品，并学会使用工具进行绘画
		水盆、墨汁、砚台、毛笔、宣纸、毛巾等	美术活动：有趣的水墨画	感受中国的水墨文化，对水墨画感兴趣；体验运用不同方式与同伴合作绘画的乐趣
		空白扇面、国画颜料、宣纸、毛笔、调色盘等	美术活动：画扇	欣赏扇面上的水墨画，尝试运用已有经验合理布局、绘制扇面；体验用水墨画创造性地表现扇面；能在集体面前大胆地展示自己的作品

续表

活动类型	资源	活动	经验
集体活动	棉签若干、打火机1个、蜡烛2根、神奇的"墨水"5杯、白纸人手1张、抹布2块	科学活动：神奇的墨水	知道白纸经火烤之后，白纸上的图案因糖分脱水而呈现浅褐色；激发对科学小实验的兴趣
	幼儿收集的文房四宝、图片、PPT	社会活动：文房四宝	初步了解文房四宝，知道中国书画离不开文房四宝；初步体验用文房四宝成功绘画的快乐；了解身边的历史文化，对我国的传统物品感兴趣
	有关笔墨纸砚的课件	语言活动：笔墨纸砚	激发热爱中国传统文化的热情；学习和理解儿歌内容；完整朗诵儿歌
	大张草地底图（幼儿合作创作画用），用白纸和宣纸画的示范图，国画颜料，装有水的小喷雾瓶，装有颜料的滴瓶若干，棉签若干	科学活动：花开点点	认识国画颜料（藤黄、大红、钴蓝）和宣纸；观察颜料在宣纸上晕染的过程，感知宣纸吸水的特性；体验运用不同方式与同伴合作画的乐趣
	水盆、墨汁、砚台、毛笔、宣纸、课件、盘子、毛巾	美术活动：小蝌蚪找妈妈	初步感受中国的水墨文化，对水墨画感兴趣；尝试用墨印画的方法创作水墨画；培养动手操作能力，并根据观察到的现象大胆地与同伴交流
	红、蓝墨水，玻璃水槽，玻璃杯，滴管，冷水，热水	科学活动：焦墨泡泡	通过操作，观察墨水滴入水中的变化，探索同样的墨水在不同温度的水中不同的变化，培养操作能力和观察能力；初步感受中国的水墨文化，萌发对水墨画的兴趣；培养幼儿动手操作能力，并能根据观察到的现象大胆地与同伴交流
	各色颜料、大型画框、滴管若干、擦手巾。	美术活动：流淌画	尝试用颜料流淌的方法创作画，感受颜料流淌所发生的奇妙变化；发挥幼儿的想象力，体验以流淌的方式创作画的乐趣

125

续表

活动类型	资源	活动	经验
其他活动	幼儿园的美术室、美术馆等	寻找水墨痕迹	观察周边环境，萌发对水墨的兴趣；能发现日常生活中中国传统文化的渗透

出发吧，玩具总动员

一、项目生发

在幼儿园里，孩子们正逐步适应集体活动，融入班集体，和大家一起开心玩游戏。在这个过程中，我们发现幼儿对幼儿园最初的兴趣就是可以玩玩具。"老师，今天我想要玩积木！""老师，今天可以去玩滑滑梯吗？"《评估指南》指出，教师应尊重并回应幼儿的想法与问题，通过开放性提问、推测、讨论等方式，支持和拓展每一个幼儿的学习。因此，我们根据孩子们的兴趣，将课程主题设计为"玩具"，决定和孩子们一起探究，一起游戏，开启这次关于玩具的课程之旅。

二、项目价值

正所谓"教育来源于生活""兴趣是最好的老师"，对于小班入园不久的孩子们，首先，从教育角度来看，玩具博物课程可以激发他们的好奇心和探索欲。通过展示和介绍各种玩具，孩子们可以了解到不同玩具的功能、玩法等，从而拓宽他们的知识面和视野。同时，还可以培养孩子们的观察能力和分析能力，让他们学会从多个角度去思考问题。其次，从社会角度来看，玩具博物课程可以增强孩子们的团队协作能力。在课程中，孩子们需要一起参与玩具的收集、整理、展示等环节，这不仅可以让他们学会与他人合作，还可以培养他们的责任感和集体荣誉感。最后，从文化角度来看，玩具博物课程可以传承和弘扬中国传统文化。教师通过展示一些具有历史文化背景的玩具，可以让孩子们了解中国传统文化的魅力和价值，从而培养他们的文化自信和民族自豪感。

1. 发展幼儿感知觉，提升幼儿思维能力及想象力

不同的玩具，材质、形状、大小等各异，这使得幼儿在触摸、观察等过程中，视觉、听觉、嗅觉、味觉等感知觉得以发展。

积木等玩具可以培养幼儿的逻辑思维能力。在组装过程中，幼儿需要观察、分析和推理，将其组装好，从而发展空间认知、问题解决和逻辑推理能力。迷宫和逻辑游戏通常要求幼儿找到正确的路径、解决谜题或推理出正确的答案，有助于锻炼幼儿的推理能力。电子玩具，可以引导幼儿学习如何安排指令，以便更好地控制玩具。开放式玩具，没有固定的玩法，可以激发幼儿的创造力和想象力。幼儿可以根据自己的兴趣和爱好自由发挥，创造出不同的玩法。

创新玩法和创造情境也是培养幼儿想象力的重要途径。鼓励幼儿在玩玩具时寻找新的玩法，创造有趣的情境，这有助于培养他们的创造力和想象力。

2. 帮助幼儿表达情感，增加幼儿与他人交流的机会

在幼儿的成长过程中，玩具不仅是他们的重要玩伴，也是他们表达情感的重要载体。通过玩具，幼儿能够更自然地表达自己的情感，与他人建立联系，并在互动中提升社交能力。

通过选择特定的玩具、与玩具互动或模仿玩具的行为，幼儿能够表达自己的喜怒哀乐等情感。这种表达方式不仅有助于幼儿情感的释放，也有助于家长和教师更好地了解幼儿的内心世界。

玩具是幼儿社交互动的桥梁。在玩耍过程中，幼儿需要与同伴协商规则、解决冲突等，这些活动都需要通过语言或其他非语言的方式进行。因此，玩具为幼儿提供了与他人交流的机会，有助于他们建立社交关系和提升社交能力。玩具能促进幼儿的语言发展。在与他人交流的过程中，幼儿需要不断地运用语言来表达自己的意愿、描述玩具的特点、分享玩耍的经验等。这种语言实践有助于幼儿积累词汇、提高语言表达能力。

3. 满足幼儿玩的欲望，促进幼儿大动作和精细动作的发展

幼儿天生具有强烈的好奇心和探索欲，玩具作为他们接触外界的重要媒介，能够激发他们的好奇心，促使他们通过玩耍来探索世界。无论是简单的积木、拼图，还是复杂的电动玩具、音乐盒，都能引起幼儿的兴趣，让他们在玩耍中体验到乐趣。

球类玩具能够锻炼幼儿的奔跑、追逐能力，滑梯、秋千等户外玩具则能锻炼幼儿的攀爬、平衡能力。通过这些玩具，幼儿的大动作（涉及身体大肌肉群的运动）能力得到了有效的锻炼和提升。拼图、积木等玩具能锻炼幼儿的手眼协调能力、手指灵活性和操作能力。通过长时间的操作和练习，幼儿的精细动作（涉及身体小肌肉群的运动）能力得到了显著的提高。

三、项目关键经验

（1）仔细观察不同类型的玩具，探索它们的形状、颜色、材质等外部特征。

（2）了解玩具的基本种类，能从不同角度发现玩具的相同和不同之处。

（3）会将不同的玩具按照不同的标准进行分类，如按功能、形状、材质等分类。

（4）喜欢玩玩具，知道幼儿园的玩具是属于大家的。

（5）感受玩玩具带来的快乐，乐意和同伴一起玩，体验分享的乐趣。

（6）能和大家一起商量玩玩具的规则，并且愿意主动遵守这些规则。

（7）初步养成按要求摆放和收拾玩具的习惯。

（8）在游戏活动中能够积极和同伴进行交流，自由表达想法。

四、环境创设

（一）可利用的资源

1. 自然资源

收集、提供不同的自然资源给幼儿制作玩具，激发幼儿的想象力和创造力。

2. 社会资源

寻找幼儿园、社区、公园周边的玩具，拓展幼儿的玩具资源，和幼儿一起感受玩玩具的乐趣。

3. 网络资源

利用网络收集各种有关玩具的绘本故事、图片、科普视频、儿歌等素材，供幼儿阅读、倾听，引导幼儿了解古代的玩具。

4. 家长资源

利用家长资源收集不同种类的玩具，请家长带幼儿找一找、玩一玩幼儿园外的玩具，并拍摄照片。

（二）建议创设的博物馆环境

1. 陈列区

展览区的设计充满趣味和童真，吸引幼儿的注意力。展览区是玩具博物馆的核心区域，用于展示各式各样的玩具。教师利用家长资源，收集了很多玩具，并根据玩具的类型、年代、功能分类展示。玩具的展览柜上贴上相应的二维码，幼儿扫码可获取视频或音频，便于随时随地了解这些玩具。

2. 体验区

体验区设置了多个小型的互动点：玩具绘本、颜料游戏、积木搭建、拼图挑战等。幼儿可以在这个区域阅读绘本、亲手操作玩具，体验玩具带来的乐趣，获得成长。

3. 手工制作区

手工制作区提供各种材料和工具，让幼儿自己动手制作有趣的玩具或手工艺品。这不仅可以锻炼幼儿的动手能力和创造力，还可以让他们更加珍惜自己制作的玩具。

五、项目课程网络图及解读

项目课程网络图见图2-23。

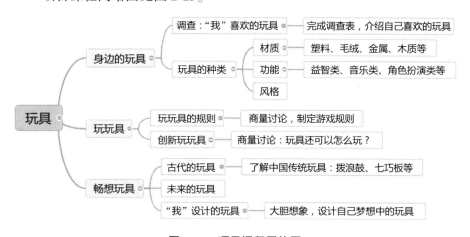

图2-23 项目课程网络图

我们本次的博物主题主要围绕"身边的玩具""玩玩具""畅想玩具"三个内容展开。由近及远，从幼儿的生活中来，不断调动幼儿的想象力、创造力。首先，让幼儿完成玩具调查表、介绍自己喜欢的玩具等，激发幼儿的好奇心，开阔幼儿的视野。其次，让幼儿思考玩具的创新玩法，这又是对幼儿想象力的一种考验。最后，"畅想玩具"，可以让幼儿通过对古今中外玩具的了解，再根据自己的喜好，大胆设计自己的专属玩具。本次博物主题根据幼儿的兴趣，结合幼儿的实际生活经验，既考虑了幼儿的实际水平，又提供了"跳一跳，够得到"的机会，让幼儿在玩玩具的过程中不断获得新的经验。

六、博物馆活动的实施

博物馆活动的实施见表 2-23。

表 2-23 博物馆活动的实施

活动类型		资源	活动	经验
日常生活		生活里的玩具	寻找玩具	寻找家、幼儿园、社区里的玩具，感受玩具就在我们身边
		教室里的游戏规则牌	玩玩具的规则有……	知道玩玩具要遵守一定的规则，养成初步的规则意识
		按标记整理的玩具	玩具管理员	知道玩具有不同的种类，使用后要按标记将玩具放回原来的位置
区域活动	美工区	超轻黏土、泥工板、各种玩具实物或图片等	"我"来做玩具	尝试通过捏一捏等方式制作自己喜欢的玩具
		瓶子、扭扭棒、毛线、丙烯马克笔	有趣的瓶子	尝试用扭扭棒、毛线等材料装饰瓶子
		正方形卡纸、胶棒、木钉、木棒	好玩的风车	尝试自制风车，体验手工的乐趣
	科学区	吸管、纸杯、胶带	旋转风车	尝试利用吸管、纸杯制作风车，实验并观察风车转动的现象
		气球、纸板、瓶盖、胶带等	气球汽车	实验并观察汽车是怎么前进的，感悟气球吹和放的不同作用
		鸡蛋、丙烯马克笔、彩纸、超轻黏土等	神奇的不倒翁	尝试彩绘鸡蛋，发现不倒翁不倒的秘密
	语言区	彩纸，蜡笔，绘本《玩具们吵架了!》《玩具诊所》《胖达的玩具店》等	玩具的故事	能逐页翻阅图书，能以图画方式记录自己对玩具的发现
		玩具的相关故事图片、手偶、毛绒玩具等道具	手偶故事	通过手偶，复述故事中主要人物的对话

续表

活动类型		资源	活动	经验
区域活动	益智区	不同类型的玩具图片、不同的玩具筐（设有标记）	玩具找家	知道玩具的不同类型，能够按照标记帮助玩具找到家
		不同的玩具图片各两张、瓶盖、底板	玩具对对碰	能通过连一连配对的方式找出玩具的好朋友
	生活区	袜子、夹子、底盒等	我会夹袜子	尝试用夹子夹袜子，提高自理能力，锻炼精细动作
		不同大小、形状的珠子和彩绳	好朋友的项链	尝试串珠子，锻炼幼儿的精细动作
	建构区	各种形状的积木、奶粉罐、薯片筒、汽车模型等	玩具工厂	尝试用身边的玩具以平铺、架空、垒高的方式进行搭建
	表演区	音乐《玩具国》、铃鼓、铃铛、玩具服装等	快乐的玩具们	能选择自己喜欢的乐器、服装进行玩具扮演，敲敲打打，随乐舞动
集体活动		可口可乐瓶、玩具汽车、其他玩具	玩具真好玩（语言）	喜欢玩玩具，知道玩具有不同的类型，了解不同玩具的性能和特征
		积木一筐、雪花插片一筐、磁力片若干、幼儿游戏的照片等	我会这样玩（社会）	知道玩具的名称，探索玩具的玩法，体验玩具的乐趣，养成轻拿轻放、及时收拾玩具的好习惯
		《玩具进行曲》音频、歌词图片、乐器	玩具进行曲（音乐）	尝试跟着音乐的节奏进行表演
		故事图片、玩玩具受伤的图片	橡皮膏小熊（健康）	知道在玩玩具的过程中注意安全，懂得自我保护的方法
		不同类型的玩具、玩具筐	送玩具回家（数学）	能将不同的玩具按照一定的要求进行分类
		玩具底板、反穿衣、油画棒等	漂亮的玩具（美术）	能大胆选择自己喜欢的玩具底板和颜色，学习有顺序地涂色

续表

活动类型	资源	活动	经验
集体活动	汽车、飞机等惯性玩具，发条玩具，电动玩具若干	玩具动起来（科学）	探索、观察利用惯性、发条、电等使玩具动起来的现象
	报纸、用报纸做成的球	好玩的报纸球（体育）	尝试朝目标进行投掷，提高手眼协调能力；能利用报纸球玩游戏，感受一物多玩的乐趣
	正方形彩纸、胶棒、木钉、木棒	有趣的风车（音乐）	制作小风车，观察小风车在风的作用下转动的现象，提高动手能力
	《变变变，当一天玩具》绘本、音频、玩具等	变变变，当一天玩具（语言）	欣赏玩具绘本，理解绘本内容；尝试用"变变变，变XXX"的句式，大胆表达自己会变成什么玩具
	沙包等	丢沙包（体育）	探索多种玩沙包的方法，锻炼抛、扔、投和躲闪的能力，发展协调能力和协作能力
	《玩具进行曲》音乐、歌词的相关图片	玩具进行曲（音乐）	初步感受不同的音乐节奏，感知2/4拍节奏的强弱，以拍打身体的方式体会节奏
	不同的玩具、记录单	我的玩具（数学）	观察不同的玩具，能用目测的方法说出5以内的数量
	摆放着各种玩具的玩具货架1个	买玩具（语言）	初步尝试用动词说完整的句子，清晰地表达自己的想法
	不同的面具、五官标记、操作卡片	有趣的面具（社会）	认识五官，能以鼻子为中心，按照要求独自在面具上设计、拼摆各种表情
其他活动	幼儿身边的玩具	探秘玩具	观察身边的各类玩具，探秘玩具的相同和不同之处，感悟玩具的奇妙

颜色博物馆营业记

一、项目生发

我们生活中的颜色无处不在,孩子们对周围世界的认识也与颜色息息相关。孩子们对颜色的变化很好奇:为什么天空有的时候蓝蓝的,有的时候却是灰蒙蒙的?为什么到了晚上,到处都是黑的?为什么会有这么多不同的颜色?于是,我们和孩子们一起展开了探索。

二、项目价值

《幼儿园教育指导纲要(试行)》指出,我们应为幼儿提供丰富的活动环境,满足幼儿多方面的发展需要。幼儿对颜色的探索兴致正浓,为满足幼儿继续探究颜色的愿望,结合幼儿对颜色的已有认知,我们制定了亲子颜色调查表,这有助于更好地了解幼儿的已有经验,促进幼儿的深度学习。

1. 支持幼儿的探索,保护幼儿的好奇心

小班幼儿对颜色有了初步的兴趣后,我们可以给幼儿提供材料,支持他们进行探索。《学习与发展指南》强调,与幼儿一起发现并分享周围新奇、有趣的事物或现象,一起寻找问题的答案。而颜色博物馆恰好为幼儿提供了这样的空间,在颜色博物馆中,幼儿可以预设自己好奇的、感兴趣的内容。教师可以根据幼儿的兴趣点出发,创设相应的博物馆环境,让幼儿通过游戏等方式进行探索,保护幼儿的好奇心。

2. 培养幼儿节约意识

颜色博物馆为幼儿创造了一个可以自由、自主探索的空间,在活动过程中,幼儿通过动手、动眼、动脑、动口等,发展自主学习能力。在颜色博物馆的规划过程中,幼儿也能够参与其中,收集生活中一些废旧的物品,并进行重复利用,培养节约意识。

3. 开拓幼儿的创造力

陶行知先生"处处是创造之地,天天是创造之时,人人是创造之人"的教育理念,充分尊重了幼儿个体,旨在让每一个人在任何时候都能够有创造的机会。幼儿的创造能力往往超乎我们的想象,在颜色博物馆的建设中,我们为幼儿准备了充分的创造空间,从博物馆的筹备开始,幼儿就参与其中并提出自己的喜好，而教师作为支持者，将幼儿的创造付诸实践，为幼儿进一步的探索与创造提供更大的空间。

三、项目关键经验

（1）认识颜色：认识红、黄、蓝、绿、紫等基础颜色，产生探索周围事物颜色的兴趣，感受颜色是美丽的、有趣的、变化的。

（2）感知变化：发现两种颜色加在一起后变成其他颜色的现象，激发探索色彩的热情，积累操作经验。

（3）体会颜色的魅力：感受色彩的美妙。

（4）分类：能按颜色规律将物品进行分类和排序。

四、环境创设

(一) 可利用的资源

1. 自然资源

收集、提供不同的自然资源给幼儿，让幼儿制作颜料，培养幼儿的想象力和创造力。

2. 网络资源

利用网络收集各种有关颜色的绘本故事、图片、科普视频、儿歌等素材，供幼儿阅读、倾听，引导幼儿了解颜色。

3. 家长资源

请家长带幼儿找一找幼儿园外的颜色，并帮忙拍照。

(二) 建议创设的博物馆环境

1. 陈列区

（1）创设"色彩作品展"。提供色彩丰富的平面作品和立体作品，幼儿可以感受作品中的色彩美。安排幼儿作为讲解员讲解作品，以此锻炼幼儿的表达能力和欣赏美、感受美的能力。

（2）创设"颜色绘本区"。提供《小黄和小蓝》《七色花》《我的情绪小怪兽》等与颜色有关的绘本，让幼儿体会颜色的丰富性，了解不同颜色所能表达的含义。

2. 体验区

（1）开设"果汁店"。提供透明饮料瓶、颜料、水、搅拌棒，幼儿将彩色的颜料水混合，调制出各种口味的"果汁"。

（2）开设"混色沙画"体验区。提供彩色沙子、托盘若干，幼儿通过混合彩色的沙子进行作画。在这一过程中，幼儿的语言表达能力和创造能力得到了培养。

（3）开设"黑白光影"体验区。提供不同形状的纸板、手电筒、报纸等，幼儿尝试创造出不同造型的影子，感知黑白也是颜色，利用黑白的报纸，加上表情和动作，一个个可爱、俏皮又灵动的黑白小人，开始跳起舞来。

五、项目课程网络图及解读

项目课程网络图见图 2-24。

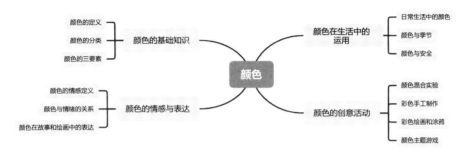

图 2-24　项目课程网络图

颜色博物馆的主题围绕颜色的基础知识、颜色的情感与表达、颜色在生活中的运用和颜色的创意活动展开。幼儿从认识颜色开始，知道颜色是怎样产生的，能简单地对颜色进行冷暖色的分类，逐渐感受颜色对我们情绪的影响。再通过《小黄和小蓝》《七色花》《我的情绪小怪兽》等与颜色有关的绘本，体会颜色在故事中的运用，以及颜色所能表达的含义。另外，结合生活中的色彩，幼儿可以感受到颜色在生活中的运用，比如，叶子变黄可以告诉我们季节的交替，交通信号灯的变换可以维持交通秩序。通过混色的实验，幼儿能够感受不同颜色能混合出新的颜色。另外，颜色博物馆的开设也能使幼儿去探索和发现更多与颜色相关的游戏。

六、博物馆活动的实施

博物馆活动的实施见表 2-24。

表 2-24　博物馆活动的实施

活动类型		资源	活动	经验
日常生活		生活里的颜色	寻找颜色	寻找家、幼儿园、社区里的颜色，感受颜色就在我们身边
		我身上的颜色	我的衣服	寻找身上的颜色，感受颜色的搭配效果
		按颜色整理玩具	玩具管理员	认识颜色，按颜色标记将玩具放回原来的位置
区域活动	美工区	超轻黏土、泥工板、各种玩具实物或图片等	我来做点心	尝试通过捏一捏的方式制作自己喜欢的点心
		丙烯马克笔、黑白方格图	格子画	试用多种颜色涂色，学习按格子横向、竖向、转折连涂
	科学区	牛奶、洗洁精、白醋等	颜色动起来	探索哪种物质可以使颜料在牛奶中动起来
		鸡蛋、丙烯马克笔、彩纸、超轻黏土等	神奇的不倒翁	尝试彩绘鸡蛋，发现不倒翁不倒的秘密
	语言区	彩纸，蜡笔，绘本《我的情绪小怪兽》《七色花》等	颜色的故事	能逐页翻阅图书，能用图画方式记录颜色的不同变化
		玩具的相关故事图片、手偶、毛绒玩具等道具	手偶故事	通过手偶，复述故事中主要人物的对话
	益智区	红色、黄色、绿色水果图片，对应颜色的小车	颜色找家	把不同颜色的水果放进对应颜色的小车中
		不同的玩具图片各两张、瓶盖、底板	对对碰	能够通过连一连配对的方式找出颜色的好朋友
	生活区	小动物鞋盒，不同颜色的积木、勺子等	投喂小动物	尝试用勺子将不同颜色的积木分类喂进小动物的嘴里，锻炼手部精细动作

续表

活动类型		资源	活动	经验
区域活动	生活区	不同大小、形状、颜色的珠子和彩绳	妈妈的项链	尝试将不同颜色的珠子串起来，锻炼幼儿的精细动作
	建构区	参考图片和小草丛、小树、小花等辅助材料	色彩花园	尝试用辅助材料搭建和装饰花园
	表演区	音乐、多彩的服装、乐器等	多彩舞台	能选择自己喜欢的服装、饰品进行扮演，敲敲打打，随乐舞动
集体活动		变色龙绘本课件	自己的颜色（语言）	了解变色龙的颜色会随环境的颜色变化而变化；体会变色龙心情的变化，感受有朋友陪伴的快乐
		各种颜色的卡片、PPT	按颜色分类（数学）	认识红色、绿色等颜色，学习按颜色对物体进行分类
		红辣椒、胡萝卜、西红柿、红苹果、红枣等红色物品，PPT	好吃的红色食物（健康）	了解生活中常见的红色食物。知道吃红色食物对我们的身体有好处
		歌曲《颜色歌》、PPT	颜色歌（音乐）	感受乐曲中的颜色，大胆表达自己的情感
		老鼠的叫声、小猫头饰、刷子人手1支	五颜六色的小老鼠（语言）	能用"红红的""黄黄的""蓝蓝的"等词语进行描述
		小丑造型的黑白线稿图、彩色蜡笔、彩色皱纹纸、固体胶	小丑的假面（美术）	尝试运用涂色、揉纸的技能装饰小丑的面部和假发
		托盘、牛奶、滴管、颜料、棉签、洗洁精、胶水、醋等	让颜色动起来（科学）	知道洗洁精可以使颜料在牛奶中发生运动，并能根据运动画面进行联想
		白色的小象、彩色的小象图片，小狗、小猫、小兔子挂牌，小狗、小猫、小兔子家的场景图	七彩象（社会）	能准确地说出故事中的颜色，如天蓝色、粉红色、草绿色

续表

活动类型	资源	活动	经验
集体活动	在场地上画红色、黄色、蓝色、绿色的大圈	五彩圈（音乐）	能看信号，在音乐结束后迅速找到相应颜色的场地
其他活动	瓢虫、蜜蜂、蚯蚓、蚂蚁、蜗牛、毛毛虫等动物的图片	猜猜我是谁	乐于用语言表达自己的观察和发现，理解部分与整体的关系

"布童反响"——让我们"布"期而遇

一、项目生发

蒙台梭利曾提出"自由教育"和"自我教育"观念，认为幼儿园应该创造一个自由、开放的环境，让幼儿按照自己的发展需求进行学习。在一天吃完点心后的聊天中，幼儿对琴琴的裙子忽然产生了好奇，于是围坐一圈，七嘴八舌地讨论着。

"我感觉她的裙子好好看，摸上去感觉滑滑的！"

"我怎么觉得有点糙糙的感觉，还有一个个小格子。"

"还有小花的图案呢！在这里，要像我这样蹲下来才能看见！"

"这是用什么布做的呀？好神奇。"

"我今天穿的是牛仔裤。我知道它是牛仔布，摸着硬硬的。"

一条裙子，我们日常生活中平常、随处可见的东西，对孩子们却有着如此大的吸引力，他们对它充满好奇和探究的欲望。《学习与发展指南》指出，幼儿的学习是以直接经验为基础的，教师应创设丰富的教育环境，最大限度地支持和满足幼儿通过感知、实际操作和亲身体验获取经验的需要。幼儿园的幼儿对身边未知的事物都有着强烈的好奇心，能感受事物之间的异同。对于生活中各种各样的布，他们有着数不尽的问题。由此我们决定，跟随幼儿的兴趣，一同开启一段关于布的探索之旅。

二、项目价值

陶行知曾说，教育的真正目的就是让人不断提出问题、思索问题。

幼儿园博物教育作为一种独特的教育方式,近年来逐渐受到广泛的关注。通过让幼儿亲密接触各种自然物品和人造物品,激发他们的好奇心和求知欲,博物教育为培养幼儿的科学文化素养、探索兴趣等提供了良好的平台。本次的博物主题"布",是两者的完美结合,它是幼儿生活中最常见的人造物品之一,却又源于自然。"布"除了本身的功能,还有艺术的特性,可以让幼儿发现美、欣赏美,有着可深入挖掘的价值。

1. 培养幼儿的观察能力和逻辑思维能力

皮亚杰曾说,儿童的思维是在活动中、操作中形成和发展的。幼儿期是幼儿快速成长和发展的时期,他们需要通过多元的感知和体验来理解自己和周围的世界。"布"是幼儿可以亲身接触和观察到的,无论是服装、装饰品,还是毛巾等生活用品,处处都可以发现布。通过观察和探索不同材质、颜色、图案的布,幼儿能发展对物品的细致观察能力,同时培养分类、归纳等逻辑思维能力。

2. 培养幼儿艺术欣赏能力与创造力

林肯曾经说过,培养幼儿的创造力,是教育的根本任务。"布"除了具有实用功能,还蕴含着丰富的艺术特性。多彩的颜色和丰富的图案能够激发幼儿对美的感知和欣赏能力,培养他们的审美情趣。在探索布的过程中,需要幼儿设计、选择材料、剪裁、缝纫等,这些行为要求幼儿运用自己的思维和创意。通过布艺的实践,幼儿的创造力得到了培养和发展,他们能够创作出丰富多样的图案等。

3. 培养幼儿团队合作精神和社交能力

在对"布"的探索过程中,幼儿可以与同伴一起合作完成任务,分享自己的想法,从而促进他们之间的互动交流,培养他们的团队合作精神和社交能力。

4. 培养幼儿科学探索精神与实验能力

陶行知说,儿童只有亲手操作,才能获得真知识。幼儿对布的探索不仅仅局限于观察和欣赏,还包括科学实验等。幼儿能够探索布的吸水性、透气性等物理特性,从而培养科学探索精神和实验能力。幼儿可以和教师一起积极整合自身的知识和经验,形成更加系统、全面的知识和经验体系。

5. 培养幼儿的文化自信和民族自豪感

布蕴含着丰富的文化内涵和历史价值。通过对博物主题"布"的学习,幼儿能够从中了解和传承中国传统文化,知道不同民族和地区的文化特色,增强文化自信和民族自豪感。

三、项目关键经验

（1）初步了解布的来源，通过收集和调查等实践活动，知道生活中有各种各样的布。

（2）大胆表达自己对布艺品的喜爱，乐于参与制作并开展相关的活动，感受布在生活中的广泛用途。

（3）多种感官感知布的质地、色彩、图案和纹样等，发现蕴含在其中的美，感受布的艺术魅力和文化气息，提高审美能力。

（4）通过想象，设计属于自己的创意布。

（5）初步感知不同布的吸水性，培养观察力和动手操作能力，激发好奇心和求知欲。

四、环境创设

(一) 可利用的资源

1. 自然资源

幼儿可以尝试收集生活中的自然材料（如棉花、亚麻、蚕丝等），了解这些原材料的来源和布的制作过程，再用这些基本的原材料制作布。

2. 社会资源

组织幼儿参观相关的博物馆等，增强幼儿对布料文化的理解和兴趣。结合昆山的特色，可以带幼儿去周庄、千灯等古镇看看，去认识苏绣，去布料店观察特殊的布料。

3. 网络资源

利用网络平台（如小红书等）搜索一些关于布的知识，利用视频、绘本帮助幼儿更好地了解布的相关知识。

4. 家长资源

鼓励家长参与博物馆创设，鼓励家长捐赠家中闲置的、有特色的布料或相关工艺品，作为博物馆的展品；协助收集具有历史文化价值的布料，比如家族传承的衣物等。家长中有从事服装等相关行业的人员，邀请他们来园为幼儿分享专业知识，如布料种类、制作工艺等。

5. 文化资源

结合中国传统文化，展示布料在中国传统文化中的地位和作用，如汉服、旗袍等传统服饰的展示。还可以融合地域文化，展示不同民族、不同地方的特色布料，如民族服饰等，让幼儿更好地了解中国不同民族的文化特色。

(二) 建议创设的博物馆环境

1. 陈列区

(1) 创设"趣味布料墙"。利用收集到的布料,将它们从颜色、花纹、材质等方面进行分类,将颇具有代表性的布料裁剪成块,做成一面触摸墙,幼儿可以通过观察和直接触摸感知不同布料的不同之处。同时在下方放置二维码和iPad,通过扫码观看的方式,幼儿可以更好地了解布的制作过程,激发对布的兴趣。

(2) 创设"手作布偶小店"。利用网格和展示架,开设一家小店,店里展示的都是幼儿和家长们亲子制作的布偶。幼儿及其父母利用废旧衣服、废旧包包等一系列材料变废为宝,将它们变成一个个可爱的布偶,并进行展示,借此鼓励大家节约资源,爱护环境。

(3) 悬挂"彩虹布和扎染布"。在创设的博物馆上空,悬挂了一块8米长的彩虹扎染布和一些绣盘上的扎染作品,这是幼儿在扎染体验时完成的作品。该作品可以让幼儿能够直接欣赏和分享自己的作品,激发他们的创作欲望。

2. 体验区

(1) 开设"扎染布工坊"。创设一个宽敞、明亮的操作空间,提供扎染布料、染料、橡皮筋、绳子、木棍等材料和工具,提供二维码和iPad,幼儿可以扫二维码观看操作步骤,自己进行扎染活动,同时设置展示区。通过扎染活动,幼儿在体验中了解和学习传统的扎染工艺,激发对艺术的兴趣和热爱,传承和弘扬中国传统文化,同时锻炼动手能力和创造力。

(2) 开设"植物拓印"体验区。收集各种形状、颜色和纹理的树叶、花瓣等植物样本,准备好布料等相关工具。引导幼儿尝试进行植物拓印,使用锤子轻轻敲击植物样本,使其颜色和纹理印在布上,鼓励幼儿发挥创造力,尝试不同的敲击力度。将作品放在展示区进行展示,并鼓励幼儿分享作品并讲述自己创作时的感受。此活动可以帮助幼儿了解植物拓印的技艺,体验传统手工布艺的魅力。

五、项目课程网络图及解读

项目课程网络图见图2-26。

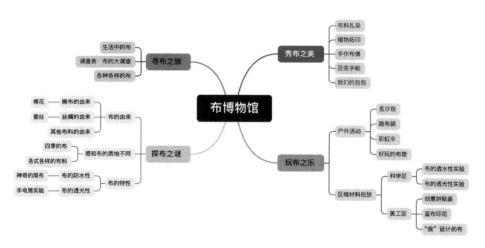

图 2-26　项目课程网络图

本次博物活动围绕"布"展开，分为四个板块，分别是"寻布之美""探布之谜""秀布之美""玩布之乐"。每一个板块都旨在帮助幼儿更好地认识布、了解布、探索布的秘密。首先，引导幼儿从身边开始寻找布，进行相关的前期调查，对布有初步的了解，激发幼儿的探索欲和求知欲。其次，带领幼儿通过多种渠道了解布的由来，让幼儿明白不同布生产方式的区别，以及不同材质的布有着不一样的质地，让幼儿触摸和感受不同种类的布，通过亲身体验来加深印象，获得直接感知，引导幼儿探索布的防水性、透光性等特性，培养他们的观察力和探究精神。再次，通过开展如趣味扎染、植物拓印、百变手帕等一系列趣味活动，鼓励幼儿发挥想象力，大胆进行创作，感受不一样的布艺，进一步加深对布的热爱。最后，将关于布的相关材料融入我们的一日生活，将我们制作的布制品（如沙包等）运用到户外活动中，将相关材料投入活动区域，鼓励幼儿积极尝试。本次的主题从幼儿自身兴趣出发，结合本班幼儿特点，从身边事物入手，结合幼儿已有的经验，灵活架构，随时调整、修改和补充，拓展新经验和新线索，帮助幼儿更好地获得新知识和新经验。

六、博物馆活动的实施

博物馆活动的实施见表 2-26。

表 2-26　博物馆活动的实施

活动类型		资源	活动	经验
日常生活		幼儿园场地、家庭、社区	"布"期相遇	增加生活知识,丰富生活经验,学习新的生活技能
		幼儿园场地、家庭	我会织布啦	通过观察,了解布形成的主要步骤,尝试自己织布,进一步萌发热爱劳动之情
		阅读角、绘本	姥姥的布头儿魔法	了解布的不同种类,知道布可以做成许多东西
区域活动	美工区	棉布、颜料、油画棒、勾线笔、棉签等	棉布创意画	尝试用颜料、棉签、刷子等材料在布上创作画
		棉布、丝绸、牛仔布、呢料、麻料、雨布、无纺布、蜡笔、纸张、剪刀、双面胶	布艺拼贴画	尝试通过粘贴、绘画等制作布艺拼贴画,在进行艺术活动的过程中感受快乐;根据布料的造型,利用拼贴、添画的形式创造性地表达自己的想法
		棉布、蜡笔、纸张、剪刀、双面胶	我的手帕	自主设计手帕的造型,创编叠手帕的方法,叠出各种造型的手帕,并能与同伴分享和交流自己叠出的手帕
		白布、棉布若干,各色颜料,扎染的步骤图示,可悬挂和晾干的花布区域	扎染花布	观察扎染的步骤图示,自主模仿与创作扎染花布,尝试用随机浸染的方法制作,用对称折叠的方法扎染出图案对称的花布
		不同植物的根、茎、叶、花,胶锤(每个幼儿1个),棉布,垫板	敲染春天	了解植物敲染所需要的材料、工具及采用的方法,尝试用敲染的方式和方法制作植物敲染布,体验植物敲染的快乐
		幼儿人手一块白布、颜料若干、弹珠	漂亮的围巾	通过对比、操作,发现弹珠滚画的方法;愿意尝试新的作画工具,积极探索弹珠滚画的多种滚法;对弹珠滚画活动感兴趣,喜欢滚出的花纹

续表

活动类型		资源	活动	经验
区域活动	语言区	有人物或者动物形象的、有画面感的小手帕若干，分别固定在卡纸上，然后装订成一本手帕故事书	手帕故事书	说一说手帕上的内容，根据画面内容创编小故事，互相说一说自己创编的故事，体验创编故事带来的快乐
		绘本故事中的头饰、故事盒子等角色扮演道具	一条花手帕的旅行	自主分配角色进行扮演，通过角色扮演熟悉故事的内容
		点读笔、记录表	布的由来	能认真聆听故事，并能将自己喜欢的部分用绘画的方式记录下来
	益智区	大小相同的棉布、丝绸、牛仔布、呢料、麻料、雨布、无纺布各一块，记录实验的表、笔，一盆水，若干滴管，剪刀，天平	布的探秘	自主探索布的光滑度、吸水性、遮光性等特性，在自主探索中收获快乐，进一步萌发对科学的热爱
		用无纺布剪成的大小不同的几何图形若干，白胶或双面胶，白纸或彩纸	图形拼贴	感知和区别物体的大小，根据体型特征设计图案，进一步培养观察能力与动手操作能力
	生活区	棉布、丝绸、牛仔布、呢料、麻料、雨布、无纺布	布的分类	尝试通过蒙眼触摸的方式区分布的种类，并能说出布的名字
		布条、毛线若干	布条穿编	学习两人合作编三股辫，体验编制活动的乐趣；培养手眼协调能力和合作能力
	表演区	绘本故事中的头饰、故事盒子等角色扮演道具	帕奇的裁缝梦	能自主选择喜欢的故事中的角色进行扮演
集体活动		伞（每个幼儿1把）、皮球若干、剪好的布条若干	欢乐彩虹伞（美术）	自主根据自己的喜好设计布条伞，体验自主设计带来的快乐

续表

活动类型	资源	活动	经验
集体活动	棉布若干、颜料	漂亮的花布（美术）	掌握印染的基本方法，能用角对角、边对边的方法进行印染；能大胆尝试不同的方法进行印染
	幼儿扎染的布料若干、剪刀（每个幼儿1把）	百变T台秀（美术）	通过剪贴制作T台秀的服装，锻炼自我表现能力与表演能力，在制作与表演的过程中收获快乐
	棉布若干、颜料、印染工具	彩色花布（美术）	学习用多种辅助材料进行印画游戏；能根据自己的意愿大胆想象印画自己的背心；欣赏自己和同伴背心上的图案，享受创作的快乐
	棉布、扭扭棒、颜料水、滴管	布蝴蝶（美术）	了解蝴蝶的构造，认识蝴蝶是对称的，培养色彩搭配能力，感受颜料水的晕染、混合效果
	幼儿扎染过的布料、剪刀、有线条的花布素材图	古法裁衣（美术）	感受花布的花纹美；学习看步骤图进行折纸；基本掌握古法裁衣的方式和方法，能合作完成古法裁衣
	布袋若干，内装有积木、海绵、粗抹布、丝绸、小热水瓶等材料	神奇的布口袋（科学）	能用手感知物体的软、硬、冷、热、光滑、粗糙等特性；能用较恰当的词汇表达自己的感受；有用手触摸和感知物体的兴趣，发展触摸感知力
	各种颜色鲜艳的、不同大小的布垫若干（数量多于幼儿人数），"小猫""小狗""小鸭"等长毛绒玩具若干，置衣筐、擦汗毛巾、卷筒纸若干，等等	玩布垫（体育）	用布垫玩走、跑、跳等游戏；自主探索各种布垫的玩法；体验活动的乐趣
	布袋若干	袋鼠跳跳跳（体育）	通过布袋跳游戏，增强幼儿的弹跳能力，提高身体的协调性、灵活性，体验布袋跳游戏的快乐

续表

活动类型	资源	活动	经验
集体活动	布娃娃每人1个、花头巾每人1条、音乐磁带、录音机	布娃娃（语言）	模仿妈妈的样子或动作，学说"我来抱抱你""做你的好妈妈"等；能从眼睛、头发、嘴巴、表情等方面来描述布娃娃
集体活动	教师制作好的手印画背心成品1件；幼儿每人1件布背心，课前穿好罩衣和背心；各色颜料分盘放好，盘内放一层海绵，控制蘸取的颜料量，分配给每组的抹布2~3块	印花布背心（美术）	尝试使用手在布背心上印画，感受不同压印方式带来的不同效果；在操作中换颜色时，能按要求先用抹布擦干净再换颜色，保持画面的整洁；与同伴相互合作完成花背心的前后两面，体验共同创作的快乐
集体活动	幼儿带来的各种质地的小块布料	布可以做什么？（社会）	了解布的日常用途，进一步感受布的质感
集体活动	视频、图片及各种花纹、颜色、材质的布	"布"一样（美术）	提高对事物的洞察力、辨别能力，激发感受美、表现美与创造美的情趣与能力
其他活动	请家长带幼儿寻找身边的布制品	寻布之旅	观察幼儿园、社区、家庭周边的布，萌发对布的好奇心，能主动探究

你好，小蝴蝶

一、项目生发

在一次户外活动中，幼儿偶然发现了一只美丽的蝴蝶。幼儿发现蝴蝶后，表现出了强烈的好奇心和探索欲望。他们开始讨论蝴蝶的颜色、形状和飞行方式，并尝试靠近蝴蝶进行观察。

佳佳说："蝴蝶的翅膀好漂亮啊，五颜六色的！"

雯雯说："蝴蝶有长长的触须呢！"

琪琪说："可是现在秋天了，怎么还会有蝴蝶呢？"

乐乐说:"是啊,这只蝴蝶怎么没有颜色?"
旭旭说:"我知道了,因为是秋天的蝴蝶。"
宸宸说:"那为什么秋天还有蝴蝶,蝴蝶不是春天才会出现的吗?"

二、项目价值

陈鹤琴老师提出自然课程具有重要意义。在一次户外活动中,幼儿对于蝴蝶的出现充满了兴趣,我们应该抓住这种机会,让幼儿通过自主探究的方式去发现。

1. 培养幼儿观察力和探究能力

蝴蝶课程可以让幼儿通过观察蝴蝶的形态、颜色、生活习性等,培养他们的观察力。同时,通过探究蝴蝶的生命周期、食物来源等,还可以培养幼儿的探究能力。

2. 促进幼儿智力发展

蝴蝶课程中的观察和探究活动需要幼儿运用多种感官和思维方式,这有助于促进他们的智力发展。

3. 培养幼儿环保意识

了解蝴蝶与环境的关系,可以培养幼儿的环保意识,让他们更加关注自然环境的保护。

4. 培养幼儿审美意识

通过欣赏蝴蝶的美丽和学习蝴蝶在文学、艺术中的象征意义,培养幼儿的审美意识。

5. 培养幼儿情感和价值观

蝴蝶课程可以让幼儿更加深入地了解生命的奥秘,热爱大自然,培养幼儿积极的情感和正确的价值观。

三、项目关键经验

(1)初步了解蝴蝶的基本特点,欣赏、感受蝴蝶之美。
(2)通过蝴蝶激发幼儿对大自然的热爱,增强探索意识。
(3)在欣赏和表演中提高自己的表现力和音乐节奏感,愿意表现自己。
(4)愿意和同伴一起合作游戏,提升合作能力。

四、环境创设

(一)可利用的资源

1. 自然资源

(1)植物:如各类花卉,尤其是蝴蝶喜欢吸食花蜜的花卉,像蝴蝶兰、紫茉莉等，为蝴蝶提供食物来源和栖息环境，也能营造自然氛围。（2）树枝、树干：可以用来搭建类似自然的场景，模拟蝴蝶生活的环境。（3）树叶：可用于装饰墙面或制作一些小道具。（4）石头：可用于场景布置，增加自然感。（5）水源：放置小水池或水盆，模拟蝴蝶饮水的地方。（6）自然光：利用窗户透进来的阳光，营造适宜蝴蝶生存的光影环境。

2. 社会资源

（1）博物馆：可以获取关于蝴蝶的标本、图片等。（2）动物园或昆虫馆：有专业的蝴蝶展示区和讲解人员，能提供更深入的信息。（3）相关科研机构：联系专家获取专业知识和指导。（4）蝴蝶养殖基地：与之合作，获取活体蝴蝶或相关养殖经验。（5）社区花园或公园：观察蝴蝶在自然环境中的状态，获取灵感。

3. 网络资源

（1）图片与视频资源：通过在搜索引擎中输入如"蝴蝶""蝴蝶种类"等关键词，获取数量众多的图片和视频资源，这些资源可应用于教学课件、展示墙及海报等的制作当中。（2）在线课程与教学资料：众多教育网站提供了和蝴蝶相关的在线课程及教学资料，涵盖教案、课件、实验指导等内容，可进行搜索并筛选出契合课程需求的资源。（3）科普文章与博客：阅读此类科普文章和博客，获取关于蝴蝶的知识与信息，知悉蝴蝶的生态、行为及保护等方面的具体情况。

4. 家长资源

（1）有家长在自然领域工作或有这方面的专长、爱好，可邀请其做关于蝴蝶方面的讲座。（2）可借用家长收集的蝴蝶标本、相关书籍及工艺品等，用于环境布置。（3）家长协助组织活动，比如，带领孩子在户外观察蝴蝶时，帮忙联系场地与确保安全。（4）家长提供的手工材料可助力制作蝴蝶相关手工艺品。（5）可邀请家长协助制作一些道具及布置场景。（6）若家长有拍摄精美的蝴蝶照片，也可以拿来装饰环境。（7）凭借家长的人脉资源，或许能结识相关领域的专家或联系到适宜的参观地点等。

（二）建议创设的博物馆环境

1. 陈列区

（1）蝴蝶标本区。提供蝴蝶的标本在墙上进行展示，并且贴上二维码，供幼儿自主扫码了解蝴蝶。

（2）蝴蝶工艺展品区。家长带来与蝴蝶相关的工艺品，并将其放置在架子上供幼儿欣赏，培养幼儿的审美能力。

（3）蝴蝶亲子作品区。邀请家长与幼儿制作作品，并将其放置于桌面与柜子上展示。

2. 体验区

（1）蝴蝶装饰区。提供多样材料，幼儿自由制作蝴蝶或者装饰蝴蝶，制作美术作品。

（2）蝴蝶照相馆。开设照相馆，提供KT板，绘制出草丛、小溪等蝴蝶喜爱的环境，提供蝴蝶饰品，供幼儿穿戴和拍摄。

五、项目课程网络图及解读

项目课程网络图见图2-26。

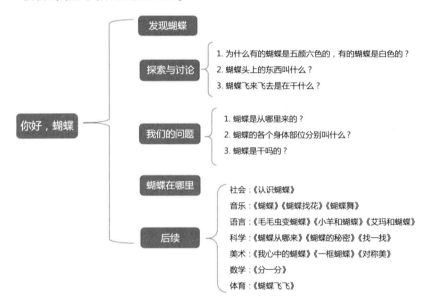

图2-26 项目课程网络图

我们不仅结合五大领域开展了主题活动，还在班级构建了一个小小的班级博物馆——你好，蝴蝶。这个博物馆给了幼儿更多自主性，在这里幼儿不断探索和发现蝴蝶的秘密，在过程中发展了多方面的能力。为了让幼儿更深入地了解蝴蝶，我们组织了一系列相关的活动，如画蝴蝶、制作蝴蝶手工、阅读关于蝴蝶的故事等。

六、博物馆活动的实施

博物馆活动的实施见表2-26。

表 2-26 博物馆活动的实施

活动类型		资源	活动	经验
日常生活		家长资源：收集材料及制作亲子作品，带领幼儿寻找蝴蝶，完成调查表	蝴蝶在身边	在公园、花园或自然保护区等地观察蝴蝶，记录它们的种类、颜色、行为等
		网络资源：在网上搜索关于蝴蝶的图片、视频等	我知道的蝴蝶	和父母查询资料，进一步探索蝴蝶，增进对蝴蝶的了解
		社区资源：提供相关科普讲座或活动	寻找蝴蝶的踪迹	了解不同的蝴蝶种类，初步感受蝴蝶的发展史
		自然资源：身边的自然材料	我身边的宝贝	探索自然中可利用的自然材料，并且进行收集，感受自然的魅力
区域活动	美工区	彩纸、勾线笔等	线描蝴蝶	用勾线笔运用点、线、图案结合的方式装饰蝴蝶
		塑封纸、彩纸、叶子、纸板等	蝴蝶飞飞	尝试运用不同的材料制作属于自己的小蝴蝶
	科学区	蜡笔、白纸、盆等	打开的蝴蝶翅膀	尝试实验并观察纸在水中的张力
		彩色玻璃纸、手电筒、光影盒等	五彩斑斓的翅膀	实验并观察光与影的奥秘
		不同的蝴蝶及其生长环境等	蝴蝶配对	尝试将蝴蝶与其生长环境配对
	语言区	彩纸、蜡笔	听听我的小故事	能逐页翻阅图书，能用图画方式记录自己对蝴蝶的发现
		蝴蝶的相关故事图片、蝴蝶翅膀等角色扮演道具	蝴蝶小剧场	通过角色扮演，学习讲述故事中主要人物的对话
	益智区	蝴蝶配对卡片	天生一对	提供蝴蝶配对，引导幼儿进行比赛
		点数卡、蝴蝶卡	猜猜有多少	能通过连一连配对的方式找出相应的点数

续表

活动类型		资源	活动	经验
区域活动	生活区	毛线、针织线等	隐形的翅膀	尝试将线通过交叉编织的方式编织蝴蝶的翅膀
		毛线、珠子等	蝴蝶首饰	用珠子串一串，锻炼幼儿的手部肌肉力量
	建构区	各种形状的积木、泥池、瓦片、养乐多瓶等	蝴蝶迷宫厂	尝试用平铺、架空、垒高的方式进行施工，建造蝴蝶迷宫
	表演区	音乐、铃鼓、铃铛等	蝴蝶馆	能选择自己喜欢的乐器、服装进行小泥人扮演，敲敲打打，乐在其中
集体活动		视频《蝴蝶伞》、故事相关的头饰等	毛毛虫变蝴蝶（语言）	感悟故事创意，获得阅读的快乐，提升自主阅读的能力
		各种蝴蝶的图片、实物、艺术影像《蝴蝶娃娃的舞蹈》等	我心中的蝴蝶（美术）	分辨蝴蝶的不同品种，了解它们的性质；根据已有经验，把握表现重叠的简单方法，为蝴蝶排列各种队形
		带来各种各样的可食用蝴蝶	蝴蝶飞飞（社会）	知道有的蝴蝶可食用，有的蝴蝶不可食用，认识几种常见的可食用蝴蝶；能说出蝴蝶的大致生长过程，并介绍蝴蝶的结构
		常见的几种蝴蝶实物	蝴蝶从哪来（科学）	正确判别和掌握常见的几种蝴蝶的特征，并大胆表述出来
		小竹篓1个、皮铃鼓4个、碰铃2对、园舞板4对、《采蝴蝶的小姑娘》乐谱	我的音乐舞台（音乐）	感受乐曲欢快、活泼的旋律，了解乐曲的结构；能在集体的打击乐演奏中有意识地注意音色、音量等
		三盘菜（模型）：萝卜、青菜、蝴蝶	小羊和蝴蝶（语言）	理解小兔子由不爱吃蔬菜到爱吃蔬菜的转变过程；能用完整、较为连贯的语言大胆地描述故事内容，表达自己的想法

续表

活动类型	资源	活动	经验
集体活动	不同大小的正方形纸若干、记号笔、折纸图示等	一筐蝴蝶（美术）	学习用纸折蝴蝶；学会看简单的折纸图示
	小兔子分蝴蝶挂图；蝴蝶卡片每人大的2个，小的1个，白筐若干；兔爷爷、兔奶奶头饰各1个	蝴蝶的旅行（语言）	初步掌握用"您"开头的句式，并能主动地运用简单的礼貌用语；如请、谢谢、不客气等
	小兔头饰（每个幼儿1个）、纸棒、呼啦圈、垫子、弓形门、小蝴蝶若干、"兔子舞"音乐	小兔子粉蝴蝶（体育）	练习双脚连续向侧跳，发展动作的协调性，充分体验游戏的快乐
其他活动	对蚂蚱有一定的认知，曲谱《蝴蝶伞》，椅子数把	蝴蝶舞（律动）	在游戏情境的提示下，理解并按歌词内容做游戏动作
	幼儿和家长一起搜集有关蝴蝶的保存方法，将其记录在表格中"我的保存方法"一栏中	怎么保存蝴蝶（科学）	引导幼儿运用科学的方法解决生活中的问题，增强探索的欲望；指导幼儿逐步填写简单的表格，初步了解表格的作用
	瓦片、易拉罐及其他建构材料，水彩颜料、排笔、水桶、小毛巾等，制作过程的相关图片	蝴蝶本领大（综合）	鼓励幼儿根据图片信息，尝试描述蝴蝶的主要特征；培养幼儿的规则意识，体验和同伴集体游戏的乐趣
	拱门、平衡板、平衡球各1个，蝴蝶若干	采蝴蝶比赛（体育）	发展幼儿跑、跳、钻、走平衡木和投掷等基本动作，培养幼儿的合作能力
	提前带幼儿寻找和勘察幼儿园周边公园等资源较丰富的场地	寻找蝴蝶	观察幼儿园的周边环境、萌发对蝴蝶的认同感，感悟蝴蝶的美丽

趣探杯盏

一、项目生发

在一日生活的饮水环节，幼儿对杯子十分感兴趣，也乐于分享自己家里用的杯子。"老师，您的杯子真好看。我家里也有好看的杯子！""我家里的杯子上有只可爱的小白兔。"此外，幼儿还提出了一些有关杯子的问题，如："杯子是用什么做的？""为什么有的杯子软、有的杯子硬？""杯子除了能用来喝水，还能用来干什么？""为什么有的杯子摔不坏？"于是，一场关于杯盏的博物活动孕育而生……

二、项目价值

陶行知先生的"生活即教育"理论，强调生活本身就是教育，教育不能脱离生活，生活中的点滴都蕴含着教育契机，要从生活中学习。杯子既是幼儿生活中的必需品（如幼儿园喝牛奶的不锈钢杯、出门用的便携保温杯、家里喝水的陶瓷杯、建构区搭建用的一次性纸杯等），也是幼儿游戏、创作的必备材料。

在杯盏博物馆中，我们将带领幼儿与杯子展开一系列的互动，让幼儿了解杯子的种类和用途，认识古代精美的茶具、茶盏，帮助幼儿了解杯子的种类、材质、用途等多方面的知识，丰富幼儿的认知；让幼儿尝试用纸杯进行艺术创作，掌握与杯子相关的儿歌，培养幼儿的审美情趣，激发幼儿的探索欲和创造力；我们将博物馆内容融入一日生活环节之中，帮助幼儿掌握正确使用杯子的方法。

三、项目关键经验

（1）通过看一看、摸一摸、敲一敲，感受杯子的不同材质，了解茶具的功用，愿意与同伴交流和分享自己关于杯子的发现。

（2）认识古代茶盏的不同造型，了解泡茶的过程，知道茶壶与茶杯的大小关系。

（3）尝试用撕一撕、贴一贴、画一画等各种艺术表现手法装饰杯子，大胆进行艺术创作，喜欢参加美术活动，感受纸杯的魅力。

（4）了解玻璃杯易碎的特性，知道在使用玻璃制品时要小心，知道打碎物品时要及时告诉教师或家人，要做个诚实的孩子。

(5) 感知杯子内所装液体的量不同时杯子发出的音调的不同。

四、环境创设

(一) 可利用的资源

1. 社会资源

从生产角度来看，制造杯子需要原材料（如玻璃、陶瓷、塑料、金属等），这些原材料的获取涉及相关资源的开采、加工等，这是社会资源在物质方面的体现。设计杯子的创意和理念也是一种社会资源，优秀的设计能提升杯子的价值和吸引力。

2. 网络资源

利用网络平台（诸如小红书等）收集各种有关杯子的绘本故事、图片、科普视频、儿歌等素材，供幼儿阅读、倾听，进一步拓展幼儿对杯子的认知，激发幼儿对杯子的兴趣，满足幼儿的活动需求。

3. 家长资源

家园合作完成"杯子调查表"。请家长利用周末时间带幼儿去超市、商场、博物馆等地方看一看各种各样的杯子，丰富幼儿对杯子的认知。鼓励家长和幼儿利用废旧咖啡杯进行手工制作，增强废物循环利用的环保意识。

(二) 建议创设的博物馆环境

1. 陈列区

(1) 设置实物展示区。将幼儿带来的杯子（如紫砂杯、复古搪瓷杯、透明玻璃杯等）进行陈列和展示，鼓励幼儿看一看、摸一摸、说一说，了解不同杯子的材质、造型等。

(2) 创设作品展示区。将亲子手工"咖啡杯微景观"、青花瓷杯作品、"杯子叠叠乐"线描画、古代金樽泥塑作品等展示出来，让幼儿在欣赏作品的过程中获得成就感，在互相交流的过程中提升审美能力。

(3) 制作"杯子博物馆"展板。了解古时候不同朝代的茶盏、金樽、茶壶的外形特点及名称，讨论并以绘画的方式记录废旧纸杯回收和利用的办法，回顾杯盏博物馆课程开展的过程脉络。

2. 体验区

(1) 创设"茶馆"。提供茶壶、茶杯、茶叶等材料，鼓励幼儿体验围炉煮茶，了解正确泡茶的方法，感受中式茶艺的魅力。

(2) 创设6个利用废旧纸杯开展的小游戏。在幼儿自主游戏的过程中，发展幼儿的手眼协调能力等，增强幼儿的环保意识。

(3) 创设绘本阅读区。提供《奥古斯托先生的杯子》等与杯子有关的绘本，鼓励幼儿自主阅读，并通过绘画的方式将自己的感受与想法记录下来。

五、项目课程网络图及解读

项目课程网络图见图 2-27。

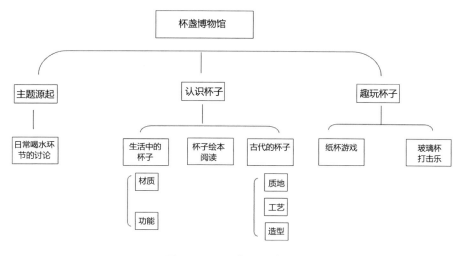

图 2-27　项目课程网络图

本次博物馆主题围绕幼儿对"杯子"的探究，主要分为"主题源起""认识杯子""趣玩杯子"三部分，随着幼儿对杯子认识的丰富，探索逐渐深入。首先，我们通过调查表的形式引导幼儿知道了杯子有玻璃杯、陶瓷杯、保温杯等不同的种类，激发了幼儿对探究杯子的兴趣。其次，在五大领域的主题活动中，幼儿给杯子添画做花、阅读与杯子有关的绘本等，感受到了杯子的有用和有趣。再次，幼儿通过了解杯子的发展历史，了解古代各种杯子的造型、材质、设计原理，感受古代劳动人民的智慧。最后，在幼儿与纸杯的游戏中，引发幼儿对环保的关注，让幼儿了解到了许多废旧纸杯、咖啡杯循环再利用的方法。本主题可根据幼儿现实生活中的问题、兴趣，灵活调整网络架构，关注幼儿新经验的获得，关注幼儿在探索杯子过程中的愉悦体验。

六、博物馆活动的实施

博物馆活动的实施见表 2-27。

表 2-27 博物馆活动的实施

活动类型		资源	活动	经验
日常生活		喝水记录表	喝了几杯水	记录每天喝水的杯数,知道多喝水对身体好
		牛奶、不锈钢杯	洗杯子	吃点心时能自主倒牛奶,了解洗干净杯子的正确方法
区域活动	美工区	轻泥、泥工板、颜料等	古代杯盏	尝试用盘、压、揉、捏等方式制作古代的杯子,并用颜料上色
		蓝色记号笔、白陶泥杯	青花瓷杯	尝试通过线描画的方式设计青花瓷杯的图案,体验青花图案的美
		纸杯、动物五官、胶水、吸管	动物纸杯	尝试通过剪纸、粘贴和绘画的方式,制作不同的动物纸杯
	科学区	陶瓷、不锈钢、玻璃、陶泥、塑料等不同材质的杯子	好玩的杯子	提供各种各样的杯子,引导幼儿看一看、摸一摸、敲一敲,比较不同杯子的材质并进行记录
		纸杯、绳子、剪刀、透明胶等	纸杯传声筒	利用纸杯制作传声筒,感受声音在纸杯中的传播
		玻璃杯、纸片、水	不漏水的倒立杯	通过玻璃杯装水倒立不洒的实验感受水的张力
	语言区	彩纸、蜡笔、绘本《杯子就是杯子吗?》等	杯子的故事	能逐页翻阅图书,能用图画方式记录自己对杯子的发现
		杯子的相关故事图片、表演道具	情境表演	通过角色扮演,复述故事中主要人物的对话
	益智区	纸杯、记号笔、操作卡、步骤图	纸杯排排队	能按照卡片的提示在对应位置放置相同点数的纸杯,培养点数对应能力
		动物图片、废旧牛奶杯	纸杯对对碰	找到相同的图案,提高观察力

续表

活动类型		资源	活动	经验
区域活动	生活区	蜡、颜料、干花、烛芯	香薰杯	尝试利用自然材料设计制作香薰杯
		各种不同造型、大小不一的瓶子和瓶盖	拧瓶盖	尝试给不同的瓶子找到对应的瓶盖,学会拧瓶盖的正确方法
	建构区	大小不同的纸杯等辅助材料	纸杯长城	了解架空的建构方法,认识瞭望台和城墙,尝试利用纸杯搭建长城
	表演区	服装、头饰、装有不同高度水的玻璃杯、图谱	叮叮当当的玻璃杯	能敲击玻璃杯发出不同的音调,敲敲打打,乐在其中
		塑料杯、图谱、节奏卡	杯子打击乐	能在音乐的伴奏下用杯子敲击,感受打节奏的乐趣
集体活动		塑料杯、纸杯、搪瓷杯、不锈钢杯、瓷杯、玻璃杯若干组	杯子展览会（科学）	知道杯子的共同特点,了解不同材料杯子的主要特点和应用,产生观察、发现、探索、创造的欲望和兴趣
		《打破杯子的鼠小弟》绘本、课件	打破杯子的鼠小弟（语言）	猜测和观察画面,了解故事情节,区分书中真实与猜想的内容;在阅读中,懂得做错了事,诚实和坦白才是最好的方法
		咕咚咕咚喝水站标牌、课件	喝了几杯水（健康）	在一日生活中能主动喝水,学习记录一天喝水的杯数
		绘本《小茶杯的环球航行》等	小茶杯的环球航行（语言）	认真看绘本,观察画面,理解绘本的主要内容;能用简单的话描述绘本的内容
		不同种类的杯子若干,辅助工具（如木筷、铁勺等,每个幼儿1个）,《小星星,亮晶晶》音乐	杯子响叮当（音乐）	感受敲击不同种类的杯子发出的声音;感受在音乐的伴奏下用杯子敲击出简单的节奏

续表

活动类型	资源	活动	经验
集体活动	大托盘、水壶、茶壶、茶杯、茶叶、图谱等	大茶壶小茶杯（语言）	能完整地朗诵儿歌，并了解泡茶的过程和茶具的功能；乐意用肢体动作表现大茶壶、小茶杯的样子
	幼儿操作用的纸杯、各种建筑图、纸杯造型图的PPT	纸杯叠叠乐（数学）	在做一做、玩一玩、说一说中总结叠高、叠稳纸杯的方法
	纸杯、画笔、各种表情图片	情绪纸杯（美术）	尝试在纸杯上画各种表情，做纸杯娃娃；体验制作纸杯娃娃的乐趣
	纸杯、蜡笔、课件、记号笔、筷子、彩纸等	七彩纸杯花（美术）	能尝试用剪刀将纸杯沿线剪开，并用涂色的方式装饰，感受美术活动的乐趣
	平衡木、乌龟壳、纸杯、水等	小熊运水（体育）	尝试在平衡木上保持平衡，发展身体的协调能力
	叠杯、音响	翻杯子（体育）	通过翻杯和游戏，锻炼手脚协调能力，发展专注力，提高游戏中与同伴协作的能力
	彩纸、蜡笔、废旧咖啡杯、剪刀等	果汁杯（美术）	用油画棒平涂和色纸粘贴的方法制作果汁杯；愿意用语言大胆表达自己的想法，体验美术创作的乐趣
其他活动	安全使用杯子的相关视频	安全使用杯子	观看视频，知晓不能用手触摸装有热水的杯子；陶瓷杯、玻璃杯打碎后不要用手捡，应请大人帮忙，将其扫进簸箕中

风筝满天飞

一、项目生发

"草长莺飞二月天,拂堤杨柳醉春烟。"在这春意盎然的时节,微风拂煦,阳光明媚,鸟语花香,最适宜放风筝。天空中经常有各式各样的风筝,它们的出现总是会吸引幼儿的目光。看到这些风筝,幼儿会凑在一起谈论:"风筝为什么会飞?""它们的下面怎么还有长长的线?""风筝是怎么飞得那么高的?""应该怎样制作风筝?"……

《幼儿园教育指导纲要(试行)》指出,要引导幼儿感受中国传统文化的魅力,激发幼儿爱家乡、爱祖国的情感。《学习与发展指南》也提出,我们要经常带幼儿接触大自然,激发其好奇心和探究欲,支持幼儿在接触自然时增加直接经验和感性认识。风筝是幼儿在日常生活中比较常见的事物,风筝以其优美的造型、鲜艳的色泽、在空中盘旋的身姿,吸引着幼儿。

面对幼儿对风筝的浓厚兴趣,针对他们提出的问题和观察到的现象,我们从幼儿对风筝的兴趣点入手,结合中班幼儿的年龄特点和认知经验,开始一场特别的风筝之旅,让幼儿相互交流自己的探索与发现,加深幼儿对风筝的认识,使其感受中国传统文化的魅力。

二、项目价值

著名教育家陈鹤琴先生说,儿童的世界是儿童自己去探索去发现的,他们自己所求来的知识才是真知识,他们自己所发现的世界才是真世界。幼儿被风筝深深吸引。结合幼儿的兴趣,我们抓住了教育契机,深入挖掘风筝的教育价值。

1. 激发幼儿的好奇心和探究欲望

《幼儿园教育指导纲要(试行)》提到,幼儿园教育应该根据幼儿的兴趣组织活动。风筝的形态各异、色彩斑斓,深受幼儿的喜爱。在风筝主题博物馆中,幼儿可以近距离观察各种风筝,了解它们的制作工艺、历史背景和文化内涵。这些丰富多彩的展品无疑会激发幼儿的好奇心,促使他们主动提问、积极寻找答案,从而培养他们的探究欲望。

2. 创设多彩游戏，促进幼儿发展

《学习与发展指南》指出，幼儿的学习是以直接经验为基础，在游戏和日常生活中进行的。可以根据主题活动设计一些游戏活动，有目的地投放，并及时增减活动材料，满足幼儿游戏的需要，进一步拓展幼儿的经验。幼儿对风筝的兴趣浓厚，可将幼儿在主题活动中的兴趣延伸到角色游戏中。如在角色游戏中，幼儿打算开一家风筝手工坊。他们准备了很多提前制作好的成品风筝及半成品风筝，边做边卖，同时也鼓励其他幼儿共同商讨游戏的多种玩法，如开展促销活动。幼儿在售卖的同时也教给小顾客自制风筝的方法，游戏形式多样而新颖，这样将主题活动与角色游戏相融合，幼儿的活动经验会在游戏中得到延伸。

三、项目关键经验

（1）了解风筝的多种样式，通过多种形式了解有关风筝的知识和风筝节的来历，了解风筝的多种造型和不同特点，初步赏析它的色彩、图案等，愿意与同伴交流自己的发现。

（2）能用语言、动作说明对风筝的认识，讲述自己放风筝的经历，大胆与同伴交流，分享自己的发现。

（3）在成人的帮助下，体验放风筝的乐趣，对放风筝感兴趣，喜欢与同伴交流有关风筝的知识，感受中国传统文化的魅力，萌发热爱大自然的情怀。

（4）能按音乐的节奏做动作，尝试用剪、贴、画等多种形式感知和表现风筝的美丽。

四、环境创设

（一）可利用的资源

1. 自然资源

收集麦秆、树枝、木棍等可以制作风筝骨架的材料。利用丰富的自然资源感受风筝的多样性和可操作性，体验制作风筝的快乐。

2. 社会资源

寻找幼儿园、社区、公园周边等可以放风筝的场地，分析适合放风筝的场地及天气等，综合考虑各种安全因素，拓展幼儿放风筝的资源，和幼儿一起亲近自然，感受放风筝的乐趣。

3. 网络资源

利用网络平台（诸如小红书等）收集各种有关风筝的绘本故事、图

片、科普视频、儿歌等素材,供幼儿阅读、倾听,进一步拓展幼儿对风筝的认知,激发幼儿对风筝的兴趣,满足幼儿的活动需求。

4. 家长资源

充分借助家长的力量,合理利用家长资源。在和幼儿讨论完风筝的话题后,我们将话题内容做成一张调查表,鼓励家长和幼儿通过查阅资料一起观察和了解风筝。他们还可以利用周末时间,带幼儿去户外放风筝,体验放风筝的乐趣。

(二) 建议创设的博物馆环境

1. 陈列区

(1) 创设"风筝陈列柜"。将幼儿收集来的各种风筝及亲子手工制作的风筝作品展示并陈列出来,摆放展架、iPad。幼儿可以扫二维码了解相关风筝的名称、分类、用途,拓展对风筝的认知,激发对风筝的兴趣。

(2) 布置"风筝满天飞"主题墙。利用墙面,展示幼儿收集到的不同种类的风筝图片或照片,以及关于风筝用途的历史变迁等,让幼儿能够说一说、看一看、想一想,探索风筝飞上天的奥秘。

2. 体验区

(1) 开设"风筝手工坊"。幼儿化身风筝手艺人,利用收集到的材料,如麦秆、树枝、筷子、彩纸、布、鱼线等制作并装饰风筝,通过动手操作进一步了解风筝的构成,体验制作风筝的快乐。

(2) 开设"风筝馆"。利用桌面和网格架的空间,展示幼儿收集到的、制作的各种风筝成品,如在网格架上悬挂大型的、造型奇特的、立体的风筝,在桌面上摆放较平面的、小一些的风筝,激发幼儿的想象力与创造力。同时还可以融合角色游戏,开展风筝售卖活动。

(3) 开设"童年'筝'好"图书馆。投放《遥遥的风筝》《乘着风筝去旅行》等绘本,同时放置绘本故事二维码,利用iPad等设备引导幼儿扫码自主阅读。在此过程中,幼儿的语言表达和逻辑思维能力得到了锻炼。

五、项目课程网络图及解读

项目课程网络图见图2-28。

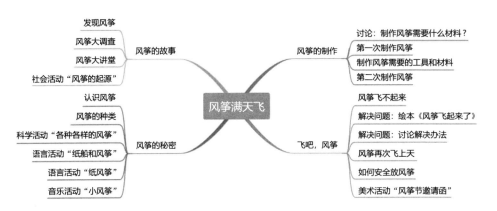

图 2-28　项目课程网络图

本次博物主题围绕幼儿对"风筝"的探究与体验，主要包含四个分支："风筝的故事""风筝的秘密""风筝的制作""飞吧，风筝"。每个分支都指向幼儿可获得的关于风筝的不同经验：了解风筝的起源，知道风筝的结构，体验制作风筝的乐趣，尝试放飞风筝。幼儿对天上飞的各种各样的风筝有着浓厚的兴趣，在讨论过程中，大家发现了风筝种类繁多，颜色和造型各异。通过多媒体资源，幼儿欣赏了各种各样的风筝，感知了各种风筝的外观、结构的不同之处与相似之处，对风筝的五大种类有了直观的了解，满足了好奇心并充实了前期经验。

在观察与交流中，幼儿发现了风筝的秘密，不仅知道了风筝的来源，还知道了有不同种类的风筝。有的风筝很长，一节一节的；有的风筝翅膀是硬的，有的风筝翅膀是软的……通过收集资料，我们发现这几种类型的风筝都有自己的名字，如串式风筝等。

《学习与发展指南》指出，教师是幼儿学习活动的支持者、合作者和引导者。从初步的集体讨论风筝设计和预设制作步骤，到小组合作共同制作风筝，通过不同的放飞经历，幼儿在教师的引导下通过直接感知、亲身体验和实际操作进行探究，逐步明确风筝起飞必备的条件，在这一过程中不断发现新问题，总结新经验，在多次尝试中体验到了成功的快乐。

六、博物馆活动的实施

博物馆活动的实施见表 2-28。

表 2-28 博物馆活动的实施

活动类型		资源	活动	经验
日常生活		社区、公园空旷的可以放风筝的场地	风筝飞上天	在园外和父母尝试放风筝，体验放风筝时的快乐
		麦秆、树枝、木棒等生活中的自然材料	自制风筝	知道自制风筝需要哪些材料，主动收集生活中的常见自然材料
区域活动	美工区	彩泥、筷子、树枝、布料、彩纸	我是风筝设计师	用筷子、树枝等先搭出风筝骨架，再制作风筝，然后用绘画等形式装饰风筝
		塑料袋、竹签、胶带	我的小翅膀	了解风筝的制作材料，用剪贴的技能将塑料袋做成翅膀
	科学区	不同材质、不同形态的风筝	各种各样的风筝	通过观察、触摸，比较不同风筝的材质并记录
		竹蜻蜓材料	竹蜻蜓	观察和了解竹蜻蜓的外形特征，尝试让竹蜻蜓飞起来的方法
		风筝骨架、风筝面、线轴、半成品材料、形状不同的成品风筝、记录表	会飞的风筝	探索风筝飞翔的原理，利用不同材料制作风筝并进行实验
	语言区	绘本《放风筝》	放风筝	用较完整的语言讲述放风筝时的情景，体会放风筝时的快乐
		绘本《遥遥的风筝》、手偶	遥遥的风筝	阅读绘本故事，运用手偶和简单的语言表演故事，感受绘本中遥遥拥有风筝时的快乐
	益智区	七巧板	风筝七巧板	尝试用七巧板创作出风筝的不同造型，感受拼搭风筝的快乐
	生活区	放风筝的照片	会飞的风筝	和同伴分享自己放风筝的经验，记录怎样可以成功放飞风筝

续表

活动类型		资源	活动	经验
区域活动	建构区	各种形状的积木、彩带、流苏等辅助材料	美丽的风筝	用拼插、围合、平铺、垒高、对称的建筑方法，搭建美丽的风筝
	表演区	音乐《风筝和小鸟》、铃鼓、铃铛等	风筝和小鸟	能按照音乐的节奏做动作，自由表现放风筝时快乐的样子，根据角色创编不同的造型
		音乐《小风筝爱旅游》，图谱，铃鼓、圆舞板、三角铁等打击乐器	小风筝爱旅游	能根据图谱的提示进行演奏，根据节奏的变化感受音乐的变化
集体活动		幼儿有做风筝、放风筝的经验和音乐乐谱	放风筝（音乐）	感受 A 音乐欢快、B 音乐悠扬的特点，表现做风筝、放风筝时的快乐
		《纸船和风筝》绘本、课件、风筝和纸船各 1 只、音频	纸船和风筝（语言）	纸船和风筝让小松鼠和小熊成为好朋友；通过故事感受朋友之间的友谊
		PPT、纸偶	纸风筝（语言）	能有感情地朗诵儿歌，表现纸风筝的特征和诗歌的趣味性，通过学习儿歌知道风筝是靠风飞到天上的
		彩纸、画笔、装饰材料	风筝节邀请函（美术）	通过绘画、拼贴等美术技能制作风筝节的邀请函；了解邀请函的用处
		课件、音乐、各种风筝的展览、风筝轮廓画若干	各种各样的风筝（科学）	欣赏各种各样的风筝，感知风筝的特征，能用较完整的语言与同伴交流和分享
		风筝若干、拱门、小椅子、框、爬行垫	小猴取风筝（体育）	能协调地手脚着地屈膝爬等，有秩序地游戏
		PPT、音乐、风筝若干	风筝的起源（社会）	了解风筝的起源，感受中国民间艺术的魅力，增强民族自豪感

续表

活动类型	资源	活动	经验
集体活动	半成品空白风筝、风筝图片、画笔、颜料	"筝"藏心愿（社会）	初步了解风筝是中国民间手工艺品，风筝上的图案表达了人们的美好愿望与期待
其他活动	放风筝的视频	放风筝的注意事项	了解放风筝的注意事项，知道风筝线容易割伤他人，放风筝时要远离高压线

"波点畅想曲"——波点博物馆营业啦

一、项目生发

波点博物主题缘起于一次偶发的教育契机，有一次，庄荟凝看着操作材料一个个圆圆的小圈，又看到付昱晗身上的衣服上也有圆圆的小圈，对付昱晗说："这个小圈和你身上的是一样的。"付昱晗说："这是波点。"旁边的孩子也过来看，孩子们对波点非常感兴趣，于是我们生成了本次的博物主题，让孩子们一起探寻波点的奥秘。

二、项目价值

《评估指南》提到，要善于发现各种偶发的教育契机，能抓住活动中幼儿感兴趣或有意义的问题和情境，能识别幼儿以新的方式主动学习，及时给予有效支持。确定了本次博物主题，孩子们开始了寻"点"之旅，在幼儿园、家、社区中寻找波点的印记，在寻找波点的活动中，感受由各种波点及其变化所带来的惊喜。我们让孩子们多感官地去感受日本艺术家草间弥生的艺术形式，进而让孩子们用自己的语言来表达感情，感受波点在生活中的运用，发现波点大小、组合形式的异同。孩子们将用各种方式与波点打招呼，和波点做朋友，欣赏波点呈现的艺术美。

我们向孩子们介绍了几位著名的波点画家，如日本艺术家草间弥生。我们向孩子们展示了这些画家作品中的波点元素，并引导孩子们用自己的话来描述这些作品给他们带来的感受。孩子们开心地分享了自己对波点画的理解和感受，他们觉得波点画给人一种欢乐、热闹的感觉。在了解了波点的定义和波点画家的作品后，我们开始带领孩子们创作属于自己的波点作品。首先，我们提供了各种不同形状和颜色的波点贴纸，让孩子们自由地选取并贴在自己喜欢的位置上。有的孩子用贴纸创作出了一双大眼睛，有的孩子创作出了一朵五彩斑斓的花朵，还有的孩子创作出了一只可爱的小动物。孩子们充分展示了自己的创造力和想象力，创作出了独一无二的作品。在创作过程中，我们注意到孩子们对颜色、形状和位置的选择有所不同。有的孩子偏爱明亮的颜色，有的孩子喜欢将波点贴纸排列成规律的图案……我们对每个孩子的作品都给予了充分的肯定，让他们理解到了每个人的创作都是独特而有价值的。

从孩子们的反应中我们看出了孩子们对波点的感受力变得更强了，他们能更深层次地了解波点的变化。当然在这一课程中也存在着不足，如在区角中我们还应大胆投放各种波点游戏，让孩子们在探索过程中获得更多；当孩子们展示作品时，我们应及时将孩子们的介绍及对波点的认识记录下来。另外，我们还应及时关注孩子们，捕捉孩子们的兴趣点，并生成新的活动，从而更深层次地挖掘有价值的教育资源。

三、项目关键经验

（1）感受作品中由不同色彩、大小的波点元素构成的点线面。

（2）欣赏大自然中由波点元素构成的美。

（3）尝试用饱满的构图、大胆的想象，与周围事物结合，创造属于自己的梦幻波点世界。

（4）了解波点的美妙及其运用，知道波点如何装饰物体，利用波点排列组合构成形状。

（5）了解和认识日本艺术家草间弥生，欣赏她的作品，了解她的绘画特点。

（6）观察日本艺术家草间弥生的艺术风格和绘画元素，发现生活中独特的美。

四、环境创设

（一）可利用的资源

1. 社会资源

寻找幼儿园、社区、家中带有波点的物品，感受波点的乐趣。

2. 网络资源

利用网络收集各种有关波点的绘本故事、图片、科普视频、儿歌等素材，供幼儿阅读、倾听，进一步拓展幼儿对波点的认知，激发幼儿对波点的兴趣，满足幼儿的活动需求。

3. 家长资源

充分借助家长的力量，合理利用家长资源，请家长与幼儿共同收集与波点有关的图片等，帮助幼儿在家寻找各种波点并记录，请家长和幼儿共同完成"波点畅想曲"调查表。

(二) 建议创设的博物馆环境

我们创设环境的时候，注重幼儿的参与，以幼儿为主体进行创设。在一次讨论活动中，幼儿对波点产生了浓厚的兴趣，于是我们和幼儿一起开始了寻波点之旅。前期幼儿在家、幼儿园中一起收集了生活中带有波点的物品，例如，波点裙子、波点发夹等。幼儿和家长也一起制作了"波点主题"调查表。

1. 陈列区

在陈列区我们欣赏了日本艺术家草间弥生笔下的点点经过不同排列和组合产生多元变化的波点画，幼儿在感知的基础上，与我们共同打造一个奇妙的波点世界。陈列区展示了各种各样的波点亲子作品，也呈现了绘画波点的技巧，幼儿在这里可以欣赏、交流和讨论。陈列区呈现了多样的波点物品，这些带波点的物品在生活中具有实用性，例如，洞洞鞋上的波点可以透气，漏勺篮上的波点可以沥水，等等。

2. 体验区

幼儿可以在体验区体验和探索，这里有我们创作的可以增强幼儿记忆力和专注力的波点棋，体验区还提供了半成品材料（各种白色的瓶罐），幼儿可以利用颜料涂色，创作属于自己的波点作品。

五、项目课程网络图及解读

项目课程网络图见图 2-29。

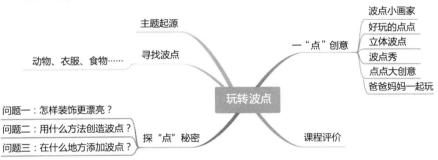

图 2-29 项目课程网络图

本次博物主题围绕幼儿对波点的探究与体验，主要包含五个分支："主题起源""寻找波点""探'点'秘密""一'点'创意""课程评价"。每个分支都指向幼儿可获得的关于波点的不同经验：感知波点的存在，知道波点在生活中的用途，感受波点的魅力。在"波点畅想曲"这一主题中，我们开展了各种有趣的活动，利用日常生活和周围环境，引导幼儿寻找身边的波点，用不同的方式认识波点。

通过这个主题，我们带领幼儿进入了一个充满创造力和想象力的艺术世界。我们引导幼儿观察周围的世界，发现并了解波点这种特殊的图案。我们带领幼儿一起触摸并体验波点的魅力，在捏泥巴时用手指在表面捏出波点，用沾满颜料的海绵蘸在纸上，还用不同颜色的黏土做成波点形状。通过这些亲身实践，幼儿逐渐理解了波点的概念和形态。

六、博物馆活动的实施

博物馆活动的实施见表 2-29。

表 2-29 博物馆活动的实施

活动类型		资源	活动	经验
日常生活		社区、家、幼儿园	寻找波点	在幼儿园园内外，和教师、父母寻找波点，并进行记录和分享，进一步探索波点的奥秘
		社区、家、幼儿园	波点妙用	寻找利用波点制成的物品，如防滑垫等
区域活动	美工区	轻黏土、泥工板、小花模具	波点小花	尝试用轻黏土、模具等材料进行波点小花的制作
		彩纸、剪刀	波点画	尝试通过剪一剪小圆，对画面进行波点装饰
		记号笔、彩纸	波点南瓜	尝试画一画波点南瓜，感受波点的魅力
	科学区	波点滤镜	彩色波点滤镜	提供彩色滤镜，引导幼儿观察在滤镜下看到的东西在颜色上有什么变化
		容器、水、小石头、记录表	神奇的波点	通过在小水池里投放小石头，观察水面产生的波点并进行记录

续表

活动类型		资源	活动	经验
区域活动	语言区	《草间弥生的波点世界》等绘本	《草间弥生的波点世界》	能逐页翻阅图书
		彩纸、蜡笔、波点绘本的相关故事图片	波点故事	通过阅读波点书本,能用图画方式记录自己对波点的发现
	益智区	波点的迷宫底版	蚯蚓走迷宫	能进行波点迷宫游戏,能用不同的办法走出迷宫
		波点拼图	波点拼拼乐	能通过拼一拼配对的方式完成波点拼图
	生活区	波点珠子	波点串珠子	利用绳子串波点珠子
		波点衣服	波点衣服秀	给带有波点的衣服扣上扣子
	建构区	各种形状的积木、波点砖块	波点派对	尝试用平铺、架空、垒高的方式进行施工
	表演区	音乐《波点跳跳》、铃鼓、铃铛等	波点跳跳	能选择自己喜欢的乐器、服装进行小波点人扮演,敲敲打打,乐在其中
集体活动		彩纸、蜡笔、记号笔、剪刀	波点乐园(美术)	欣赏日本艺术家草间弥生的作品,感受圆点间的疏密关系,通过绘画大胆地表达自己的理解;尝试均匀、有规律地画出大小不同的圆点去装饰物品
		彩纸、蜡笔、记号笔、剪刀	奇妙的波点(美术)	能用各种大小、颜色不同的圆形和图案,将蜗牛的家装饰得丰富多彩;丰富幼儿的色彩感,让幼儿初步了解各种色彩的美
		各种大小的波点、PPT、音乐、大小指令牌、手偶	波点跳跳(律动)	根据故事情境,随着音乐的节奏做动作,在过程中快速反应,做变大和变小的动作

续表

活动类型	资源	活动	经验
集体活动	《草间弥生的波点世界》绘本	《草间弥生的波点世界》（语言）	通过阅读书本，了解圆点的排列组合，对绚丽颜色的碰撞感兴趣
	轻黏土、圆形贴纸	波点花朵（美术）	通过轻黏土制作花瓣，利用圆形贴纸进行装饰
	《点点点》绘本	点点点（语言）	通过按压、触摸、倾斜、摇晃等操作，认识点点颜色的变化、排列组合的变化
	自制波点娃娃1个、音乐《波点娃娃》乐谱	波点娃娃（音乐）	感受、熟悉音乐的旋律，学做动作，大胆改编
	绘本PPT、透明魔法袋、红黄蓝三色点点	魔法点点（科学）	在动作指令的操作中，感知点的数量、颜色、排序、方位、大小等变化
	各种大小的波点、PPT、音乐、大小指令牌、手偶	波点派对（音乐）	根据不同的指令变化，创造性地用五官或者身体表现变大和变小、变高和变矮的样子
	轻黏土、泥工板、彩纸	波点蔬菜（美术）	通过分享、认识蔬菜，画出南瓜、胡萝卜和茄子的简单外形，欣赏波点系列作品，感受波点艺术作品的特色，掌握用黏土揉圆点的技巧
	踩点活动区域的划定：可以使用彩色地垫、标志物等	踩点点（体育）	熟练掌握跳、踢等基本动作，提高协调能力和灵活性
	乐谱、音乐	波点世界（音乐）	通过了解四分音符和八分音符的节奏，并进行创编，与同伴合作完成波点世界的歌曲
其他活动	带领幼儿寻找生活中的波点	寻点探秘	观察幼儿园及周边环境中有波点的物品，知道我们的生活中处处有波点

传承苏韵，走进丝绸

一、项目生发

丝绸文化是我国传统文化之一，学习丝绸文化有利于增加对中国传统文化的了解，进一步增强民族荣誉感。又到了小满养蚕的时节，一天清晨，丁嘉航和其他幼儿分享了自己家里养了蚕宝宝，小朋友们都围在一起听，都说要回家养蚕宝宝，于是就开启了中八班的养蚕之旅。过了一段时间，丁嘉航带来了一个秘密："我的蚕宝宝一晚上就变成了一个个白白的圆球，太神奇了！"于是，我们对蚕茧展开了讨论与调查，"为什么变成茧？""白白的茧摸上去毛毛的，是什么呢？茧可以用来干什么？"我们的丝绸课程也随之开展了。

二、项目价值

《评估指南》提到，要善于发现各种偶发的教育契机，能抓住活动中幼儿感兴趣或有意义的问题和情境，能识别幼儿以新的方式主动学习，及时给予有效支持。本活动从幼儿对蚕宝宝的兴趣出发，幼儿通过各类有关绘本了解丝绸。在初识丝绸的活动中，幼儿参观了苏州丝绸博物馆。这不仅可以让幼儿近距离接触丝绸制品，了解丝绸的制作工艺和历史背景，还可以通过亲身体验丝绸的生产过程，培养动手能力和创新思维能力。

在幼儿阶段，孩子们好奇心强，喜欢探索未知的世界。传统的课堂教学往往难以满足他们的学习需求。而沉浸式场馆教学正是针对这一问题提出的解决方案。它将课堂延伸到博物馆、图书馆、科技馆等具有丰富教育资源的场所，让幼儿在亲身体验和实践中感受知识的魅力，激发他们的学习兴趣。

三、项目关键经验

（1）了解中国丝绸工艺的制作过程，以及养蚕与制作丝织品是古代盛泽人民的基本劳作手段。

（2）了解丝绸之路的历史，通过了解海上丝绸之路和陆上丝绸之路，感受丝绸之路的蜿蜒曲折。

（3）了解丝绸之路所沿线国家的文化，通过观察这些国家的特色建筑，培养观察能力。

（4）喜欢丝绸并向小伙伴宣传中国的丝绸文化。

（5）欣赏丝绸制品，发现丝绸的美，拥有展示丝绸服饰的美好愿望。

四、环境创设

(一) 可利用的资源

1. 社会资源

参观苏州丝绸博物馆，幼儿在亲身体验和实践中感受丝绸的魅力。

2. 网络资源

利用网络收集各种有关丝绸的绘本故事、图片、科普视频、儿歌等素材，供幼儿阅读、倾听，进一步拓展幼儿对丝绸的认知，激发幼儿对丝绸的兴趣，满足幼儿的活动需求。

3. 家长资源

充分借助家长的力量，合理利用家长资源，请家长与幼儿共同收集与丝绸有关的物品，记录并拍摄幼儿饲养蚕宝宝的过程，请家长和幼儿共同完成"传承苏韵，走进丝绸博物馆"调查表。

(二) 建议创设的博物馆环境

1. 陈列区

（1）创设"丝绸制品陈列区"。该区摆放了许多有关丝绸的包包、服饰、扇子等，供幼儿看一看、说一说，让幼儿欣赏丝绸制品的美，萌发对丝绸的兴趣。

（2）布置"丝绸历史墙"。丝绸的历史源远流长，幼儿通过扫二维码了解丝绸之路，通过丝绸了解我国古代那段辉煌的历史。

2. 体验区

在体验区，幼儿可以通过操作体验缫丝、纺线、织布等进一步了解丝绸，体验生产丝绸带来的乐趣。同时，我们投放了各种有关丝绸的材料，供幼儿自由体验。

五、项目课程网络图及解读

项目课程网络图见图 2-30。

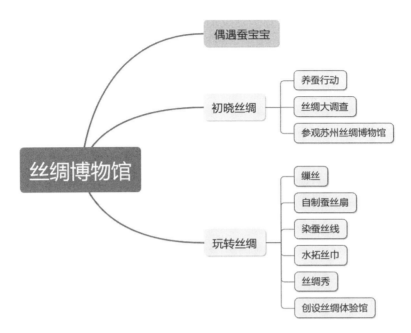

图 2-30　项目课程网络图

本次博物主题围绕幼儿对丝绸的探究与体验，主要包含三个分支："偶遇蚕宝宝""初晓丝绸""玩转丝绸"。每个分支都指向幼儿可获得的关于丝绸的不同经验：了解丝绸的由来及历史，体验玩丝绸的乐趣。在"传承苏韵，走进丝绸"这一主题中，我们开展了各种有趣的活动，利用日常生活和周围环境，引导幼儿寻找身边的丝绸，用不同的方式认识丝绸。

通过这个主题，我们带领幼儿进入丝绸的世界，让幼儿在游戏中了解丝绸文化与丝绸之路。首先，幼儿通过养蚕，了解蚕宝宝的习性和外貌等。随着蚕宝宝一天天地长大，幼儿记录着蚕宝宝的外部形态变化。蚕成茧时，幼儿以多种形式记录下来，有视频、照片等形式。幼儿在日常生活中讨论和分享自己喂养蚕宝宝的情况。通过收集资料、参观苏州丝绸博物馆、翻阅书籍等多种形式，幼儿收集到许多关于丝绸的信息，我们集中讨论。在活动中，幼儿可以通过丝绸生产和丝绸文化知识的学习，感受到丝绸文化的魅力，培养对中国传统文化的兴趣。

丝绸文化涉及了科学探索、传统艺术、繁育养殖等，幼儿通过直接感知、亲身体验与实际操作的方式去感受丰富的丝绸文化。当然这一课程也存在着不足，例如，我们还可以大胆投放各种丝绸游戏，让幼儿在探索过程中获得更多；幼儿展示作品时，我们应及时将幼儿的介绍及其对丝绸的认识记录下来，作为活动的资料进行展示，供幼儿观赏和欣赏。另外，我们还应及时关注幼儿，捕捉幼儿的兴趣点，并生成新的活动，从而更深层次地挖掘有价值的教育资源。

六、博物馆活动的实施

博物馆活动的实施见表 2-30。

表 2-30 博物馆活动的实施

活动类型		资源	活动	经验
日常生活		家	养蚕行动	在家里饲养蚕宝宝，并进行记录和分享。通过日常的悉心照料，直观了解蚕宝宝的生长过程；同时培养爱心、耐心和责任心
		家、苏州丝绸博物馆	参观苏州丝绸博物馆	前往参观苏州丝绸博物馆，将所见所闻拍照记录，回家后和父母一起将其记录在调查表中
区域活动	美工区	丝巾、水拓颜料、梳子、木棍等	水拓丝巾	尝试用丝巾、水拓颜料、梳子、木棍等材料制作美丽的丝巾
		轻泥、颜料、素描纸	可爱的蚕宝宝	尝试通过揉一揉、贴一贴、撕一撕等方法，制作美丽的蚕宝宝
		扎染颜料、橡皮筋、破旧的丝绸服饰	扎染丝绸	通过扎染的方式，将破旧的丝绸服饰进行废物利用，制作成美丽的丝绸服饰
	科学区	蚕的各阶段生长过程图	蚕的一生	通过给蚕的生长过程排序，进一步了解蚕的一生
		颜料、水、杯子、蚕丝线	染蚕丝线	记录染蚕丝线的过程及结果，并从中发现颜色的秘密
	语言区	《神奇的丝绸》《蚕的日记》等书	丝绸世界	能逐页翻阅图书
		彩纸、蜡笔、丝绸绘本中的相关故事图片	丝绸故事	通过阅读丝绸书本，能用图画方式记录自己对丝绸的发现

续表

活动类型		资源	活动	经验
区域活动	益智区	蚕丝迷宫	蚕宝宝成茧	沿着蚕丝走,直至将蚕宝宝带到茧中
		丝绸拼图	丝绸拼拼乐	能通过拼一拼配对的方式完成丝绸拼图
	生活区	缫丝工具、蚕丝扇材料包、装饰材料	蚕丝扇	利用多方向转动扇子的方式,体验蚕丝扇的制作工艺
		缫丝工具、水、蚕茧	缫丝	亲身体验蚕丝的制作工艺
	建构区	各种形状的积木、丝巾	丝绸博物馆	尝试用平铺、架空、垒高的方式进行施工
	表演区	音乐《走秀曲》、丝绸演出服	丝绸秀	能自信、大胆地通过走秀的方式,展示自己的丝绸服饰
集体活动		蚕的生长过程图片、绘本	神奇的蚕（语言）	进一步了解蚕的生长、变化过程;了解蚕的外形特征、生活习性及在人们生产、生活中的作用
		宽50厘米的绸子（每个幼儿1块）,用红绸布做的爬、跳、钻的教具1个,放松音乐	好玩的彩绸（体育）	尝试彩绸的不同玩法,发展侧身钻、单双脚跳、手膝着地爬和躲闪跑等基本动作;与同伴合作开展游戏,体验彩绸游戏的乐趣
		自制课件《多彩的丝巾》、印染漂亮的丝巾图片、大小适宜的正方形白色手帕、多种颜料	漂亮的丝巾（美术）	掌握印染的基本方法,能用角对角、边对边的方法折叠丝巾进行印染;能大胆尝试用不同的颜色和方法进行印染;感受图案和色彩的美
		三角形的丝巾每人一块、装饰用的即时贴小花若干	设计丝巾（数学）	能按物体的颜色或形状等某一特征进行间隔排序;能大胆讲述操作活动的过程和结果;能通过操作活动体验成功的快乐

续表

活动类型	资源	活动	经验
集体活动	一个蚕茧，一杯热水，小苏打，小竹条，几种绕丝的工具（纸筒、缠线板等、丝巾1条），几种缫丝的工具	丝绸的由来（科学）	知道真丝织物与蚕丝的关系；知道缫丝的简单步骤，学习缫丝的基本方法，探索一根丝的长度
	各种丝绸碎料、幼儿自带纱巾或绸巾1条	蚕丝真美丽（社会）	感知丝绸的特性（轻柔、飘逸、薄、滑、透气），并知道它的制作原料及用途；知道丝绸是中国的特产，了解丝绸纺织技术的进步与变化
	画盘、水拓丝巾专用颜料、画液、画针、A4纸、毛巾、围裙	水拓丝巾（美术）	初步学习水拓丝巾的基本制作方法，大胆尝试创作水拓丝巾；了解水拓丝巾这一艺术形式，体验创意的新奇和创作的成功感
	各种丝巾，画框，各种坚果壳、贝壳、干花等	多变的丝巾（美术）	在联想组合的过程中，体验想象和创造的乐趣；能根据丝巾多变的造型，大胆使用辅助材料进行联想组合
	勾线笔、白纸、积木	神奇的丝绸之路（综合）	尝试将丝绸之路的几个重要地点画出并进行搭建；运用建构的方式再现丝绸之路
	废旧的丝绸服饰、装饰品、颜料、橡皮筋、画笔	小小服装设计师（美术）	通过扎染、彩绘等方式，将废旧的丝绸服饰设计成美丽的服饰，培养幼儿创造美的能力
其他活动	带领幼儿寻找生活中的丝绸	丝绸寻秘	观察幼儿园和周边环境的丝绸制品，知道在我们的生活中丝绸还有许多其他的用途

一花一世界

一、项目生发

春天到了，万物复苏，满园花开。在一次的午间饭后散步活动中，我偶然听到了孩子们的对话：

"欣欣，你看，这朵花红红的，那朵花又是紫紫的，世界上有多少种花呀？"

"我觉得世界上的花有一百多万种，而且每一种都长得不一样。"

"我妈妈最喜欢花了，她喜欢在家里种植不同的花，我知道很多花的名字！"

在孩子们对花的一声声赞美之中，我感受到了孩子们对花朵的喜爱，于是萌发了用"花朵"作为这一次的博物课程主题的想法。

二、项目价值

《幼儿园教育指导纲要（试行）》指出，幼儿应能对周围事物、现象感兴趣，有好奇心和求知欲；运用各种感官，动手动脑，探究问题；爱护动植物，亲近大自然。而幼儿喜欢观察和比较，教师应让幼儿学会对事物和现象进行观察和比较，发现其相同之处与不同之处。

我们看到许多有趣的画面，幼儿用眼睛看，用鼻子闻，用手摸。翊翊说："红叶李有五片花瓣，桃花也有五片花瓣。"轩轩说："红叶李的花瓣是白色的，桃花的颜色是淡淡的粉色，和白色很像。"葭葭说："桃花的叶子是绿色的，红叶李的叶子是红色的"。森森说："桃花的花瓣大，红叶李的花瓣小。"

在幼儿与自然的互动中，我们看到了幼儿对自然万物迸发的好奇心和热情。

三、项目关键经验

（1）认识花的特征，知道花的绽放过程。

（2）培养热爱大自然的情感。

（3）知道花草树木是我们的好朋友，要爱护它们。初步树立爱护花草的观念。

（4）对科学小实验感兴趣，乐于观察和谈论实验中纸花发生的变化。

（5）能根据画面理解童话故事，体会童话故事中的美好情感。

（6）运用搓、团圆、压扁等技能组合表现平面的花。

四、环境创设

（一）可利用的资源

1. 自然资源

充分挖掘幼儿园中的自然资源，引导幼儿观察各种各样的花，通过摸一摸、看一看、闻一闻，调动各种感官，直观地感受不同的花朵。

2. 社会资源

组织幼儿去附近的公园里寻找一些不一样的花朵，并且用素描、拍照的形式进行记录。

3. 网络资源

利用网络收集各种有关泥的绘本故事、图片、科普视频、儿歌等素材，供幼儿阅读、倾听，进一步拓展幼儿对花的认知。

4. 家长资源

充分利用家长资源，鼓励家长和幼儿一起出去寻找美丽的花朵，并用花朵泡花茶、制作花朵书签等。

（二）建议创设的博物馆环境

1. 陈列区

创设"花朵博物馆"。将幼儿制作的仿真花和真花错落展示，同时放置相关花朵的介绍，引导幼儿看一看花朵的科普知识。

2. 体验区

在阅读区探索花朵的秘密，在生活区泡一泡好喝的花茶，在美工区通过观察万花筒感受花朵世界的美好，在科学区通过花朵染色实验来观察花朵是否能够被染色，在涂鸦区将美丽的花朵画在墙面上……

五、项目课程网络图及解读

项目课程网络图见图 2-31。

第二部分　博物课程实践路径指引

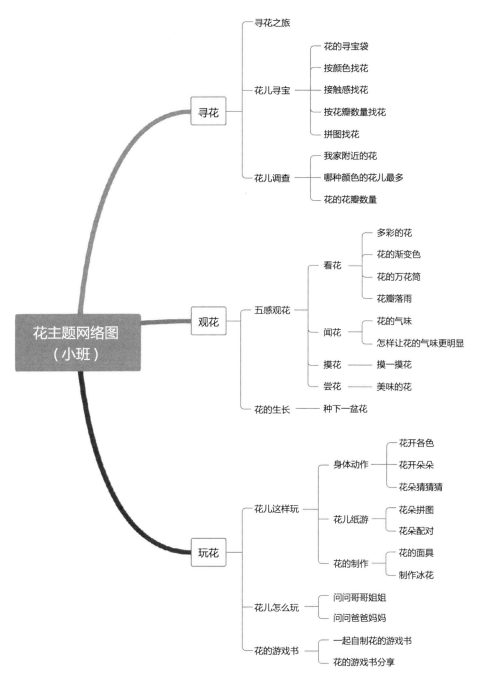

图 2-31　项目课程网络图

与花朵游戏，可以从寻找和发现身边的花开始，然后充分地应用自己的各种感官去感知花的颜色、形状等。带着收纳工具，收集掉落的花朵或花瓣，将它们当作玩具，开启"玩花"之旅。

从整体上认识花，对花的观察不再是目的，而是方法和手段。尝试用花来进行各种制作或创作，让花真正融入幼儿的生活。

六、博物馆活动的实施

博物馆活动的实施见表2-31。

表 2-31　博物馆活动的实施

活动类型		资源	活动	经验
日常生活		公园、幼儿园	寻找花朵，与花朵做游戏，将花朵拍下来	仔细观察花朵，并感受花朵的多样性
		自然角	在班级浇花、挖土并进行记录	通过照顾花朵感受种植植物的快乐和生命的变化
区域活动	美工区	纸巾、泡沫板、马克笔、喷水壶等	纸巾小花	尝试用纸巾、喷水壶制作小花
		不同颜色的颜料、泡沫纸、颜料刷	美丽的绣球花	尝试通过刷一刷、按一按进行拓印
	科学区	白色花朵、试管、色素	花朵染色实验	通过将花朵放在不同的色素试管里，观察花朵是否会染色
		各种材料的纸、水	开花了	了解纸有吸水性的特点，感知不同材质纸的吸水性的不同
	语言区	绘本故事	彩虹色的花	能逐页翻阅图书，能用图画方式记录绘本故事的内容
		绘本故事	花的里面有什么	通过阅读绘本，了解不同花朵的特点，并愿意分享给别人
	益智区	各种各样颜色的花朵图片	花朵配对	尝试观察不同颜色的花朵并且将它们配对
		花朵迷宫材料	花朵迷宫	通过观察花朵迷宫中花朵上的数字，进行一定顺序的排列，走出迷宫

续表

活动类型		资源	活动	经验
区域活动	生活区	面团、鲜花、豆沙馅	鲜花饼	将馅和鲜花糅合在一起包到面团里烤制鲜花饼
		各种各样的干花、食材、蜂蜜	喝花茶	搭配不同的花茶并进行炮制，品尝不同口味的花茶
	建构区	各种形状的积木、幼儿制作的花朵、养乐多瓶等	美丽的花园	尝试使用架空、垒高的方式搭建，并且多运用自然材料
	表演区	音乐《花园的故事》、铃鼓、铃铛等	花园的故事	能选择自己喜欢的乐器、服装进行花园宝宝的扮演，感受音乐和舞蹈的魅力
集体活动		《小蜜蜂手指操》和《花开放》的视频、"鲜花朵朵开"教学课件、小蜜蜂头饰1个	鲜花朵朵开（科学）	认识花的特征，知道花的绽放过程；理解儿歌的内容，会用肢体动作表现花的绽放，培养感受美和表现美的能力
		蜡笔、水彩笔、画纸	花朵穿新衣（美术）	学习使用蜡笔在一定的范围内顺着一个方向平涂；尝试通过空手练习的过程，逐步较自如地运用蜡笔
		《小鸟和牵牛花》故事、卡通情境图片	小鸟和牵牛花（社会）	同情患者，知道患者需要关心；了解给患者送温暖的方式
		郁金香花幻灯片；不同颜色、形状的正方形纸	郁金香（美术）	掌握由正方形对折成三角形的方法，学习用大小不同的纸折出郁金香，感受折纸的乐趣
		带花的花盘图片5张、蝴蝶的图片1张、带花的花盘（每个幼儿1个）、蝴蝶若干	蝴蝶找花（数学）	能按1~5实物卡匹配相应数量的物体；能手口一致地点数5以内的实物，体验数学活动点数匹配的乐趣；引导幼儿积极互动，体验数学活动的乐趣

续表

活动类型	资源	活动	经验
集体活动	《幼儿画册》（每个幼儿1本）、配乐故事录音（自制）。	花路（语言）	有阅读图书的兴趣，会按画页的顺序阅读图书；能根据画面理解童话故事，体会童话故事中美好的情感；能大胆地在大家面前讲话，积极参与文学活动
	盆被折断的花（其中花朵是用折纸方法做成的、可以修复的），几个用可乐瓶制作的洒水壶	花宝宝笑了（社会）	知道花草树木是我们的好朋友，要爱护它们；了解一些日常照顾花草的简单方法
	纸：彩色纸、报纸、卡纸；操作用具：盆子、擦手毛巾、垃圾桶、贴纸；背景音乐：《月光海岸》	水中花（科学）	对科学小实验感兴趣，乐于观察和谈论实验中纸花发生的变化；发现纸花能在水中开放，并与伙伴合作比较出两种不同材料的纸花开放速度的快慢
其他活动	颜料、彩纸	向日葵（美术）	学会在圆形的基础上画格子线、花瓣、花叶、花枝；喜欢参与，并能尝试添绘景物

"帽趣乐园"——帽子博物馆营业啦

一、项目生发

一天，秀彬小朋友戴了一顶毛线帽来幼儿园，小朋友们看到了都想来摸摸看，觉得有意思极了。俊杰说："我家里也有一顶这样的帽子。"玮玮说："我只在夏天戴一顶鸭舌帽。"也有的孩子说帽子是分冬天和夏天戴的……围绕帽子有哪些种类、该怎么分类，我们开展了以帽子为主题的博物课程，并与孩子们一起创设了一个帽子博物馆，让他们在互动和游戏中了解和学习帽子的相关知识，培养他们的文化素养和审美能力。

二、项目价值

幼儿具有强烈的好奇心和求知欲、敏锐的观察能力，善于观察生活中的各种事物，能了解各种事物的细微差别，对物体进行辨析，从而在生活中发展多方面的能力。在这个由幼儿提议发起的博物主题课程中，包含着对帽子的挖掘探索、帽子制作、帽子博物藏品欣赏等环节，能提高幼儿主动探究的兴趣，促进其语言表达、动手探究等能力的提升。

教育应与幼儿的实际生活紧密相连。幼儿园帽子博物馆作为一个特殊的教育场所，应将帽子文化与幼儿的实际生活相结合，让幼儿在参观和体验中感受到帽子文化的魅力。帽子作为一种具有悠久历史和丰富文化内涵的服饰配件，承载着不同地域、不同民族的文化特色。幼儿园帽子博物馆可以展示各种帽子，让幼儿在接触和了解这些帽子的过程中，感受到不同文化的魅力，从而培养他们的文化认同感和自豪感。

幼儿园帽子博物馆通过创设与帽子文化相关的情境，让幼儿在参观和体验中置身于帽子文化的世界中，提高学习兴趣，感受帽子文化的魅力。

三、项目关键经验

（1）通过观察不同种类、不同风格、不同材质的帽子，了解帽子的多样性。

（2）初步了解帽子在人类历史和文化中的重要地位，感悟帽子的魅力。

（3）初步掌握剪刀的使用、毛线的编织、测量与裁剪等做帽子的技巧。

（4）认识常见的帽子，知道不同种类帽子的不同功能和作用。

（5）感受帽子给自己带来的快乐，愿意与同伴、家长一起完成帽子作品。

（6）在帽子博物活动中积极与同伴交流，自由表达对参与活动、阅读帽子相关绘本的体验，提高逻辑思维能力与语言表达能力。

四、环境创设

（一）可利用的资源

1. 自然资源

充分挖掘自然资源，利用各种自然材料来制作帽子，如树叶、花朵、松果、草茎等。这些材料不仅环保，也让幼儿更加亲近自然。

2. 社会资源

寻找幼儿园、社区、公园周边的帽子资源，与幼儿园所在社区合作，组织帽子制作、展示等活动，邀请社区居民参与，增强博物馆与社区的互动。还可以招募社区志愿者作为讲解员，协助组织博物馆活动和指导幼儿参与。

3. 网络资源

利用网络收集各种有关帽子的绘本故事、图片、科普视频、儿歌等素材，供幼儿阅读、倾听，进一步拓展幼儿对帽子的认知，激发幼儿对帽子的兴趣，满足幼儿的活动需求。

4. 家长资源

鼓励家长作为志愿者参与博物馆的日常运营和活动组织，加强家园共育。邀请家长分享帽子的相关知识和经验，如帽子的历史、文化、制作等，为幼儿提供更多元的学习内容。鼓励家长和幼儿开展有趣的活动。例如，家长可利用周末时间带领幼儿去社区、公园等场所寻找制作帽子的材料，和幼儿一起发现帽子的奥秘。

(二) 建议创设的博物馆环境

1. 陈列区

（1）创设"帽子藏品陈列室"。该陈列室陈列一顶顶帽子，如瓜皮帽、斗笠、礼帽等，幼儿可以通过观察、触摸、试戴和扫二维码了解这一种帽子的历史、特征和用途，增进对帽子的认知，引发对帽子的兴趣。

（2）布置"我和帽子的故事墙"。利用墙面，展示幼儿收集到的各个种类的帽子的图片或照片，如民族服饰的帽子、不同职业的帽子、不同用途的帽子等，引导幼儿一起看一看、说一说，了解帽子的种类和用途，知道帽子在生活中的作用。

2. 操作区

（1）创意区。在创意区，幼儿可以设计与众不同的帽子，如可以制作具有不同民族特色的帽子，也可以选择一顶普通的帽子进行涂鸦和装饰……设计好的帽子可以放在展台上，开展帽子博物馆爱心义卖活动。在创意区，幼儿可以选择自己感兴趣的绘本阅读，并根据故事情节创编接下来的内容，现在的创意区已经有一些幼儿创编好的小故事了。

（2）实验区。在实验区，幼儿可以选择在实验中需要用到的帽子和记录表，根据墙面上的实验步骤图，完成摩擦生电等小实验并做好记录。同时我们也鼓励幼儿细心观察和发现不同帽子的不同特征，根据获得的经验，设计出一个新的实验。

五、项目课程网络图及解读

项目课程网络图见图2-33。

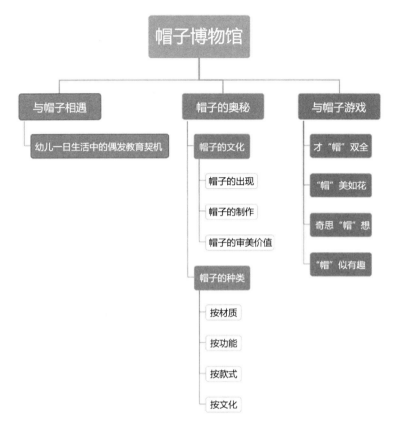

图 2-33　项目课程网络图

　　本次博物主题围绕幼儿对"帽子"的探究与体验，主要包含三个分支线索："与帽子相遇""帽子的奥秘""与帽子游戏"。每个分支都指向幼儿可获得关于"帽子"的不同经验：感知帽子的存在，知道帽子的历史和种类，体验玩帽子和制作帽子的乐趣。首先，引导幼儿观看陈列的帽子，激发幼儿对帽子的探究兴趣。其次，幼儿试戴不同类型的帽子，学习制作各种类型的帽子，进一步了解帽子。再次，通过绘本或多媒体等方式更深层地了解帽子的发源与历史，了解实际生活中各种帽子的功能，了解到帽子不仅仅是普通的装饰，在古代可以代表官职的等级，在现代可以代表职业，等等。本主题可根据幼儿现实生活中的问题、兴趣灵活调整网络架构。本主题关注幼儿新经验的获得，关注幼儿在探索帽子过程中愉悦的体验。在主题活动结束时，教师进行回顾和总结，让幼儿巩固所学的知识。同时，鼓励幼儿分享自己的制作体验和感受，培养幼儿的分享和倾听能力。通过反馈和交流，教师可以了解幼儿的学习情况和需求，为后续的教学活动提供参考和改进方向。

六、博物馆活动的实施

博物馆活动的实施见表 2-33。

表 2-33 博物馆活动的实施

活动类型		资源	活动	经验
日常生活		园博园	寻找帽子	在幼儿园里寻找帽子，发现帽子在生活中的重要性
		社区、城市里的帽子资源	发现帽子	在幼儿园外和父母一起发现帽子、欣赏帽子，进一步了解帽子的重要性
区域活动	美工区	彩纸、剪刀、胶水、扭扭棒、彩球、彩色吸管、超轻黏土等	我有一顶花帽子	尝试用彩纸折花帽，折好后选择自己喜欢的材料和方法装饰花帽
		记号笔、白纸、水彩笔	我和帽子	尝试通过镜子，选择一顶最适合自己的帽子，并且对着镜子画下来
	科学区	纸屑、各类帽子、梳子	摩擦起电	通过实验得出最不容易起静电的帽子材质
		电子秤、积木等	谁最坚挺	先用电子秤称出帽子的质量，然后将积木块放到帽子顶上，看哪个帽子最坚挺且没有凹陷，对比实验记录
		水、盆、各种纸、棉花、海绵、实验记录表等	帽子材质我知道	通过实验并记录，得出哪种材质的帽子吸水能力较强，哪种帽子的防水能力较强
	语言区	彩纸，蜡笔，绘本《世界第一的帽子》《森林帽子节》《小熊的帽子》等	帽子的故事	能逐页翻阅图书；能用图画方式记录自己对帽子的发现
		白纸、彩笔、勾线笔、剪刀、胶水	我与帽子的故事	让幼儿回忆自己和帽子的故事，制作一本自己和帽子的小人书

续表

活动类型		资源	活动	经验
区域活动	益智区	提供不同职业的人与相对应的帽子的图片	帽子连连看	能通过判断人物的职业来找到相对应的帽子
		各类帽子	帽子分类	尝试通过不一样的方法给帽子分类
	生活区	干草、毛线、布料等	编织帽子	尝试通过干草等材料,编织帽子
		各类帽子	我会整理	在玩完帽子后,进行整理,锻炼分类与收拾能力
	建构区	各种形状的帽子等	帽子王国	用各种形状的帽子搭建一座城堡,选取硬挺的帽子放在下面作为地基
	表演区	走秀音乐、走秀舞台	帽子秀	能选择自己喜欢的帽子、搭配合适的服装进行走秀
集体活动		锥形支架、各种绒线帽	猜帽子（科学）	在了解各类帽子后,蒙住眼睛,戴上帽子后通过不断的提问,猜出自己戴的是哪顶帽子
		帽子1顶、PPT、幼儿经验准备——有帮助朋友的经历	小熊的帽子（语言）	能模仿小熊不同心情时的不同表情,知道冷的时候该带上什么装备；表演故事；续编故事
		粘贴区：剪好的独立图案,彩色纸剪的花边,亮片或彩色小圆片,胶水,水彩笔,正方形各色纸 花帽展示区：民族花帽或图片 折叠帽子的示意图	我有一顶花帽子（美术）	能通过观看折叠示意图来折纸,锻炼手指精细动作；能根据自己的审美,来挑选合适的装饰材料搭配帽子
		哨子1个、大红苹果卡片若干、自制帽子若干	传帽子（健康）	游戏紧张又愉快,提高了幼儿的反应能力,并促进了幼儿之间的合作

续表

活动类型	资源	活动	经验
集体活动	1. 知识和经验准备：对《墨西哥帽子舞》的曲式结构有所了解 2. 物质材料准备：音乐《墨西哥帽子舞》《摇篮曲》和图谱	帽子舞（音乐）	通过帽子来了解不同民族并学习舞蹈，在游戏中学习音乐，并随着音乐做出反应，在游戏中学会听辨不同旋律、节奏等音乐的基本要素
	教学图片、录音机、帽子、各种动物的头像等	帽子大用处（综合）	通过丰富的想象力，用帽子去帮助需求不同的人
	夏季和冬季的帽子，夏天和冬天的标志，骰子，不同大小、颜色的帽子若干	今天戴哪个（科学）	通过实验，得出什么季节该戴什么类型的帽子
	折帽子的白纸、棉签、胶粘纸、双面胶等	蒙古帽（美术）	了解蒙古族的特点，引出蒙古帽，突出蒙古帽的特征
	用白纸折叠好的帽子，彩笔（红、黄、蓝3种颜色）若干，轻松活泼的音乐	帽子秀（社会）	感受音乐热烈欢快的节奏，通过挑选不同的帽子，搭配不同特色的衣物，进行走秀
	帽子7顶（红色1顶，黄色6顶；大的2顶，小的5顶；没有花纹的3顶，有花纹的4顶）	帽子商店（数学）	学习分类记录的方法，并用不同的分类方法给帽子分类，提高逻辑思维能力
	各种各样的帽子（绒线帽、草帽、太阳帽、头盔工作帽等）布置的帽子展区；制作帽子的各种材料（卡纸、皱纹纸、即时贴、毛线、塑料袋、废旧画报等或其半成品材料），歌曲《嘻唰唰》	折纸帽（美术）	通过欣赏，激发设计和制作帽子的愿望；利用剪、贴、撕、折、画等形式，用不同的材料设计、装饰帽子，发展想象力、创造力和动手操作能力；能积极观察比较，了解帽子的不同质地、不同用途，加深对生活中几种常见帽子的认知

续表

活动类型	资源	活动	经验
其他活动	厨师、医生、警察、建筑工人的帽子（帽子数量与幼儿的人数相当）	戴帽子要注意（健康）	对各种职业的帽子具有探索的兴趣，能认真观察厨师、医生、警察、建筑工人的帽子，并能大胆表达自己的看法；知道有些帽子可以代表职业，并能通过帽子分辨出人们从事的不同职业；能积极地回答问题，增强口头表达能力
	精美的帽子、古人制作帽子的视频	帽子的秘密（社会）	了解帽子的历史悠久，并不是现代才有的
	各种各样的帽子	寻找帽子	观察幼儿园周边环境，萌发对帽子的认同感，感悟帽子对我们生活的作用

看，是灯呐

一、项目生发

在一次晨间谈话中，谈到周末趣事，孩子们你一言我一语地说着自己周末都去哪里了，有的说去了游乐园玩，还有的说去逛了超市……突然西瓜组的孩子们的欢声笑语引起了我的注意，我走上前好奇地问他们："你们在聊什么呀？"小栋得意地回答我："老师，我见过一只很大很大的用牛做的花灯呢！"我问道："真的吗？你在哪里看到的呀？"小栋想了想，大声说："就在我家旁边。"我又追问道："你能说出这个地方的名字吗？"他摇摇头："我不知道。"我安慰他："没关系，那等回到家问问你爸爸妈妈，明天再来告诉我们，好吗？"他点点头。这时，小希拉着我的手欲言又止。于是，我在他的身边蹲下来，他悄悄地跟我说："老师，小栋说的大牛花灯我也见到了，我还见到了荷花灯，可漂亮了！"我问道："你在哪里看到的呀？"小希马上说："上次我和妈妈、姐姐去了慧聚寺看花灯。"我说："在慧聚寺呀，里面还有什么样的花灯呢？"我的问题引起了其他小朋友的关注，一旁的琳琳笑着说："天空中有好多好多花灯。"小宇也迫不及待地说："还有机器人花灯呢，爸爸还给我拍照了!"在孩子们的交流中,愉快的晨间谈话就这样结束了。但是孩子们与灯的联系并没有就此结束。由花灯引出了一系列关于灯的探索,于是一场关于灯的博物课程探索之旅开始了。

二、项目价值

《幼儿园教育指导纲要(试行)》提出,要贴近幼儿的生活,选择儿童感兴趣的事物和问题。灯是幼儿生活中常见的事物,其造型丰富,为满足幼儿继续探究灯的愿望,我们开设了"看,是灯呐"博物主题。

1. 丰富幼儿对灯的认知

通过课程,幼儿可以了解到灯的种类,如白炽灯、LED灯、荧光灯等,了解不同灯具的使用场景,这有助于丰富幼儿对灯的认知。

2. 增加幼儿的文化素养

介绍灯具的历史演变,从古代的油灯到现代的电灯,让幼儿了解人类文明进步的过程,感受科技进步对生活方式的影响。

3. 培养幼儿节约意识和环保意识

通过比较不同灯具的能耗,让幼儿理解节约用电的重要性,学习如何在日常生活中采取节能措施,如使用节能灯泡、随手关灯等。介绍废旧灯具的处理方法,鼓励幼儿参与回收活动,培养他们的环保意识。

4. 提升家园共育质量

邀请家长参与课程准备或亲子手工制作活动,如一起制作环保灯具。家长积极参与活动不仅能增进亲子关系,还能让家长了解幼儿园的教育理念,促进家园共育。

三、项目关键经验

(1)乐于大胆地跟教师念儿歌,读准儿歌中的字音。
(2)观察光透过布等形成的彩色光团及光团重叠的变化。
(3)演唱歌曲,感受歌曲的旋律,并尝试用动作表现歌曲内容。
(4)初步学习粘贴的方法,会正确使用双面胶。
(5)知道"红灯停,绿灯行"的交通规则。
(6)知道小灯珠和纽扣电池连接后会亮起来的现象。
(7)让灯珠亮起来,愿意说明自己的发现。
(8)参与涂色活动,感受涂色活动带来的乐趣。

四、环境创设

(一) 可利用的资源

1. 社会资源

带领幼儿去社区、商场、街道等地方寻找灯，幼儿在家中找到了台灯、落地灯、灭蚊灯等，在商场看到了装饰灯。

2. 网络资源

利用网络收集各种有关灯的绘本故事，供幼儿阅读；利用百度等，搜索灯的历史、种类、用途等，进一步拓展幼儿对灯的认知，激发幼儿对灯的兴趣。

3. 家长资源

请家长配合收集一些灯，以便幼儿开展班级灯博物活动。鼓励家长多带幼儿到公园等场所，仔细观察各种各样的灯。请家长和幼儿一起制作纸灯，体验亲子制作纸灯的乐趣。

(二) 建议创设的博物馆环境

1. 陈列区

（1）在展品柜子上有灭蚊灯、台灯、筒灯、手电筒、煤油灯等，展品旁边还有二维码，幼儿可以通过扫二维码了解展品。另外，在博物馆的屋顶上也吊了许多亲子合作制作的灯，幼儿能认识各种各样的灯。

（2）墙上有对灯的发展史的介绍，以图片和二维码的方式呈现，让幼儿对灯的发展有一个简单的了解，幼儿能直观地了解灯的发展过程。

2. 体验区

（1）在体验区我们投放了有关灯的绘本，如《你好灯塔》《红绿灯眨眼睛》《我有一盏小灯笼》等，幼儿可以自由阅读感兴趣的关于灯的绘本，并和同伴分享。

（2）在体验区幼儿可以进行角色体验，可以将亲子制作的纸灯、台灯、荷花灯等放在货架上进行售卖。

（3）在体验区幼儿可以进行光影游戏，通过调整手电筒与光影卡片的距离，光源通过光影卡片再投射到墙壁上，白墙上就会出现五颜六色的影子。幼儿在光影游戏中，体会光景的美感，萌发探索的兴趣。

五、项目课程网络图及解读

项目课程网络图见图 2-34。

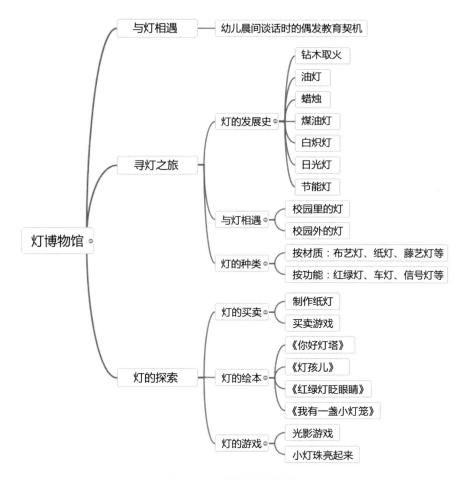

图 2-34　项目课程网络图

《学习与发展指南》指出，教育活动内容的组织应充分考虑儿童的学习特点和认识规律，各领域的内容要有机联系和相互渗透，注重综合性、趣味性、活动性，寓教于乐。从游灯会到寻找生活中的灯再到收集灯，最后一起创设灯博物馆，所有这些活动遵循了陶行知先生的生活教育理论，拓展了幼儿对灯的认知。

六、博物馆活动的实施

博物馆活动的实施见表 2-34。

表 2-34 博物馆活动的实施

活动类型		资源	活动	经验
日常生活		活动室、校园	寻灯	对灯的种类有一个初步的了解
		社区、商场、街道	生活中的灯	进一步丰富幼儿对灯的种类和用途等的认识
区域活动	美工区	台灯、煤油灯、油画棒等	好看的灯	能用油画棒将灯涂上自己喜欢的颜色
		废旧灯泡、颜料、毛笔	灯泡大改造	尝试用颜料给废旧灯泡刷上好看的底色,并进行简单的装饰
		超轻黏土、纸杯、扭扭棒、纽扣	一盏台灯	尝试用超轻黏土、扭扭棒、纽扣装饰纸杯,制作一盏台灯
	益智区	不同大小的台灯图片	台灯比大小	尝试以从大到小或从小到大的顺序给台灯排序
		不同颜色的台灯图片	数一数	能以点数的方式数一数不同颜色的台灯数量
	科学区	电池、电灯盒、电线接头	小灯珠亮起来	尝试根据示意图进行操作,让灯泡亮起来
		光影卡片、手电筒	光影游戏	拿手电筒照在光影卡片上,移动光影卡片,观察手电筒光照射在光影卡片上,在白墙上投射出的影子
	生活区	彩色灯串、彩色木夹子	夹夹子	练习给对应颜色的彩灯夹夹子,锻炼手部的精细动作
		塑料灯泡、水、杯子、勺子	灯泡里的水	尝试用不同的工具将水灌进灯泡中游戏,锻炼手眼协调能力
	阅读区	《阿拉丁神灯》《红绿灯眨眼睛》等绘本	灯的故事	能了解绘本的大致内容,愿意尝试说一说
	建构区	塑料积木、木质积木	灯塔	能用木制积木和彩色塑料积木一起搭建灯塔

续表

活动类型		资源	活动	经验
区域活动	表演区	头饰、服装、道具	阿拉丁神灯	能借助道具表演出故事的内容
集体活动		各种花灯人手1盏	花灯（语言）	体验玩花灯游戏的快乐
		红、黄、蓝、绿的玻璃纸，各色布，皱纹纸（大小能覆盖手电筒口），手电筒（每个幼儿1个），节奏强烈的音乐	多彩的舞台灯光（科学）	观察光透过布或透明玻璃纸和皱纹纸形成的彩色光团及光团重叠的变化
		红色的圆形、长方形、三角形	图形灯笼（美术）	学习制作灯笼，体验制作灯笼、布置环境的快乐
		灯神和神灯自制教具	阿拉丁神灯（语言）	尝试模仿灯神和阿拉丁的语言进行许愿
		红绿灯指示牌、布置有人行道和横道线等的马路	红灯停、绿灯行（健康）	能遵守交通规则，知道不乱穿马路，增强遵守交通规则的意识
集体活动		"大蛋糕"（教师1个）、"小蛋糕"（每个幼儿1个）、纽扣电池、小灯珠、硬币等	小灯珠亮起来（科学）	让灯珠亮起来，愿意说明自己的发现
		观赏彩灯的照片或剪下的彩灯挂图、大小不同的花灯两组（4个为一组）、不同大小的中国结若干组（4个为一组）	好看的彩灯（数学）	能按大小给一组（4个以内）物体进行排序
其他活动		花、草、吹好的气球、白乳胶、抽纸、喷壶、水、灯串	花草灯	愿意用花、草、抽纸、气球等材料制作花草灯，体验制作的乐趣

乘一艘小船去远航——船博物馆

一、项目生发

在一次谈话活动中,多多说:"周末我和爸爸妈妈一起去湖边秋游了,我看到湖中有很多大大小小的船,这些船可以划去很远的地方。"乐乐说:"我坐过电动的船,不需要我们划。"明明说:"我还坐过需要用脚踩才能动起来的船。"依依说:"我好想去划船,我们一起造一艘大船吧!"幼儿对船都十分感兴趣。《学习与发展指南》指出,幼儿在活动过程中表现出的积极态度和良好行为倾向是终身学习与发展所必需的宝贵品质。幼儿与开放性材料互动的过程是一个不断发现问题、解决问题的过程。幼儿的学习以直接经验为基础,在游戏活动中了解幼儿的学习方式和特点,最大限度地支持和满足幼儿的需要。因此,我们要尊重幼儿,最大限度地为幼儿搭建支架,让他们直接感知、主动探究、亲身体验,自主连续地建构经验。由此,我们开始了一场盛大的探索,开展了一次"船"递快乐之旅。一场关于小朋友的远航,就这样缓缓启航。

二、项目价值

《评估指南》提到,有意识地引导幼儿观察周围事物,学习观察的基本方法,培养观察与分类能力,开展"船"博物课程,满足了幼儿对船的好奇心。在认识船的种类、外观的过程中,幼儿的观察力、探索力得以提升,并在丰富的活动中培养幼儿的社会交往能力,提升幼儿的艺术创造力。

1. 促进幼儿的认知发展

幼儿通过对船的探索,可以具体、直观地认识船的形状、结构等,丰富感知经验。了解船的各种类型,如帆船、轮船等,有助于他们提高分类和概括能力。让幼儿接触船的知识,能帮助他们建立空间概念,理解物体在空间中的位置和关系,这对幼儿的空间认知发展极为重要。

2. 培养幼儿的技能

制作船模等活动,能锻炼幼儿的精细动作技能和手眼协调能力。在探究船的特性(如怎样让船漂浮起来),幼儿学习运用各种工具和材料,培养操作技能和实验探究能力。

3. 发展幼儿的社会交往技能,培养幼儿的团队合作能力

幼儿在小组合作进行船的项目活动时,可以学会与同伴交流、协商、

合作，发展良好的社会交往技能，培养团队合作能力。

4. 培养幼儿的创造力

幼儿可以大胆想象不同功能、造型的船，进行创意设计，发挥创造力和想象力。教师可以鼓励幼儿用不同材料和方法来表现船，打破常规思维，培养创造力。

三、项目关键经验

（1）通过调查、参观、制作、实验等活动，认识船并初步了解船的发展，知道船的基本结构、功能和用途，激发对船的探究兴趣。

（2）在图片欣赏、相互讨论及与家长的亲子互动中，感受丰富的船文化，体验运河的时空变迁，进一步增强热爱家乡的情感。

（3）在活动中，培养幼儿分析问题的能力、探究问题的能力，促进幼儿与他人合作和交流，提高解决问题的能力，感受创造的乐趣及与同伴合作的快乐。

（4）运用环境创设，培养幼儿的观察能力和审美情趣，并能在用各种材料、各种方式制作船的活动中，提高幼儿的创造能力。

（5）充分挖掘地方资源，以"船"为载体，进一步激发幼儿爱水、惜水的环保意识。

四、环境创设

（一）可利用的资源

1. 自然资源

充分挖掘小区、校园绿化带、公园等地的自然资源，如树枝、树叶、小石块、松果、干草等自然材料，让幼儿能够在平时的生活中就地取材，进行对船的探索活动。

2. 社会资源

充分利用社会资源满足幼儿的一切探索。可以去图书馆查阅与船相关的资料，可以去景点体验古老的摇橹船及现代的游船。

3. 网络资源

充分利用网络向幼儿介绍船的相关知识，可以制成二维码方便幼儿自主学习，还可以通过微信公众号查找、收集、了解与船相关的文化知识。

4. 家长资源

可以请父母在空闲的假期带幼儿去体验坐船。引导和鼓励家长与幼儿一同进行船只的手工制作活动，在亲子活动中感受船只的魅力。

(二) 建议创设的博物馆环境

1. 陈列区

(1) 亲子作品展示区。在父母的帮助下，幼儿将废旧材料进行大改造，变成一艘艘属于自己的小船，教师开辟一块区域，将这些作品有序陈列，并且请幼儿录一段关于自己小船的介绍，做成二维码将其贴在相应的船只处，供其他幼儿自行扫二维码了解。

(2) 绘本区。收集各种关于船的绘本并放置在书架上，幼儿可以根据自己的兴趣阅读不同的绘本。

2. 体验区

(1) 实验区。小船为什么能浮起来？使用哪些材料做出的小船才能既结实又防水？小船怎样才能动起来？……这些问题在这里都能得到答案。幼儿可以根据实验步骤图自选材料进行实验并记录，动手动脑解决问题。

(2) 造船厂。在这里有一个材料收集柜，收纳的都是幼儿在平时的生活中从不同地方收集来的各种材料，有毛线、树叶、树枝、松果、纸箱等。幼儿可以根据自己的喜好设计并制作小船。

(3) 乐高模型区。幼儿在这里可以自主设计设计稿并施工，使用水瓶、乐高等材料制作一艘可以下水的小船。

五、项目课程网络图及解读

项目课程网络图见图 2-36。

图 2-36 项目课程网络图

我们本次船博物馆主题课程分为四个板块,第一个板块"船之遇"主要是通过谈话、绘画等方式让幼儿对船有初步的认识和体验,为接下来的活动做好准备。在第二个板块的活动一开始,我们紧扣博物的"博"字,通过亲子调查、师幼分享的方式带领幼儿了解最早的船是什么样子的,它是如何一步一步演变到现在的样子。接下来,我们又从船的多样性出发,将不同类型的船带入幼儿的世界,再从外部样貌、内部设备、结构三方面入手引导幼儿了解船的结构。在对船的构造有了初步的了解之后,我们进入了第三个板块"船之探",体验游船、参观码头这一环节需要父母的配合。正值春天,家长利用春游的机会带着幼儿参观码头,了解乘船的注意事项,再亲身体验坐船的乐趣。父母还可以带着幼儿利用废旧材料手工制作小船,举办的展览会让幼儿拥有了自由交流和介绍的空间。在园时,我们可以分小组设计小船,合作制造,用不同的美术形式、材料进行绘画。最后,将做好的小船放进水里试航。沙水区有一条人工小河,幼儿可以将自己的小船放入小河中试一试、比一比谁的船开得更远。最后,我们还将船融进了区域游戏及角色游戏,将博物主题渗透入幼儿的一日生活中。

六、博物馆活动的实施

博物馆活动的实施见表2-36。

表2-36 博物馆活动的实施

活动类型		资源	活动	经验
日常生活		图书馆相关绘本	在绘本中寻找船的奥秘	通过绘本,了解各种不同船只的发展史
		景区、公园游船码头	在父母的陪伴下乘坐游船	通过亲身体验感受坐船的乐趣
		公园、小区校园绿化带	收集各种不同的自然材料、生活材料	寻找各种各样的材料,为接下来的活动做准备
区域活动	美工区	树叶、树枝、贝壳、松果、硬纸板、纸箱、吸管、雪糕棒等	造船中心	自选各种不同的材料制作小船,有一定的环保意识
		颜料、排笔、素描纸	美丽的小船	掌握正确使用排笔的方式,画出心中的小船

续表

活动类型		资源	活动	经验
区域活动	美工区	A4纸、记号、彩纸	我设计的船	发挥自己的想象,想一想未来的船会是什么样子的,并用折一折、剪一剪、画一画的方式记录下来
	科学区	记录表、各种自然生活材料、透明水盆、记号笔	沉与浮	通过实验的方式,记录哪些物品会下沉、哪些物品会上浮,了解沉浮的奥秘
		油纸、普通纸、塑料布、防水布、纸板、棉布、记录表、水盆、透明胶	防水小实验	通过实验的方式明确哪种材料最防水、制作的小船最牢固
		PVC小船模型、各种弹性橡皮筋、雪花片、矿泉水瓶、冰棒棍	有趣的动力小船	能知道影响动力小船前进和后退的因素
		自制船(大小不一)、配重物、水、记录表	我是船长	通过实验发现船的大小和船载重量之间的关系
	表演区	图谱、各类打击乐、话筒、服装	小白船	幼儿分为打击乐伴奏组、歌唱组、伴舞组
	建构区	碳化积木、快递纸箱、PVC管、纸杯等	船	使用各种建构物搭建一艘大船,学会分工合作
	益智区	各种小船图卡、操作板	送小船回家	观察小船舰队航行的规律,在空缺的地方贴上合适的小船
		操作卡、小船图卡	号码解密	观察规则卡,破解密码
	生活区	筷子、瓶盖、小船图卡	给小船装轮子	使用筷子,将正确颜色的瓶盖放入图卡中,锻炼幼儿使用筷子的能力
	阅读区	绘本《船的发展史》《船的秘密》《大船》	船只的秘密	通过阅读绘本了解船只的秘密
		船员服饰、自制绘本	我是小船长	了解船员的工作,进行角色扮演

续表

活动类型	资源	活动	经验
集体活动	泡沫板、面粉、纸、小石头、玩具、大的盛水容器	船儿开开（科学）	通过实验，观察、记录物体在水中的沉浮现象
	"大海"背景图1张，帆船模型若干，帆船底座（每个幼儿1个），用来制作船帆的形状各异的白纸、黑色水彩笔、油画棒	美丽的帆船（美术）	引导幼儿运用随意折叠、涂色块的方法表现不同的帆船
	同一大小的瓶子船若干，大小不同并有标记的瓶子船若干，纸团、石子若干，装满水的小玻璃瓶若干，笔、记录表格若干，装满水的透明水盆（5人一个），抹布，等等	瓶子船（科学）	尝试探索瓶子质量与沉浮的关系；学习记录并大胆交流自己的发现
	各种图片，录像带，糖纸，废旧报纸，各种颜色、形状的纸，各种绘画材料，水，等等	折纸船（美术）	引导幼儿制作各种各样的船，在活动中为幼儿提供各种各样的纸，还有各种各样的作画材料，启发幼儿在折完各种小船后，再运用剪贴、绘画等方法，让大部分能力较强的幼儿有创作的空间
	一幅蓝色湖面的背景图和动物小插图	小猴找船（语言）	在议一议、听一听、说一说的基础上，理解什么是合适的船，并积极展开想象，为不同的小动物找合适的船
	甘伯伯撑着小船去游河的画面，兔子、猫、狗、猪、羊的简单动画，记号笔，特种彩棒，深蓝色、淡绿色、白色的水粉颜料	乘船小贴士（社会）	明白遵守规则与安全的关系，乐意遵守规则；比较和熟悉动物不同的外形特征，表现想象中的游河情景

续表

活动类型	资源	活动	经验
集体活动	蜡光纸、报纸、宣纸、牛皮纸、滴管、碗、泥工板、脸盆、记录表、勾线笔、投影仪、折纸小船、毛巾	不沉的纸船（科学）	能观察和比较不同性质纸的吸水性
	教学用的挂图4张，设计成相片的形式；教学用的排序框1个，鼠妈妈的头饰1个；字卡1套；每人1套图片（4张）和排序框	西瓜船（语言）	通过排图活动，培养幼儿的合作意识
	油画棒、勾线笔、白纸、蓝色水粉颜料	梦想中的船（美术）	在仔细观察的基础上尝试自由表现、创作轮船
	变形平衡木、大块积木、弧形塑胶板、沙包、硬纸板、雪花片	走甲板（体育）	能在各种材料建构成的障碍物上行走，培养手眼协调和平衡能力
其他活动	提前做好的塑料瓶船、胶带、船桨、记录表	小船启航	将自己制作完成的船放入水中启航，获得一定的成就感
	讲解员服饰、路线图、伴手礼	船博物馆	扮演博物馆馆长、讲解员、工作人员，带领客人参观并讲解
	船员服饰、游船售票处	游船码头	扮演游船码头工作人员、船长、船员，进行角色游戏，将安全经验、生活经验迁移至游戏中

"棋"乐无穷的世界——棋博物馆

一、项目生发

《评估指南》指出,大班幼儿具有强烈的好奇心,他们思维活跃,爱探索,对新鲜的事物具有较强的求知欲。

进入大班的幼儿对班级里的玩具进行了一个大搜索,在一个框子里,幼儿发现了很多不同种类的棋。他们像发现了新大陆一样讨论起来,有的说自己会玩很多种棋,有的说自己还没学过,还有的自告奋勇要教其他幼儿。幼儿对棋充满探索的欲望,于是我们开展了"棋"乐无穷博物课程。我们让幼儿从动脑思考、动手操作和亲身体验中获得新的知识和体验,他们可以从中了解更多棋类游戏的不同玩法,从而萌发对棋类游戏的兴趣。

二、项目价值

棋是集科学、文化、艺术、竞技于一体的智力项目。下棋,在古代被称为"手谈",是一项智者的运动。对弈的双方要在小小的棋盘上精心布局,你来我往,进行攻防转换,实现心智上的较量。在幼儿教育阶段,棋常常被视为训练思维的工具,作为益智玩具的一种投放至活动区中。

棋有效提升了幼儿的视觉感知能力、推理能力和空间想象力。通过棋盘游戏,幼儿从"自由把玩"到"赢棋技巧新发现"的系列探究过程,让教师清晰地看到他们能跳出点、线、面的限制,从多个角度立体思考问题。在玩棋过程中,教师陪同幼儿一起切磋棋艺、悉心观察;通过分享、讨论,带领幼儿梳理、整合新的游戏规则和赢棋技巧,让幼儿清晰地看到自己的能力及需求,为未来探索的方向做准备。随着年龄的增长,幼儿的审美能力、情绪的掌控能力都会逐渐发展起来。当幼儿因为下棋的输赢出现情绪失控而表现出一连串的问题行为时,教师敏锐发现,细心聆听,耐心陪伴,从幼儿的情绪入手组织讨论等,让幼儿理解情绪产生的原因,接纳彼此不同的情绪,学会共情和关爱他人。

三、项目关键经验

(1) 知道常见的棋的种类,能说出它们的名字,了解基本的棋类规则。

（2）对棋的各种类有初步的了解，能知道一些相关的历史知识和人物事迹，能大致说出常见的棋类玩法。

（3）愿意和其他小朋友一起进行棋类游戏，能坦然面对输赢。

（4）能根据自己的想法设计棋盘和规则，并尝试玩自己设计的棋。

四、环境创设

（一）可利用的资源

1. 网络资源

利用网络收集各种有关下棋的绘本故事、图片、科普视频、儿歌等素材，供幼儿阅读、倾听，进一步拓展幼儿对棋的认知，激发幼儿对棋的兴趣，满足幼儿的活动需求。

2. 家长资源

请家长在空余时间带着幼儿一起尝试下棋，了解相关的规则，听一听关于棋的故事和典故。鼓励家长将一些棋存放在棋博物馆中，邀请家长和幼儿一起设计规则更简单、易上手的自制棋。

（二）建议创设的博物馆环境

1. 陈列区

在陈列区，我们陈列了很多幼儿和父母一起自制的棋，展示了幼儿自制的棋盘。

2. 体验区

开设"下棋大比拼"。在棋博物馆中间的位置处进行设置，提供多种多样的棋，如象棋、五子棋等，幼儿可以在与同伴的比拼中，提高逻辑思维能力和社会交往能力。

创设"我设计的棋"。提供自然材料、废旧材料，如瓶盖、石头、蚕豆、纸板、废旧报纸等，供幼儿设计棋并制定游戏规则，在此过程中，也培养了幼儿的环保意识。开设"'棋'言'棋'语"表达区，提供关于棋的绘本、图片等。幼儿大胆讲述，提高表达能力。

五、项目课程网络图及解读

项目课程网络图见图 2-36。

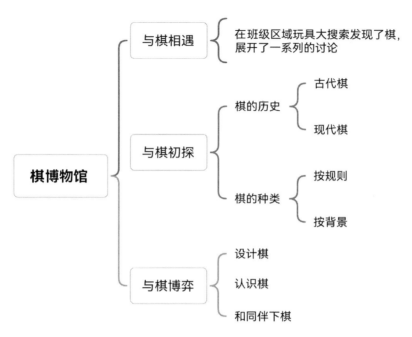

图 2-36　项目课程网络图

在本次棋博物馆的活动中，我们通过和幼儿一起学习和探索各种棋的下法，帮助幼儿了解不同的棋，观察它们之间的差别，锻炼幼儿的观察能力和逻辑思维能力。依托五大领域，我们设计了语言活动"征吃""好玩的游戏棋"来锻炼幼儿的表达和理解能力；设计了社会活动"有趣的环保棋"，将环保的意识融入棋的游戏中，让幼儿在下棋的同时意识到保护环境的重要性；设计了体育活动"棋格乐翻天"，让幼儿在快乐的体育游戏中感受棋盘和棋格的特点；设计了数学活动"棋之舞"，通过棋子的舞蹈发展幼儿的计数能力；设计了科学活动"纸与棋"，通过棋子来带领幼儿探索纸张中蕴含的力量；设计了音乐活动"斗兽棋"，让幼儿在有趣的歌声中了解斗兽棋的规则和玩法；设计了美术活动"我的棋盘"，锻炼了幼儿的创造力和想象力。

六、博物馆活动的实施

博物馆活动的实施见表 2-37。

表 2-37　博物馆活动的实施

活动类型		资源	活动	经验
日常生活		家	各种各样的棋	在家和父母尝试下棋，进一步体验棋的不同玩法，感受下棋的乐趣
		图书馆	我认识的棋	了解棋的种类
区域活动	美工区	桌布、勾线笔、A4纸	我的棋盘	尝试设计自己心中的棋盘
		交通标志、勾线笔、彩笔、A4纸	交通棋	知道马路上有红绿灯、斑马线，了解基本的交通规则，并且知道一些交通标志
	益智区	五子棋棋子、棋盘、规则示意图	五子棋	了解五子棋的规则，尝试和同伴下棋
		象棋、棋子、玩法图示	象棋	观察象棋的棋谱，了解棋子的走向规则
		斗兽棋、棋子、规则示意图	斗兽棋	了解斗兽棋里的小动物大小吃法，和同伴尝试下棋
	语言区	绘本《大马警官的一天》、瓶盖、勾线笔	大马警官的一天	能逐页翻阅图书；能通过图画了解交通棋的规则，根据故事内容制作棋子和骰子
		棋的相关故事图片、士兵和国王等角色扮演的道具	举棋不定	通过角色扮演，学习讲述故事，理解成语的意思
	科学区	彩纸、各种棋子	纸与棋	通过棋子带领幼儿探索纸张中蕴含的力量
	生活区	各种蔬菜的图片	蔬菜棋	尝试下蔬菜棋，了解蔬菜的生长方式，等等
		各种垃圾的图片、垃圾图片的棋谱	垃圾分类棋	通过玩垃圾分类棋，了解垃圾分类的方式和种类
	建构区	各种形状的积木、房子的图片、薯片罐等	房子棋	尝试用平铺、架空、多种材料垒高和围合的方式施工

续表

活动类型		资源	活动	经验
区域活动	表演区	音乐《棋行天下》、铃鼓、铃铛、一次性杯子等	棋行天下	能选择自己喜欢的乐器，感知音乐的节奏，通过拍打的方式演奏音乐
集体活动		自制画板若干、黑色电工胶带、画笔若干、三原色颜料、抹布	我的棋盘（美术）	欣赏蒙德里安的代表画作，观察其中的线条和色块，领略格子画的特点和含义；尝试借鉴格子画的形式设计装饰画
		能打开的4色棋格若干、棋路图谱2张、小棋子若干、热身运动音乐	棋格乐翻天（体育）	尝试双脚蹦跳，学习双脚连续跳棋格，锻炼腿部力量，发展弹跳能力，培养良好的动作协调性、灵敏性；培养创造思维能力，感受跳棋游戏的乐趣
		大棋盘和黑白磁铁棋子、小棋盘和黑白棋子黑猫警长和小白鼠的图片	征吃（语言）	初步掌握征吃的方法，培养幼儿的观察能力
		小竹篓1个、皮铃鼓4个、碰铃2对、园舞板4对等	斗兽棋（音乐）	熟悉乐曲，练习哼唱，探索合适的节奏为乐曲伴唱；初步学习看指挥进行演唱，在合作伴唱中体验表演的乐趣
		A4纸若干、棋子4盘（一盘100颗）、记录纸张8张	纸与棋（科学）	大胆猜想并实验，棋子摆放位置不同，棋子的数量也不同；尝试将纸变形，感受不同形状的纸承受棋子的数量不同
		正反有8格和9格格子的图谱（每个幼儿1张）、12格格子的大图谱	什么是跳棋?（综合）	初步了解生活中许多物体呈格子状，感知格子的特征；发现并准确说出棋子在格子中的位置，能看棋谱听指令，准确找到位置
		象棋若干副、关于象棋文化的录像	象棋（社会）	通过活动培养幼儿热爱家乡的情感，让幼儿初步了解象棋与家乡荥阳之间的文化渊源；激发幼儿的探索欲望，让幼儿初步学会运用简单的象棋知识下象棋

续表

活动类型	资源	活动	经验
集体活动	大骰子1个，环保知识图片若干，红、绿彩纸若干，记号笔若干	有趣的环保棋（社会）	学习制作环保棋，了解游戏棋的基本玩法；丰富环保知识，增强环保意识
	自制棋盘、水彩笔盖（棋子）、纸、笔、数卡等	数字棋（数学）	通过游戏操作，探索学习6的加法，进一步理解"+""="的意义；能合作进行操作活动，并大胆表述自己的操作过程和结果
	跳棋棋盘、投影仪	跳棋的由来（语言）	初步了解中国跳棋的由来；加深对中国跳棋的认识
	课件、棋盘、棋子等	棋盘（综合）	理解棋盘横向和纵向排列的规律，能看图标找出棋子的位置；在游戏中感知棋盘空间位置的变化，体验下棋的乐趣
	糖果棋、动物棋、数字棋、气象棋、昆虫棋、计算棋、交通棋、飞行棋等	好玩的棋子（综合）	创设棋文化环境，激发幼儿对棋类活动的兴趣；初步认识几种简单易懂的棋类游戏
	教师设计的几种自制棋、纸、笔等工具，师幼共同收集、制作的棋子，等等	自编棋（美术）	创编棋类游戏，体验成功的快乐；表达自己的想法，愿意和同伴合作和分享

"袋子乐多多"——袋子博物馆营业啦

一、项目生发

《评估指南》提到，要善于发现各种偶发的教育契机，能抓住活动中幼儿感兴趣或有意义的问题和情境，能识别幼儿以新的方式主动学习，及时给予有效支持。开学初，在丰富班级资源库的时候，幼儿带来了各种各样的袋子。袋子在我们的生活中随处可见，它最大的作用是装各种物品。但在幼儿的眼中，其作用可不止如此。当幼儿遇上袋子，会碰撞出怎样的火花呢？我们基于幼儿的兴趣，生成了此次博物主题活动。

幼儿通过感知、触摸、探讨、实验等多种形式，并且通过各种各样的活动，学会辨别各种袋子的材质和了解使用方法，并创造性地自制环保服饰等。

二、项目价值

本课程以游戏和探索的形式进行，让幼儿在轻松、愉快的环境中学习和成长，具有很高的价值。

1. 培养幼儿的观察力和思考能力

通过本课程，幼儿可以了解到各种各样的袋子，包括它们的制作材料、使用方式等。这不仅能够拓宽他们的知识面，也能够培养他们的观察力和思考能力。

2. 增加幼儿的文化素养

袋子作为一种常见的生活用品，其实承载了很多文化信息。通过本课程，幼儿可以了解到不同地区、不同民族的袋子文化，增加他们的文化素养。

3. 锻炼幼儿的动手能力

在课程中，幼儿还可以亲手制作袋子，这可以锻炼他们的动手能力。

4. 培养幼儿的环保意识

通过了解袋子的制作过程和使用方式，幼儿可以更加明白节约资源、保护环境的重要性，增强环保意识。

三、项目关键经验

（1）幼儿通过亲身参与和体验活动来获得知识。

（2）将学习内容融入游戏中，以激发幼儿的兴趣。

（3）利用故事来吸引幼儿的注意力，并传达关于袋子的知识。

（4）结合视觉、听觉、触觉等多种感官体验，帮助幼儿全面理解袋子的特性和用途。

（5）强调袋子的再利用和环保材质，引导幼儿了解可持续性和环境保护的概念。

（6）鼓励家长参与幼儿的学习过程，增强家庭之间的互动，同时让家长了解幼儿在幼儿园的学习情况。

四、环境创设

(一) 可利用的资源

1. 自然资源

可以利用户外花园或庭院设置袋子户外展示区或进行相关的主题活动。

2. 社会资源

寻找企业赞助布制环保袋等物资。让企业提供袋子的生产视频或开放生产车间。联系当地的环保组织或志愿者团队,邀请他们来园做环保知识的讲座,与幼儿一起动手制作环保袋子。此外,与当地的手工艺人合作,邀请他们展示袋子制作的传统技艺,让幼儿感受传统工艺的魅力。

3. 网络资源

利用网络了解袋子的历史、制作过程等。播放轻松、愉快的背景音乐,营造舒适的氛围。

4. 家长资源

邀请家长参与并提供他们自己的袋子,或者邀请有特殊技艺(如编织)的家长进行现场演示和教学。请家长收集不同类型、大小、颜色和材质的袋子作为展览的主要资源。

(二) 建议创设的博物馆环境

1. 陈列区

可以在陈列区摆放各种不同类型的袋子,并配有说明标签介绍它们的特点和用途。可以挂上幼儿画有画的袋子或制作的袋子,增加互动性。空间布局要有足够的灵活性,以适应不同的活动和幼儿的行为。

2. 体验区

在体验区,提供触感箱或触摸区域,让幼儿通过触摸来探索不同材质的袋子。设立角色扮演区,幼儿可以模拟商店购物。提供与袋子相关的图书和教育材料,供家长和幼儿阅读。准备制作袋子所需的工具和材料,如布料、线、针、剪刀、装饰品等。

五、项目课程网络图及解读

项目课程网络图见图 2-38。

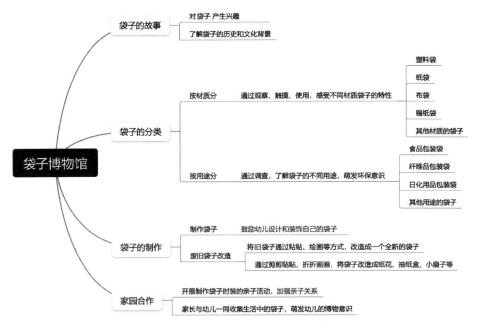

图 2-38　项目课程网络图

"袋子"是整个课程的中心，所有活动都应围绕这个中心展开。通过讲述一个与袋子有关的故事来引起幼儿的兴趣，让幼儿了解到袋子的历史和文化背景。几个不同的活动让幼儿亲身参与和袋子相关的体验活动，如触摸不同材质的袋子，亲手制作袋子。通过观看袋子展品来增加幼儿对课程主题的了解。鼓励家长和幼儿一起参与活动，增强家庭成员之间的互动，同时让家长了解幼儿在幼儿园的学习情况。活动的最后阶段是对整个项目的回顾，包括分享会和反馈收集，这有助于巩固学习成果和对未来的活动进行改进。通过以上网络图，教师可以更好地规划课程，并跟踪幼儿的学习进程。

六、博物馆活动的实施

博物馆活动的实施见表 2-37。

表 2-37　博物馆活动的实施

活动类型		资源	活动	经验
日常生活		博物馆	袋子旅行记	讲述一个与袋子有关的故事
		袋子	袋子的种类	通过角色扮演游戏，幼儿模拟商店购物或旅行打包，强化对袋子用途的认识
		布、剪刀等	用布制作小袋子或改造旧袋子	邀请家长参与幼儿的学习，制作家庭专属的袋子
区域活动	美工区	彩笔、布料、剪刀等材料	制作独一无二的袋子	鼓励幼儿设计和装饰自己的袋子
	科学区	棉袋子、塑料袋子、纸袋子等	袋子的秘密	展示不同材质（如棉、塑料、纸）的袋子，让幼儿摸索并描述它们的特点
	角色区	各种各样的袋子	袋子商店	设置一个小商店或市场，幼儿可以使用各种袋子进行购物游戏
	建构区	大型软袋、薯片罐、纸筒芯	快乐的施工队	利用大型软袋进行堆叠和建造游戏，提升空间感和协调能力
集体活动		各种袋子（如塑料袋、纸袋、布袋等）、展示架或桌子、标签等	折纸袋或缝制小手袋（艺术）	通过教师引导的集体活动，增强幼儿对袋子主题的理解和兴趣
		各种袋子（如塑料袋、纸袋、布袋等）	认识袋子（科学）	幼儿通过观察、触摸和实验等方式，探究不同袋子的特性，如透明度、可塑性等
		关于袋子的书籍、图片、袋子实物、多媒体（介绍有关袋子的历史和价值）	袋子的历史（语言）	教师为幼儿讲解关于袋子的知识，包括袋子的历史、制作过程等
		塑料袋、纸袋、布袋、锡纸袋、垃圾袋等	做个环保家（社会）	引导幼儿们讨论不同材质袋子的环保性，比如，哪些袋子是可以回收的，哪些袋子是一次性使用的，以及如何正确处理这些袋子

续表

活动类型	资源	活动	经验
集体活动	五颜六色的垃圾袋、绳子、彩带等	袋子时装秀（美工）	幼儿可以用袋子制作简单的服饰，然后举行一场袋子时装秀
	奶茶外送袋若干	袋子大变身（美工）	引导幼儿将袋子变废为宝，如用袋子制作抽纸盒等
其他活动	收集的各类袋子，艺术作品等	参观博物馆	让幼儿介绍自己的收集品、艺术作品和学到的知识

线上交流会

一、项目生发

本学期，我们班级的幼儿对生活中的事物更加有探究的欲望，在一次放学前的衣物整理环节中，幼儿发现几乎每个人身上都有线绳的存在，比如鞋带、帽子拉绳等，于是展开了激烈的讨论。《幼儿园教育指导纲要（试行）》提出，教师应善于发现幼儿感兴趣的事物、游戏和偶发事件中所隐含的教育价值，把握时机，积极引导。3—6岁幼儿对周围事物具有好奇心和求知欲，作为教师，要能敏锐地捕捉教育契机并进行适当的引导，以丰富、有趣的活动带动幼儿，鼓励幼儿主动探究和思考，并向更高的水平发展。因此，我们带领本班幼儿进行前期经验的梳理，帮助幼儿确定探索方向，以便后期更好地开展探究活动。

二、项目价值

陶行知在《什么是生活教育》中明确解释了生活教育的重要价值，生活中的种种都有可能引发幼儿的兴趣和探究欲望。线绳是幼儿在生活中常见的事物，教师借此激发幼儿对线绳探索的欲望。

1. 感受编织艺术，丰富对线绳的认知经验

编织艺术作为一种民间手工艺，能帮助幼儿在感受美的过程中培养审美观，产生对美的兴趣，萌生创造美的想法。幼儿可以通过实地参观线绳博物馆和参与幼儿园活动来欣赏不同的编织艺术品。通过参观线绳博物馆，幼儿能较为广泛地了解到不同的编织艺术品，对编织艺术有初

步的认识。在幼儿园活动中，教师将编织艺术品进行归类整理，将符合幼儿年龄特点的艺术品拿出来欣赏，帮助幼儿更好地了解编织艺术、走进编织艺术。在幼儿欣赏编织艺术的过程中，教师鼓励幼儿说出内心的想法和感受，促使幼儿用其独特的视角去看、去触摸、去感受。

2. 从材料出发，深化对线绳的感知，认识到线绳的多样性

通过前期对编织艺术品的欣赏和初步了解，我们发现生活中有相当丰富的编织材料，比如，彩绳、稻草、布条等。在活动中，我们请幼儿先想一想生活中哪些物品是通过编织得来的；请幼儿找一找，将毛衣、围巾、渔网等带入学校，通过摸一摸、看一看等，提升幼儿学习的体验感。

3. 在家园合作中探索新的活动形式，提升家园合作质量

不同年龄段的幼儿具有不同的认知和活动特点。教师带领幼儿进行编织活动，需要不断丰富操作形式，鼓励家长加入幼儿园的教育活动中，强化家长的助教作用。

在编织活动开展的前期，我们鼓励家长利用假期时间带领幼儿去参观博物馆中的编织类展品，了解基本的编织历史，为后续的活动奠定良好的基础；在编织活动开展的过程中，家长和幼儿共同创作了编织作品，增强参与感；在编织活动开展的尾声，我们将活动开展过程中幼儿创作的编织作品和活动过程中的照片展示在班级的微型博物馆中，并邀请家长入园参观，肯定家长在家园共育中的作用。

4. 发展幼儿创造性思维，提升幼儿的自主性

《幼儿园教育指导纲要（试行）》指出，环境是重要的课程资源，教师应通过环境的创设和利用，有效促进幼儿的发展。班级线绳博物馆为幼儿的操作活动提供了场所，又能将幼儿的活动过程与成果呈现出来，兼具学习资源和课程教育载体的双重作用。

在我们班级微型博物馆建构初期，幼儿自由发挥想象，将心中博物馆的样子通过绘画、口述等方式描述出来，教师通过一对一倾听和记录的方式一一记录，博物馆的建筑图纸初见雏形。

在博物馆建构的过程中，幼儿能用不同材质的线绳及其他材料，制作出自己想要的编织作品，并将其投放"纪念品商店"中。在小小馆长的带领下，"游客"们可以来商店进行购买，角色游戏就这样融入了线绳博物馆中。幼儿在线绳博物馆中见到了不同的线绳编织作品，并在操作中丰富经验。我们鼓励幼儿提出自己的想法和建议，以幼儿的视角审视班级博物馆建设的优势与不足，肯定幼儿的想法，强化幼儿的主人翁意识，让幼儿的自主性得到进一步发展。

三、项目关键经验

（1）对认识的线绳进行分类，知道线在生活中的多种用途，感受线在生活中的重要性。

（2）幼儿能根据各种线的某一特征，如颜色等进行分类。

（3）学习线的连接方式，尝试自己将线打结。

四、环境创设

(一) 可利用的资源

1. 自然资源

幼儿可以利用周末时间和家长一起在大自然中寻找线绳，并拍照记录下来。幼儿能够在探索的过程中了解到线的多元化，感受线存在的不同形式，了解到线不一定是以实物的方式存在的，进一步拓展思维。

2. 社会资源

幼儿可以找一找社会生活中的线绳，人们所穿着的衣物、鞋帽等很多是由线绳编织而来的。斑马线等，也是值得探索的一类。除此之外，编织主题的博物展览或艺术展览，也可以参观。

3. 网络资源

幼儿可以在网络上了解线绳编织的手法，了解线绳是如何产生的；也可以在网络上看一些线上展览，了解不同的编织艺术品。

4. 家长资源

家长可以与幼儿一起在生活中寻找"线"，一起探索"线"的作用。帮助幼儿了解不同的线绳类型。

(二) 建议创设的博物馆环境

1. 陈列区

（1）将幼儿做的线绳作品进行陈列展示，突出浓厚的线绳主题特色。

（2）创设纪念品商店。幼儿将不同的线绳作品放到纪念品商店，供"顾客"进行选购。

（3）悬挂玻璃球线绳吊饰。博物馆顶部悬挂了许多玻璃球，玻璃球高高低低的，悬挂着不同的线绳作品。幼儿参观博物馆时，抬头就可以看到这些漂亮的作品。

2. 体验区

（1）开设"线绳工坊"。我们专门在博物馆的中间区域设置一块区域，作为"线绳工坊"，在桌上为幼儿提供丰富多样的线绳材料，也提供剪刀、胶带等不同的辅助材料，供幼儿使用。

（2）打造"线绳书屋"。我们为幼儿提供有趣的、有关线绳的绘本，幼儿可以自由地阅读。

（3）创设"线绳操作区"。我们为幼儿提供丰富的游戏材料，并在每一个操作篮上粘贴操作指南，帮助幼儿更好地理解，也方便幼儿拿取。幼儿既可以借助操作指南进行想象和创造，也可以在此基础上进行自由创造，以获得更高水平的发展。

五、项目课程网络图及解读

项目课程网络图见图2-38。

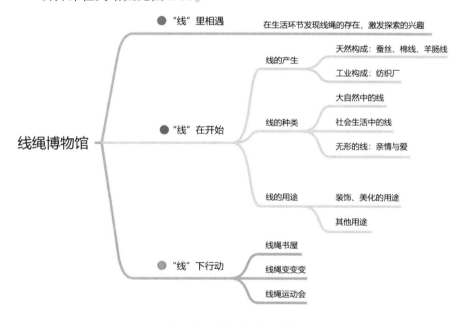

图2-38 项目课程网络图

本次博物主题围绕幼儿对"线绳"的探究与体验，主要包含三个分支："'线'里相遇""'线'在开始""'线'下行动"。三个分支分别指向幼儿的不同经验：从生活经验出发，激发对线绳探索的欲望；对线绳有基本的了解和认知；能根据不同的线绳特性进行游戏和创作。首先，在生活中有许多线绳的存在，幼儿可以从生活经验出发，说一说看到过哪些线绳，激发对探究活动的兴趣。其次，在活动的开展中，教师通过形式多样、生动有趣的活动，引导幼儿了解线绳的不同，拓展幼儿的思维，启发幼儿展开想象。最后，教师为幼儿提供多样的材料，帮助幼儿在操作实践中认识线绳，并体会到探索和创造的快乐。

六、博物馆活动的实施

博物馆活动的实施见表2-38。

表2-38 博物馆活动的实施

活动类型		资源	活动	经验
日常生活		鞋带、裤腰带、帽绳、裙子腰带等	有趣的绳结	在打结的过程中发展精细动作,了解到绳结对日常生活的重要性
		各类毛衣、毛线、编织针	一起织毛衣	了解到毛线变成毛衣的过程,通过简单的编织操作感受编织的快乐
		闪电、蜘蛛网等	大自然中的线	了解到线绳不一定都是可触摸的实体,认识到线绳的多样性
区域活动	美工区	各色珊瑚绒线、剪刀、胶带、一次性筷子	毛球小怪兽	通过剪、绑、贴的方式制作可爱的小怪兽,体验珊瑚绒的特点
		白纸、马克笔	趣味线描画	通过绘制线条,形成线描画,体会创作的乐趣
		奶粉罐、扭扭棒、麻绳	奶粉罐花裙子	将不同材质、颜色的扭扭棒弯折出有趣的形状,缠绕在奶粉罐罐身,感受创造的乐趣
	生活区	各色珠子、鱼线、剪刀	美丽的项链	自由选取自己喜欢的珠子来串一串,可以在串珠子的过程中寻找排列规律
		五彩丝带	翻花绳	两两结对,玩一玩翻花绳的游戏
	阅读区	多种关于线绳的绘本	线绳世界	通过阅读绘本了解到关于线绳的故事,增加对线绳探索的欲望
	科学区	不同粗细的物体若干	量一量,有多粗	通过线绳进行测量,学会探索和记录

续表

活动类型		资源	活动	经验
区域活动	建构区	形状和大小不同的积木若干、线绳若干	跨海大桥	通过积木的搭建，与线绳进行融合，尝试搭建出大桥
集体活动		五线谱图示、音符头饰	有趣的五线谱（音乐）	认识五线谱，并能说出自己在五线谱的位置；体验互相帮助、共同合作的乐趣，激发对音乐的兴趣
		PPT、收集的各种线、操作卡和笔	把线分类（科学）	能找出各种线的差异并根据线的某个特征进行分类；能大胆表达自己的想法，体会数学活动带来的乐趣
		黑色底板纸若干；各色吸管（剪成长短不一的小段），抹布，排刷，乳胶（倒在扁平的盘中，便于直接拿吸管蘸乳胶）；课件：有代表性的船和车辆的图片多幅	吸管贴画（美术）	观察图片，尝试用吸管组合排列及粘贴的方式表现不同的水陆交通工具；操作时注意及时捡起掉落的吸管，养成良好的手工习惯
		用弦乐器演奏的乐曲；不同的弦乐器，例如，吉他、小提琴、古筝、二胡等；手工纸、彩笔、饮料盒、皮筋	线条的声音（音乐）	初步认识弦乐器；探索不同弦乐器的演奏方法，发展初步的探究能力；学习利用废旧材料自制弦乐器，发展创造力
		布置丰富的线绳原材料的活动室、收集的各种线绳、多媒体课件、记录卡	线绳（科学）	认识线绳，了解线绳用途；描述线绳的异同，了解线绳使用方法；探索和体验线绳的乐趣
		已绕好线圈的薯片罐、相同的圆柱体5个、上面缠绕彩色线2—6圈和1—5的数字标签、记录卡（每个幼儿1张）	有趣的线圈（数学）	在圆柱体上绕线，根据缠绕的圈数判断线段的长短；能积极与同伴友好合作，体验数学活动的乐趣

续表

活动类型	资源	活动	经验
其他活动	《看不见的线》故事音频	看不见的线	幼儿和父母进行绘本共读，体会和理解看不见的线及隐形线，感受到与亲人之间的亲情和与同伴之间的友情

"纸"趣横生

一、项目生发

本次"纸"博物主题来源于幼儿的日常生活，大班的幼儿求知欲强，喜欢动脑筋思考，对周围的一切都非常关注。随着年龄的增长，他们的动手能力逐渐提高，在美工区活动的时候，我们发现幼儿对各种各样的纸类兴趣比较浓厚，并且喜欢运用它们进行简单、自发的探索活动。刘泟琪还带来了自己收集的漂亮糖纸和玻璃纸，和同伴一起讨论交流，分享自己的发现。幼儿的日常生活中到处都有纸的身影：从纸巾、纸盒到纸袋，从书籍、报纸到海报。纸不仅是我们物质生活的必需品，也是我们精神生活的重要载体。《评估指南》也提到，要真诚地接纳、多方面支持和鼓励幼儿的探索行为。于是，我们班从幼儿的兴趣出发，开展了以"纸"为主题的班级博物活动，并且鼓励幼儿利用身边的纸共同打造出专属于他们的纸博物馆。

二、项目价值

《幼儿园教育指导纲要（试行）》指出，幼儿园教育活动内容的选择应既贴近幼儿的生活，又有助于拓宽幼儿的视野。"纸"是我们生活中常见的物品，它广泛运用于我们的生活。对幼儿来说，在探索"纸"的过程中不仅可以丰富与"纸"相关的经验，还可以将平凡的纸变成创作或游戏的素材，由此可见，本次博物主题活动对幼儿的学习与发展具有一定的价值。

1. 萌发初步的环保意识

陈鹤琴先生曾经提出生活即教育。生活中各种各样的纸有着不同的用途，和幼儿的日常活动息息相关。通过开展与纸相关的主题课程活动，幼儿可以了解纸的来源、制作过程等知识，从不同角度理解人与自然的关系，萌发初步的环保意识。

2. 积累学习经验，发展动手能力、空间想象能力和创新思维能力

著名教育家杜威也曾强调"从做中学"的教育理念，"从做中学"也就是"从活动中学""从经验中学"。"从做中学"主张从经验中累积知识，从实际操作中学习，要求幼儿运用自己的手、脑、耳、口等感官接触具体的事物，通过思考从感性认识上升到理性知识，最后亲自解决问题。在"纸"博物主题活动的开展过程中，我们强调发展幼儿的动手操作和探究能力。通过实践活动，幼儿可以亲自体验纸的制作过程、探索纸的性质和用途，从而加深对纸相关知识的了解。杜威还认为"从做中学"的内容使儿童关心的并不是那些客观事实和科学定律，而是直接材料的操作，以产生有趣的结果。在探索"纸"的活动中需要幼儿动手实践，如折纸、剪纸、制作纸制品等。这些活动可以锻炼幼儿的动手能力、空间想象能力和创新思维能力。

三、项目关键经验

（1）知道纸的由来，能够用纸浆、胶水等材料体验造纸术，感受中国人的伟大发明，感受民族自豪感。

（2）感知各类纸，了解不同纸的不同用途和特点，进行有关的实验和探索。

（3）通过纸类相关的故事，产生情感上的共鸣，知道要乐于帮助他人，并且做一个有爱心的小朋友。

（4）有初步的环保意识，知道纸是有限资源，要爱惜纸张、节约用纸。

四、环境创设

（一）可利用的资源

1. 自然资源

寻找生活中可以用来制造纸张的自然材料，在幼儿园内的小山坡、小花坛，幼儿园外的公园等地方，寻找漂亮的小花、小草、小树叶等自然材料。幼儿可以自制花草纸，体验收集和利用自然材料造纸成功的自豪感。

2. 社会资源

纸在我们日常生活中无处不在，快递纸箱、牛皮纸打包袋、旧报纸、餐巾纸等。各种各样的纸制品有着不同的用途，通过充分挖掘社会资源，拓宽幼儿探索纸的奥秘的渠道。

3. 网络资源

利用各种搜索引擎，收集与纸相关的图片、视频、音频等，还可以访问教育类网站或 APP，获取与纸相关的教育素材，引导幼儿了解纸的来源、种类、用途，以及纸的环保价值，同时激发幼儿的想象力和创造力，培养幼儿的环保意识。

4. 家长资源

家园合作是课程开展的重要部分，可以鼓励家长和幼儿一起收集各种各样的纸及纸制品，一起参与探索纸的奥秘的活动。同时，鼓励家长根据自己的职业背景和兴趣爱好，分享与纸相关的知识和经验。例如，从事造纸行业的家长可以介绍纸的制作过程，从事设计行业的家长可以分享纸张在设计中的应用等。还可以设计一些亲子调查表，鼓励家长与幼儿一起进行探究式学习，如研究纸的环保性、纸的再利用等。这种学习方式能够培养幼儿的探究能力和环保意识。

（二）建议创设的博物馆环境

1. 陈列区

创设"纸类大百科展示区"。幼儿可以把收集来的不同的纸进行分类摆放，幼儿能够利用不同的身体感官去感知不同纸的特点，了解纸的特性。同时通过图片展现纸从古至今的变化，幼儿可以通过扫二维码了解更多关于纸的知识。

创设"我和纸的故事分享区"。在分享区中展示父母与幼儿的亲子作品和制作过程的照片，幼儿在欣赏的过程中还能交流和分享关于亲子作品的故事。

2. 体验区

创设"和纸做游戏"游戏体验区。我们在游戏区设置了很多与纸有关的游戏，比如，在纸牌接龙活动中，幼儿可以寻找规律，按数排序；在玻璃纸的秘密活动中，幼儿可以体验光在玻璃纸上的神奇折射；在只此青绿活动中，幼儿可以感受宣纸国画的魅力。

开设"纸艺阅读区"。在阅读区投放《纸的起源》《折纸变变变》等绘本，幼儿可以选择自己感兴趣的绘本阅读。阅读区也提供了勾线笔、蜡笔等材料，幼儿能够尝试自制绘本，和朋友一起创编故事、制作书签等，其阅读能力和语言能力都得到了一定的发展。同时结合环保内容，我们增加了"修补角"，幼儿可以利用透明胶、剪刀等工具修补破败的图书。

开设"神奇的纸实验区"。在实验区，幼儿可以自主操作，通过不同和纸有关的小实验探索纸的秘密，幼儿在这一方小小的天地可以沉浸式地自由探索。

开设"纸工建构区"。在这个建构区，幼儿可以利用各种收集来的纸类材料，如纸箱、纸板、纸筒、纸杯等材料进行创意拼搭，幼儿能够充分发挥自己的创造力、想象力和空间力。

五、项目课程网络图及解读

项目课程网络图见图 2-39。

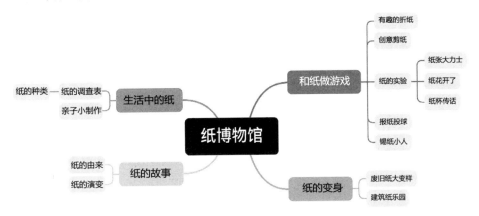

图 2-39　项目课程网络图

本次博物主题围绕幼儿和纸不同角度的互动展开，主要分为四个分支："生活中的纸""纸的故事""和纸做游戏""纸的变身"。第一个分支"生活中的纸"，鼓励幼儿寻找生活中常见的纸或纸工艺品，通过调查表等形式总结出常见的纸类。同时鼓励家长参与，利用空余时间和幼儿一起用收集来的材料进行亲子小制作，丰富亲子时光。第二个分支"纸的故事"，引导幼儿通过视频和实物展示的方式知道纸的由来，体验神奇的造纸术，感受到古人的智慧，鼓励幼儿扫二维码了解纸的演变过程。第三个分支"和纸做游戏"，幼儿自己动手操作，亲身体验纸的神奇和有趣，萌对纸的探究兴趣。第四个分支"纸的变身"，幼儿将收集来的旧报纸、旧纸筒、旧纸箱等材料，进行重新创造组合，将废旧纸大变样。同时，幼儿将收集到的各种纸类材料分类整理，在建筑纸乐园中创意搭建一个专属于自己的纸乐园。本主题的开展围绕脉络图层层递进，根据幼儿的兴趣与发现灵活调整主题架构，不断拓展幼儿的经验。

六、博物馆活动的实施

博物馆活动的实施见表 2-39。

表 2-39　博物馆活动的实施

活动类型		资源	活动	经验
日常生活		园内各个博物馆	发现纸制品	在幼儿园博物馆中寻找各种各样的纸制品
		班级活动室	纸的用途	讨论生活中常见的纸都有哪些不同的用途
		纸类玩具	好玩的纸箱	知道纸箱有不同的用处，利用纸箱的特点体验纸箱的不同玩法
区域活动	美工区	彩纸、剪刀、剪纸步骤图	趣味剪纸	学看步骤图剪纸，尝试用不同的方法剪纸
		锡纸、人物运动造型图片	锡纸小人	感知物体运动的不同姿势，体验用锡纸摆出不同的人物造型
		宣纸、颜料、毛笔、颜料盘	上春山	用毛笔在宣纸上作画，表达自己心目中的春天的景色，体验宣纸画的魅力
	科学区	纸杯、毛线、剪刀	传声筒	利用毛线、纸杯制作简单的传声筒，体验科学实验的乐趣
		纸浆、滤网、勺子、水	造纸术	尝试用纸浆平铺在滤网上，体验古法造纸的技艺
		积木、石头、铅笔、橡皮、勾线笔	纸的承重	将纸摆成不同的造型，探究一张纸承重的极限
	语言区	蜡笔，记录本，绘本《有用的再生纸》《报纸上的洞洞》	有用的再生纸	知道生活中的纸可以再生和二次利用，记录生活中哪些材料可以回收利用
		牛皮纸、勾线笔、水彩笔、打孔机、剪刀、丝带	小书签	利用打孔机、剪刀等工具制作小书签，并装饰书签画面
	益智区	扑克牌 1 套	花样扑克	利用扑克牌尝试数的计算、数的接龙、数的比大小，探索扑克牌的不同玩法
		杯底印有不同花纹的纸杯	纸杯翻翻乐	提升对色彩的认知，锻炼反应能力

续表

活动类型		资源	活动	经验
区域活动	益智区	不同形状的纸质方块平面、方格底板	俄罗斯方块	尝试根据图形分析如何布局，锻炼空间力和逻辑思维能力
	生活区	各色海绵纸、报纸、剪刀	创意编织	将海绵纸、报纸等材料进行编织，体验编织的魅力
		不同种类的纸的卡片	我会分类纸	知道不同的废纸属于不同的垃圾，如湿纸巾是其他垃圾，硬纸板是可回收垃圾等
	建构区	扑克牌、纸杯	金字塔	利用纸牌和纸杯的特点，尝试搭建不同高度和造型的金字塔
		粗纸筒、卷筒纸芯、纸板	纸乐园	利用收集来的纸材料，发挥想象进行创意搭建
	表演区	打击乐《纸的畅想曲》、铃鼓、白纸	纸的畅想曲	能利用白纸和其他乐器敲敲打打，并乐在其中
		音乐《纸飞机》、头饰、儿童乐器、服饰	《纸飞机》	能根据音乐装扮成纸飞机的样子，边唱边演
集体活动		报纸、餐巾纸浆、滤网、勺子、造纸术介绍视频	纸的由来（社会）	了解纸的由来，学会利用纸，包括循环利用和废物利用
		收集来的生活中常见的各种纸、放大镜、剪刀、幼儿前期已经完成的调查表	有用的纸（科学）	感受硬板纸、餐巾纸、包装纸、皱纹纸等不同纸的质地，初步了解纸的种类和特性
		餐巾纸（每个幼儿2张）、颜料、雪糕棒、橡皮筋	多彩的纸巾（美术）	初步了解一些简单的创意和手工制作方法，感受纸巾浸染活动带来的乐趣
		报纸若干、透明胶12个、剪刀一人一把、篮球筐4个、背篓34个	玩纸球（体育）	通过探索纸球的玩法锻炼身体动作的协调性

续表

活动类型	资源	活动	经验
集体活动	裁好的纸样及成品、剪刀（每个幼儿1把）、双面胶、透明胶、各类装饰性材料（皱纹纸、蜡光纸、瓦楞纸、玻璃纸、报纸等）	"纸"服装秀（美工）	学习简单的裁剪纸的方法，为自己和同伴设计和制作服装，体验动手操作的乐趣
	各种各样的纸、造纸故事、造纸图、蔡伦图	纸的环保利用（社会）	有初步的环保和节约意识，懂得要爱惜纸张和书本
	故事录音、iPad 6个、纸雨伞6把	纸雨伞（语言）	通过故事中所发生的事情，体验彼此间纯真的友谊，懂得相互帮助、相互关爱
	自制图谱、小纸船音频、折好的纸船1个	小纸船（音乐）	感受、熟悉音乐的旋律，学做动作，大胆改编，能带着感情歌唱
	图希沃白板课件、4种纸娃娃实物、牛皮纸、打印纸、铅画纸、宣纸	纸娃娃（语言）	在看一看、说一说中尝试观察故事图片，学说短句，了解纸张不能浸水的特点，知道各种纸张的不同特性
	白板纸、牛皮纸、皱纹纸、彩箔纸、瓦楞纸、硫酸纸等	会唱歌的纸（音乐）	学习用纸片当乐器给乐曲伴奏，享受用纸演奏带来的乐趣
	处理过的干花、干树叶、干草、纸浆、勺子、滤网	花草纸（美术）	在学会造纸术的基础上，制作花草纸，体验制作再生纸，感受活动的乐趣
其他活动	幼儿家	我能找到XX纸	在家中寻找生活中会用到的不同的纸
	彩色纸条、衍纸笔、双面胶、相框	神奇的衍纸（美术）	学习传统的衍纸技艺，感受中国非遗文化的魅力

中国画博物馆开馆啦

一、项目生发

《评估指南》提到，让幼儿学会发现和感受自然界与生活中美的事物，欣赏多种艺术形式和作品。鼓励和支持幼儿自发地进行艺术表现和创造，培养初步的艺术表现能力与创造能力。艺术领域的目标更是强调培养幼儿对艺术的兴趣和感受能力，同时鼓励他们通过各种方式表达和创造艺术。中国画是我们中华民族灿烂文化的组成部分，而本次"中国画"的博物主题正是缘于一场偶发的教育契机。幼儿在园内美术馆活动时，对馆内的"黑白画"提出了提问："老师，为什么这些画是黑色的？""老师，他们为什么不给画涂颜色呢？""老师，这些画好奇怪，和我们画得不一样。"幼儿七嘴八舌，对墙上的水墨画充满了兴趣。我耐心地给幼儿解释，因为这种画叫水墨画，是用黑色的墨混合水画出来的，而水墨画是中国最有特色的绘画作品之一。幼儿非常惊讶，原来只用黑色也可以画出这么多栩栩如生的作品。幼儿追问道："什么是之一？"我回答："就是中国特色画中的一种。""那别的是什么呢？"为此，我们对中国特色画展开了研究，并打算在班级创设一个小小中国画博物馆……

二、项目价值

作为中华优秀传统文化的重要组成部分，中国画的魅力是不言而喻的，通过开展中国画博物课程，提升幼儿的审美能力，让幼儿感受中华文化的源远流长。

1. 传承中华文化

让幼儿从小接触和了解中国画这一优秀的中国传统文化艺术形式，有助于幼儿传承和弘扬中华文化的精髓。

2. 培养审美情趣

中国画具有独特的艺术魅力，能培养幼儿的审美能力和艺术鉴赏力，提升他们对美的感受和理解能力。

3. 激发兴趣

博物馆的环境和作品能够激发幼儿对绘画、艺术的兴趣，为他们未来的发展奠定基础。

4. 丰富认知

通过观赏不同风格、题材的中国画作品,幼儿可以拓宽知识面,丰富对世界的认知。

5. 培养情感表达能力和人文素养

中国画中蕴含的情感和思想可以潜移默化地影响幼儿的情感发展,培养他们的情感表达能力和人文素养。

6. 培养创造力

在欣赏中国画的过程中,幼儿的想象力和创造力可能会受到激发,有助于他们思维的拓展。

三、项目关键经验

(1) 初步了解中国画的历史、发展,感受中国传统文化的美,增强民族自豪感。

(2) 能运用多种手段进行中国特色的美术创作,激发幼儿参与美术活动的兴趣。

(3) 初步了解油水分离这种创作方法,再现美丽的青花瓷作品。

(4) 在创作青花纹时体验色彩和图案对称带来的均衡美感,初步培养幼儿的审美能力。

(5) 学会欣赏生活中的各种美术作品,并能用语言和动作表达自己的感受和理解。

(6) 愿意参加各种有关中国画的美术活动,感受作品的美感,体验美术活动的快乐。

(7) 学习画出人物和物体的基本部分和主要特征。

四、环境创设

(一) 可利用的资源

1. 自然资源

使用自然材料(如树枝、竹子等)制作展示架。收集自然界的石头进行石头绘画创作。在"壁画"板块,布置一些绿植,营造自然氛围,用树叶、花瓣等制作装饰画或拼贴作品,并在墙上展示。

2. 社会资源

寻找并参观当地的有壁画、青花纹画、水墨画的博物馆。找画家或艺术爱好者进行中国特色画创作的示范或讲解。与当地的文化机构合作,获取更多的中国画作品或相关资料。利用社区的建筑特色或历史文化元素装饰环境。

3. 网络资源

从网上下载中国特色画图片进行展示。利用多媒体设备播放中国特色画的创作过程或相关故事，参考网络上的创意布置，为博物馆增添特色。

4. 家长资源

邀请家长提供家中的特色画藏品或相关书籍进行展示。发动家长与幼儿一起利用周末时间制作中国画相关的艺术作品。

(二) 建议创设的博物馆环境

1. 陈列区

（1）创设墙面艺术画。张贴中国壁画作品等，并附上讲解的二维码，供幼儿看一看、品一品、说一说，了解相关中国画，增强幼儿对不同中国画的认知，引导幼儿对其特点思考。

（2）布置立体展览柜。利用展览柜，展示幼儿自制的作品，如石头画、青花瓷瓶等，引导幼儿探索敦煌壁画的秘密，感受青花瓷的线条之美，走进水墨画的世界，等等。

2. 体验区

（1）开设"彩绘石头"体验区。利用从自然界收集的石头进行石头彩绘，激发幼儿想象力与创造能力。

（2）开设"青花纹样我来设计"体验区。投放白色盘子、塑料瓶、蓝色记号笔等。幼儿通过一起在盘子和瓶身上作画，利用点线结合的线描画技巧，绘制自己心目中独一无二的青花瓷，赋予青花瓷新的内涵。青色的花纹绘在白底的瓶子和盘子上，展现出来的效果让人眼前一亮。

（3）开设"水墨体验区"。幼儿尝试多种方式作画，比如，体验吹墨画树枝、点墨画果实、大片涂抹画山川等。

五、项目课程网络图及解读

项目课程网络图见图 2-40。

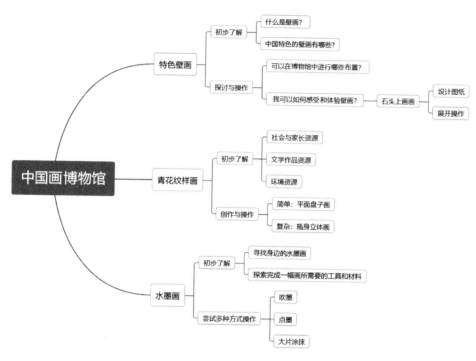

图 2-40 项目课程网络图

六、博物馆活动的实施

博物馆活动的实施见表 2-40。

表 2-40 博物馆活动的实施

活动类型		资源	活动	经验
日常生活		美术馆、昆山文化体验馆	水墨绘画	在幼儿园的相关馆内探索水墨画的绘画方法,感受其魅力
		社会博物馆	寻找青花纹样、特色壁画……	在园外和父母通过参观博物馆,进一步探索中国特色的青花纹样和古代壁画的奥秘,增进了解
区域活动	美工区	墨水、宣纸、毛笔、砚台	水墨之旅	尝试用毛笔、宣纸等材料绘制山水画
		白盘子、蓝色丙烯笔等	神奇的青花瓷盘	尝试设计绘画青花纹,体验色彩和图案对称带来的均衡美感

228

续表

活动类型		资源	活动	经验
区域活动	美工区	颜料、水、牙签、KT板等	趣味刻板画	尝试通过拓印的方式创作刻版画，体验刻版画的乐趣
	科学区	泥土、食用油、水、盐、滴管、量杯等	水墨分层	尝试实验并观察泥土在不同溶液中的分层现象
		泥、水、量杯等	水油分离	提供蓝色颜料、白色蜡笔、纸张等，引导幼儿初步感受油水分离
	语言区	绘本《九色鹿》、彩纸、蜡笔等	九色鹿的故事	能逐页翻阅图书，能用图画方式记录自己对壁画的认识
		相关故事图片、青蛙头、小鸡头等角色扮演的道具	小蝌蚪找妈妈	通过角色扮演，练习故事中人物的主要对话
	益智区	水墨画的小动物、干扰类图片等	我来找一找	能通过连一连配对的方式找出生活在同一地方的小动物
	生活区	不同大小的毛笔等	毛笔握法	尝试练习毛笔的正确握法
	建构区	各种形状的积木、泥池、瓦片、养乐多瓶等	我的国画馆	尝试用平铺、架空、垒高的方式建造微型博物馆
	表演区	音乐《画妈妈》、铃鼓、铃铛等	画妈妈	能选择自己喜欢的乐器、服装进行扮演，敲敲打打，乐在其中
集体活动		绘本《九色鹿》、画好的九色鹿画1幅	九色鹿（语言）	引导幼儿细致观察画面，激发幼儿的想象力，根据故事内容画出九色鹿；愿意分角色表演简单的故事情节，加强保护动物的意识

续表

活动类型	资源	活动	经验
集体活动	影片《飞天》、音乐，以及若干飘带	敦煌壁画（美术）	初步了解敦煌壁画的由来，懂得它是我们中华民族的艺术瑰宝；欣赏飞天的轻盈飘逸的身姿、迎风飘动的衣裙、彩带所呈现出的动感美；尝试用肢体动作表现出飞天的柔美姿势
	各种时期的代表画、壁画、青花瓷、水墨画，各种作画的工具	中国画（综合）	欣赏中国画富有生活情趣的画面，了解中国画的悠久历史；了解绘制中国画的基本工具和材料，对中国画产生兴趣
	材料准备：PPT、录像、表情图 经验准备：记录表（记录自己日常生活中遇到的不开心的事情）	画四季（社会）	欣赏绘本，比较故事中人物的行为和态度，体验美好的情感；尝试用"换种想法、换种做法"的思维方式，排解不良情绪
	墨汁、毛笔（1支）、塑料盒（1个）、白色卡纸、调色盘	水墨小游戏（美术）	了解水与墨的相互关系；感受不同浓度的墨水，体验水墨画的美
	白色盘子、蓝色马克笔、纸等	青花盘设计（美术）	了解青花纹的特点；设计不同风格的青花盘，体验水墨画的美

雨博物馆

一、项目生发

天晴了，幼儿去户外开展丰富多彩的活动，下雨天，幼儿只能在室内的走廊里玩耍。三四月，常熟已进入雨季，持续连绵的雨让幼儿连续多天待在室内，他们看着窗外却不能出去游戏，眼睛里露出渴望的眼神。我们为了满足幼儿玩游戏的需要，让他们和大自然亲密接触，带领幼儿进行了雨的探索活动。

二、项目价值

游戏是幼儿的天性，也是幼儿的权利。陈鹤琴提出，大自然、大社会都是活教材。《学习与发展指南》提出，幼儿喜欢接触大自然，对周围的很多事物和现象感兴趣。成人要善于发现和保护幼儿的好奇心，鼓励幼儿根据观察或发现提出值得探究的问题。其实户外有许许多多美妙的事物，是幼儿成长的好课堂。我们通过开展丰富的户外活动，让幼儿走进大自然，锻炼了幼儿的体能，陶冶了幼儿的情操，增长了幼儿的知识和经验，促进了幼儿的全面发展。

1. 亲近自然，感受雨滴的美好

虞永平教授说过，亲近自然是儿童天性的自然表露，也是儿童发展的重要推动力量。下雨的日子里，我们一起发现雨滴的秘密，收集雨水，在雨中嬉戏；我们一起观察比较、实验探究，并尝试把自己的发现用符号、图画记录下来；我们一起讨论分享，一起回顾交流。原来下雨的日子也可以这么快乐！

2. 参与雨滴实验，发展幼儿多方面的能力

加德纳著名的"多元智能理论"提到幼儿拥有"自然探索"或"博物学家"智能。这是指幼儿具有强烈的好奇心和求知欲、敏锐的观察能力，善于观察自然界中的各种事物，能了解各种事物的细微差别，对物体进行辨析，从而在大自然中发展多方面的能力。在这个幼儿建议发起的博物主题课程中，包含着雨的挖掘和探索、雨滴实验对比认知探究等环节，能激发幼儿主动探究的兴趣，促进其亲自然力及动手操作、语言表达、思维想象、动手探究、团体合作等方面能力的提升。

3. 丰富博物课程体系，贴近幼儿生活

著名学前教育家陈鹤琴曾说过，大自然是我们的知识宝库，社会不仅是我们的生活宝库，也是我们的生活教材。通过这次主题活动的开展，幼儿走进雨天，体验雨天的活动，感受到了不一样的雨天。在活动中，我们鼓励幼儿根据观察或发现提出值得继续探究的问题，将活动延伸至生活中去。在这场关于雨的主题探究活动中，我们见证了幼儿的成长与进步，激发了幼儿的好奇心及其对大自然的热爱。

三、项目关键经验

（1）了解雨的形成，知道雨与人类的关系，产生探究雨的愿望。

（2）运用多种感官感知雨、表现雨，能大胆地说出自己的发现。

（3）能运用多种方法和手段表达对雨的喜欢。

（4）让幼儿对雨有更多的认知，学习雨的有关科学概念，获得相关的知识和经验。

（5）探索过程有一定的挑战性和难度，开展相关的活动，利用观察、思考、动手、表达等方式来促进幼儿主动思考、解决问题等。

（6）在解决问题的过程中，培养幼儿良好的学习品质（主动学习等）。

四、环境创设

（一）可利用的资源

1. 自然资源

利用丰富的场地资源让幼儿体验雨，感受雨的奥秘。

2. 社会资源

寻找周边科技馆，综合考虑各种安全因素，拓展玩雨的资源，和幼儿一起亲近自然，感受玩雨的乐趣。

3. 网络资源

利用网络收集各种有关雨的绘本故事、图片、科普视频、儿歌等素材，供幼儿阅读、倾听，进一步拓展幼儿对雨的认知，激发幼儿对雨的兴趣，满足幼儿的活动需求。

4. 家长资源

充分借助家长的力量，合理利用家长资源，鼓励家长参与到与雨有关的活动中来，和幼儿开展有趣的与雨有关的活动。例如，家长可利用周末时间和幼儿一起制作雨的模拟实验，和幼儿一起发现雨的奥秘。

（二）建议创设的博物馆环境

1. 陈列区

（1）创设"雨的艺术展"。在展区展示幼儿带来的有关雨的美术作品，供其他幼儿看一看、说一说，了解相关雨作品的名称、用途，增强幼儿对雨的认知，激发幼儿对雨的兴趣。

（2）布置"我和雨的故事墙"。利用墙面，展示幼儿收集到的下雨天的照片及有关雨的用途的照片，如滋养动植物等，引导幼儿和同伴一起看一看、说一说，知道雨在生活中的巨大作用。

2. 体验区

（1）开设"雨的实验"体验区。利用桌面和网格架的空间，提供各种雨水实验，发展幼儿的探究能力。

（2）开设"雨趣阅读区"。投放《稀里哗啦下大雨》《夏日的雨》等绘本，同时投放关于雨的优质绘本的二维码，引导幼儿自主扫码阅读，在此过程中，幼儿的语言表达和逻辑思维能力得到锻炼。

（3）开设"雨具商店"。幼儿化身导购员，通过售卖雨具，发展语言表达能力，提升生活技能。

五、项目课程网络图及解读

项目课程网络图见图 2-41。

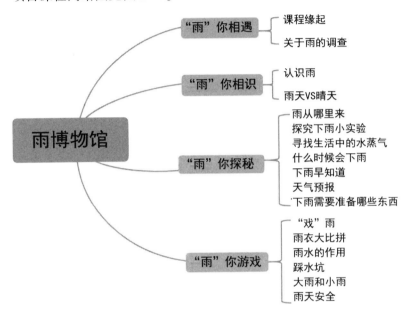

图 2-41　项目课程网络图

陶行知的生活教育理论主张"生活即教育"，幼儿园的教育要以幼儿生活作为教育基础，在幼儿的生活进程中挖掘教育资源，在幼儿的生活中发现教育契机，解决问题。所以本次雨博物馆活动从幼儿的兴趣点出发，幼儿通过自己的亲身实践、观察和探索，体验了雨，初步了解雨这一自然现象的形成，激发了幼儿的好奇心和对大自然的热爱。

这一次与雨的约会让幼儿释放了天性，收获了快乐，充分调动了幼儿的多种感官，通过说、看、摸、玩、画、唱等让幼儿充分体验和讨论雨、观察雨、触摸雨，从中了解雨的特点，感受大自然这本活教材的奥秘，享受探究的乐趣。

六、博物馆活动的实施

博物馆活动的实施见表 2-41。

表 2-41 博物馆活动的实施

活动类型		资源	活动	经验
日常生活		幼儿园场地、户外山坡场地	快乐玩雨	在幼儿园感受雨天玩雨的快乐
		下雨天的社区、公园	我接到的雨水……	在园外和父母一起接雨水，感知雨水的特征
		滴管、宝宝油、透明罐子、食用色素等	罐子云雨实验	直观地了解云是如何通过收集水分形成的雨
区域活动	美工区	橡皮泥、泥工板、小花模具等	下雨啦	利用水油分离的原理表现下雨的场景
		油性蜡笔、水粉材料、彩色黏土	我喜欢的雨具	大胆想象，通过揉、压、掏空等技能，创作各种各样的雨具造型
	科学区	塑料杯、吸管等	收集雨水	将用各种容器收集到的雨水进行比较，探索可以比较出多少的方法，并简单记录
		塑料杯、吸管等	毕达哥斯拉杯	指导幼儿制作毕达哥斯拉杯，并进行蓄水、流水实验，体验探索的乐趣
		大小不一样的矿泉水瓶子	接水实验	同伴之间比比谁灌得快、谁灌得多；以多种形式帮助幼儿形成完整的体验
	语言区	彩纸，蜡笔，绘本《下雨啦》《下雨天》《雨天的发现》等	雨天的故事	能逐页翻阅图书，能以图画方式记录自己对雨的发现
	益智区	泥的迷宫底板	蚯蚓走迷宫	能进行迷宫游戏，能用不同的办法走出迷宫
		云朵卡片、数字等	云朵卡片	根据云朵卡片上的数字，在云朵下方摆上相应数量的雨滴
	生活区	衣架、刷子等	我的雨衣	能自己动手把雨衣挂起来
		雨衣、雨靴等	我会整理	能自主穿脱雨衣和雨靴，学习如何晾干和整理雨具
	建构区	各种形状的积木、瓦片、养乐多瓶等	下雨天的幼儿园	尝试用平铺、架空、垒高的方式搭建下雨天的幼儿园

续表

活动类型		资源	活动	经验
区域活动	表演区	音乐《小雨和花》、铃鼓、铃铛等	小雨和花	能选择自己喜欢的乐器、服装进行小泥人扮演，敲敲打打，乐在其中
集体活动		课件"小水滴旅行记"，小水滴图片若干，小水滴旅行图片4幅，音乐《去郊游》《火车开了》	小水滴旅行记（语言）	根据故事内容，尝试用图片贴出小水滴的旅行过程；在活动中培养幼儿探究大自然的兴趣
		一次性透明水杯若干、牛奶、纯净水、水盆、PPT等	雨的秘密（科学）	感知水的特征，知道水是无色、无味、透明的可流动的；初步了解人类与水的关系；懂得保护水资源，有节约用水的意识
		音乐《下雨歌》、打铃铛、沙球、鼓及雨伞	下雨歌（音乐）	尝试用声音、动作、节奏表达出自己的想象；用歌声、动作表现出下雨的趣味；感受旋律及和同伴一起参加集体音乐活动的乐趣
		白板课件	滑吧，滑吧，小雨点（语言）	欣赏散文诗，感受散文诗蕴含的情感；结合生活经验大胆想象，尝试创编散文诗的中间部分；通过视、听、讲结合的互动方式，发展连贯的表述能力
		教师示范画，泡沫条（每个幼儿1份），糨糊（每组1份），有雷声、雨声的音乐	最美不过下雨天（美术）	学着用适量的糨糊把泡沫条粘到画纸上，感受粘粘的快乐
		白板课件，展板，白纸（上面画有白云1朵），粗细勾线笔，用彩纸剪的小花、小草、小鸡和小鸭	下雨了（美术）	尝试用不同形式的线条来表现雨点和为乌云、花朵等进行添画装饰；在观察和操作的过程中，感知线描画的美感
		《下雨歌》音乐，雨伞、雨衣、雨靴的图片，下雨声的录音	下雨天（音乐）	学唱歌曲，感受歌曲的旋律，知道下雨天需要使用的避雨工具，尝试大胆创编歌词

续表

活动类型	资源	活动	经验
其他活动	背景音乐，情景图4幅（小雨滴落在树叶上、小雨滴落在伞顶上、小雨滴钻进花蕊中、小雨滴落在窗玻璃上）	听雨（语言）	欣赏、理解散文诗，感受诗歌优美的语言和意境；能大胆想象，创编诗歌，培养细致观察和较完整的表述能力
	彩笔、纸、幼儿操作材料	小花伞（美术）	运用色彩、线条、形状等大胆地设计伞面，感受各种伞面的装饰美，体验创作活动的快乐
	PPT，布衣，雨衣，棉布，塑料布，塑料桶，用于实验的各种材料（如毛巾、布袋、塑料袋、伞、纸袋等）	布衣雨衣（科学）	初步了解布和塑料不同的透水性能；了解布衣和雨衣在日常生活中的不同用途；能大胆、清楚地表达自己的见解，体验成功的快乐
	多媒体课件、音乐、小花伞1把	雨中的小花伞（科学）	学用不同的节奏演唱歌曲；在感受歌曲的基础上，理解歌曲的意境；培养幼儿的音乐节奏感，发展幼儿的表现力
	录有溪水声、雷雨声、海浪声等有关水声的轻音乐，表现水的动态的图片若干，蓝色、绿色蜡笔，画好框的卡纸，餐巾纸	亲亲水世界（综合）	尝试听音乐发挥想象力和创造力，用不同的绘画形式表现水的不同动态；继续学习渐变的涂色方法
	与诗歌对应的4个场景，春雨姐姐头饰1个，种子、桃树、麦苗、小朋友的图片和挂饰若干，春雨背景图1幅	春雨（语言）	感受诗歌的韵律美和意境美，体验万物生长的春意，欣赏和理解诗歌《春雨》
	锅碗瓢盆、小铲子、漏斗、一次性杯子等生活工具，雨等自然资源	玩雨啦	用生活中的工具来玩雨，体验玩雨游戏的自然之趣

竹之韵

一、项目生发

春夏交接,校园里绿意盎然。吃过午饭后,我带着幼儿在户外散步,看着户外的树木长出了新叶,峻熙说他们小区有竹子,竹子的叶子一直是绿色的,不会掉。琪琪也接着说周末的时候她妈妈带她去公园了,那里也有竹子,有的竹叶卷起来了,有的竹叶是展开的。《幼儿园教育指导纲要(试行)》提出,科学教育的价值取向不再是注重静态知识的传递,而是注重幼儿的情感态度和探究解决问题的能力。竹子是幼儿感兴趣的话题。

于是,本学期我们以"竹"为基本元素,创设满足幼儿生活、学习、运动的园所环境,让幼儿在适宜的环境中,通过亲身参与的方式获得发展,成为独立、乐观、向上、富有个性的幼儿。

二、项目价值

虞永平教授提出,最好的课程是在满足儿童的日常生活和实际行动里的。《学习与发展指南》指出,幼儿园应树立一日生活皆课程的教育理念,要综合利用一日生活各个环节来实施教育,达成课程目标。我们应该倡导一日生活即教育的理念,学会放手,学会跟随,学会观察,时刻谨记课程是幼儿的课程,只有从幼儿的兴趣、需要和问题出发,幼儿才能在活动中获得真实的发展。此外,我们也要充分开发和利用园内外的资源,拓宽博物课程的互动空间。

1. 关注幼儿的发展,让课程内容适应幼儿的需要

陈鹤琴先生曾指出,大自然、大社会是知识的源泉。应让儿童在与自然和社会的直接接触中,在亲身观察中获取知识和经验。我们应该充分利用大自然给予我们的得天独厚的优势,充分利用身边的自然资源为幼儿的发展提供'养料',让幼儿随时都能在自己所熟知的自然环境、自然材料中获取知识。竹子是随处可见的植物,小区墙边、公园都有那一丛翠绿。通过谈话活动、小组活动、集体活动、区域活动等一系列活动,体现师幼、幼幼之间真实的学习与探索过程,让课程内容适应幼儿的需要。

2. 各领域内容有机融合，满足幼儿多方面和谐发展的需求

在课程游戏化精神的引领下进行课程建设，是幼儿、教师和幼儿园共同发展的良好契机。课程的建设主要关注幼儿学习与发展的整体性，注重各领域内容的有机融合，满足幼儿多方面和谐发展的需求。在"观竹、探竹、玩竹"之旅中，竹叶、竹片……无一不成为他们探索的素材。

三、项目关键经验

（1）引导幼儿认识各种竹子，了解竹子的生长过程和用途，知道竹子生长的简单常识。

（2）认识常见的竹制品，了解不同竹制品的功能和作用。

（3）通过对竹子的探究，激发幼儿对竹子的兴趣，并学会提问，学会观察，学会发现。

（4）引导幼儿探索竹子在我们日常生活中所起到的作用。

（5）知道竹子与人类的密切关系，懂得爱护树木，初步萌发环保意识。

（6）愿意大胆尝试，并与同伴分享自己的心得。

四、环境创设

（一）可利用的资源

1. 自然资源

充分挖掘园内外的竹园，了解竹子的众多种类及其特点，满足幼儿对户外世界的好奇心。

2. 社会资源

参观竹艺工坊，了解竹子的加工过程，欣赏竹子艺术品，亲手体验制作竹艺品。了解竹产业发展情况，如竹材加工、竹制品销售等，让幼儿了解竹子的经济价值和社会贡献。

3. 网络资源

利用网络收集各种有关竹子的绘本故事、图片、科普视频、儿歌等素材，供幼儿阅读、倾听，进一步拓展幼儿对竹子的认知，激发幼儿对竹子的兴趣，满足幼儿的活动需求。

4. 家长资源

家长带幼儿到竹林玩一玩，在玩的过程中提出相应的问题，让幼儿认识不同种类的竹子，了解竹子的外形、生长过程及构造，并协助幼儿收集各种竹制品。

(二) 建议创设的博物馆环境

1. 陈列区

（1）创设"竹品陈列柜"。将幼儿收集来的各种竹制品及亲子作品展示出来，供幼儿看一看、说一说，了解相关竹制品的名称、用途，增强幼儿对竹子的认知，引发幼儿对竹制品的兴趣。

（2）利用墙面，展示不同种类的竹子图片或照片。

2. 体验区

（1）开设"笋娃阅读区"。投放《长呀长，小竹笋》《和竹子在一起》等绘本，同时投放关于竹子的优质绘本的二维码，幼儿可以自主扫码阅读，在此过程中，幼儿的语言表达能力和逻辑思维能力得到锻炼。

（2）开设"竹艺工坊"。幼儿化身为艺术创作家，可以用竹篾、竹筒等材料进行自由创作。他们的作品可以售卖或赠送他人，制作的纪念品可以放进我们的博物馆进行展览，等等。

五、项目课程网络图及解读

项目课程网络图见图 2-42。

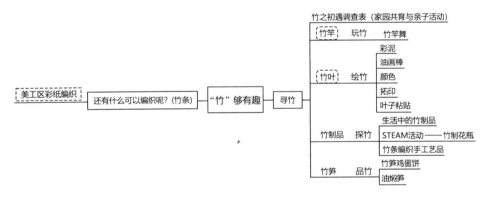

图 2-42 项目课程网络图

本次博物主题围绕幼儿对竹子的探究与体验，主要围绕"玩竹""绘竹""探竹""品竹"。每个分支都指向幼儿可获得的关于竹子的不同经验：感知竹的种类，知道竹的用途，体验玩竹的乐趣。引导幼儿在丰富多彩的玩竹游戏中，通过亲身体验、直接感知，喜欢玩竹子游戏，激发对竹子的探究兴趣。

大自然、大社会就是活教材。从初遇竹子感到好奇，到慢慢走进竹子，幼儿对竹子的各种用处等产生了浓厚的兴趣。幼儿在活动中观察、发现、思考、想象、创造，在亲身体验、实际探究中对竹子有了深入的了解。本博物主题可根据幼儿现实生活中的问题、兴趣，灵活调整网络架构，不断拓展新的实施线索，关注幼儿新经验的获得，关注幼儿在探索竹子的过程中愉悦的体验。

六、博物馆活动的实施

博物馆活动的实施见表 2-42。

表 2-42 博物馆活动的实施

活动类型		资源	活动	经验
日常生活		社区、公园有竹子的场地	参观竹林	简单地了解竹子、竹叶的外形特征，了解竹子的高贵品质等
			挖竹笋	在园外和父母体验挖竹笋活动，进一步探索竹子的奥秘，增进对竹子的了解
		自然角小铲子、小耙子、簸箕等	我的挖竹笋工具	知道挖竹笋工具，了解不同工具的使用方法
区域活动	美工区	KT板、铅笔、颜料	拓印画：翠竹	先用铅笔在 KT 板上面进行刻画，再用颜料进行涂色，体验创意版画的乐趣
		毛笔、颜料	竹子水墨画	用毛笔勾勒出竹子的样子，通过幼儿的共同合作，一幅幅水墨竹子画呈现在纸上，一道古色古香的气息扑鼻而来
	科学区	各种类型的纸张、竹制品、蔡伦画像、视频（介绍造纸术的发明过程）、剪刀、水、胶水等	竹浆造纸	知道中国是世界上最早发明造纸术的国家，造纸术是我国古代四大发明之一，激发幼儿身为中国人的自豪感
		约 2 米的竹段（竹节已去除）若干、高低不同的竹节若干、水桶、脸盆等	竹子引水	了解用竹子玩水的玩法，尝试与同伴合作用竹子引水

续表

活动类型		资源	活动	经验
区域活动	语言区	彩纸、蜡笔、绘本《和竹子在一起》《笋娃》等	和竹子在一起	能逐页翻阅图书；能用图画方式记录自己对竹子的发现
		"竹"字演变的相关故事图片、超轻黏土	写"竹"字	竹——品行高洁，常用来比喻君子一样的人，希望幼儿也能拥有竹子的品格
	益智区	竹的迷宫底板	蚯蚓走迷宫	能进行迷宫游戏，能用不同的办法走出迷宫
		竹竿若干	竹节咕噜噜	方法1：小臂测量 测量结果：8段小臂 方法2：手指测量 测量结果：24根手指 方法3：跨步测量 测量结果：4步
	生活区	竹筒、水、糯米等	竹筒饭	将洗好的糯米装进竹筒
		水盆、竹刷子、鞋子等生活材料	我会刷鞋	尝试通过用竹刷子将鞋子上的泥刷干净，锻炼幼儿的肌肉力量
	建构区	各种形状的积木、竹筒、竹条、养乐多瓶等	小竹林	选择各种各样的竹筒，进行竹林的创意搭建
	表演区	音乐《快乐的小竹人》、铃鼓、铃铛等	舞动的竹人	能选择自己喜欢的乐器、服装进行小竹人扮演，敲敲打打，乐在其中
集体活动		竹子成长过程的视频，春雨、竹笋、竹子等与散文相关的图片	笋娃（语言）	反复倾听、欣赏散文，感受并体验散文《笋娃》中的情趣美、意境美
		竹子1节，竹子拼贴画示范图，绿色、深色卡纸，剪刀、胶水（每个幼儿1套）	绿绿的竹子（美术）	了解竹子一节一节的基本形态，能独立拼贴出竹子的模型

续表

活动类型	资源	活动	经验
集体活动	竹篮、竹筐、竹笛、竹筷等竹制品	各种各样的竹制品（社会）	感知和了解生活中常见的几种竹制品和竹制品的用途，初步了解经过特殊加工的竹制品给人们带来的便利
	各种类型的纸张、竹制品、蔡伦画像、视频（介绍造纸术的发明过程）、剪刀、水、胶水等	竹浆造纸（科学）	知道中国是世界上最早发明造纸术的国家，造纸术是我国古代四大发明之一，激发身为中国人的自豪感
	长竹竿若干	趣味跳竹竿（健康）	"跳竹竿"也叫"打竹舞"，是一种传统的民间体育游戏，动作优美、舒展，将艺术与体育融为一体。我们将"跳竹竿"这一具有魅力的传统民间体育游戏融入幼儿课程中，让幼儿在活动中感受集体合作的魅力
	PPT，已画有竹竿、竹枝的纸，毛笔（每个幼儿1支），砚台若干，墨，盛有水的纸杯若干	水墨竹林（美术）	观察竹子的外形特征，了解毛笔的握笔姿势，尝试用毛笔画竹叶
	《牧童短笛》水墨图、PPT、音乐、笛子图片	牧童短笛（音乐）	了解笛子是我国的民族乐器，感受民乐与水墨结合的优美意境
	《各种各样的竹子》课件，实物竹子1节，章鱼图1张	竹子的旅行（语言）	引导幼儿对竹子进行大胆的想象，把竹子变成不同的形象
其他活动	《捏竹人》音乐图谱，自制小竹人1个，竹土、水等自然资源	捏竹人（音乐）	感受音乐热烈、欢快的节奏，跟随音乐玩《捏竹人》的游戏，通过倾听音乐，尝试将自己的想法创造性地表现出来
	竹叶、课件	会跳舞的竹叶（美术）	初步理解故事的情节，感知动作"摘、拉、推、运、塞"

续表

活动类型	资源	活动	经验
其他活动	竹签、卡纸（画有竹蜻蜓）、剪刀、飞机模型、风扇、橡皮筋等	可爱的竹蜻蜓	通过制作竹蜻蜓，训练动手能力，培养发现问题、解决问题的能力
	常见的几种竹笋实物	我爱吃竹笋	正确辨别和掌握常见的几种竹笋的特征，并大胆表述出来
	竹制品乐器	竹乐	用生活中的工具来玩竹子，体验玩竹子游戏之趣
	竹子资源较丰富的场地	寻找公园竹林	观察幼儿园周边的环境，感悟我们的生活离不开竹子